Der

Gerichtsstand der freiwilligen Unterwerfung.

Eine

civilprocessualische Abhandlung

von

Dr. Carl Ferdinand Reatz,
Privatdocenten der Rechtswissenschaft in Giefsen.

Giefsen, 1859.
J. Ricker'sche Buchhandlung.

Vorrede.

Wie die heutigen Lehrbücher des Civilprocesses bezeugen, ist es den bisherigen Untersuchungen auf dem Gebiete des Gerichtsstandes der freiwilligen Unterwerfung noch nicht gelungen, übereinstimmende Resultate in den wichtigsten Punkten zu erzielen. Die Verschiedenheit der hier gewonnenen Ansichten und mein Glaube an die Möglichkeit der Lösung aller Zweifel bestimmten mich zu einer neuen Bearbeitung des oft betretenen Feldes.

Dem mit dem Stoffe schon vertrauteren Leser wird es nicht entgehen, dafs die Darstellung des heutigen Rechts das einzige Ziel war, das ich meiner Arbeit steckte. Wollte ich es im Auge behalten, so durfte ich nur dasjenige Material aufnehmen und verarbeiten, auf welchem unser Gerichtsstand heut zu Tage wirklich ruht, oder welches doch eine Brücke zum Verständnifs des heutigen Rechts abgibt. Das rein Antiquarische dagegen habe ich ausgeschieden, und dem Leser damit sicherlich einen Gefallen gethan. Wollte ich aber mein Ziel auch wirklich erreichen, so mufste ich mit dem Streben nach gründlicher Interpretation der Gesetze ein Forschen nach den inneren Gründen der positiven Bestimmungen und ihrem Zusammenhange verbinden; eine Methode, die ich bei fast allen meinen Vorgängern vermisse. Was die letzteren betrifft, so habe ich, im Falle, dafs ich im Resultate mit ihnen nicht übereinstimmte, ihre Ansichten zuweilen ausführlich geprüft und zu widerlegen versucht, zuweilen nur namhaft gemacht, je nachdem sie mir von Gewicht oder ohne solches zu sein schienen. Stimmte ich im Resultate mit Schriftstellern überein, so wurden auch deren Begründungsversuche angegeben, um jedem Leser ein Urtheil darüber zu ermöglichen, was ich von Andern geborgt, und was mein eignes Werk sei. In beiden Fällen, besonders aber in letzterem habe ich, um Mifsverständnissen vorzubeugen, die Schriftsteller zuweilen selbst reden lassen. Doch citirte ich nur diejenigen, welche durch neue Ansichten, neue Begründung älterer Ansichten, oder durch ihren Einflufs auf die Praxis des Civilprocesses sich ausgezeichnet haben. Die übrigen liefs ich unerwähnt. Wie verdienen auch Schriftsteller aus dem Dunkel der Vergessenheit ans Tageslicht hervorgezogen zu werden, deren Arbeit gröfstentheils in einer mosaikartigen Zusammensetzung fremder Ansichten und Sätze besteht, die bei diesem Geschäfte die Einheit ihres Bildes nicht aufrecht zu erhalten vermögen, und ihren Diebstahl durch falsche Citate dem Auge des vertrauensvollen Lesers zu verbergen suchen. Eine solche Arbeit ist z. B. die Dissertatio juridica inauguralis exhibens Prorogationem jurisdictionis de persona ad personam — praeside Joh. Volk. Bechmann von Joh. Georg Frantz. Aus ihr will ich eine Stelle anführen, und grade diese, weil wenige Worte genügen, um den Beweis von der Methode dieser Arbeit zu liefern. In der 29. These heifst es : Non opus vero est ut is, cujus prorogatur Jurisd. consentiat, l. 2 §. 1. de jud. quia enim prorogatio est partium actus, ideo non requiritur actus judicis, Bacchov. ad ff. rubr. de Jurisd. pror. n. 2. Sane quis ut invitus jus dicat, cogi non potest, caeterum si dixerit, etiamsi crediderit, suam esse Jurisdictionem, valebit quod inter consentientes fuerit statutum d. l. 2 §. 1. Vult. ad l. 1. n. 168. C. de Jurisd. Gail. 1. obs. 40. n. 3. Vergleicht man nun die beiden zuletzt genannten Schriftsteller an den angeführten Orten, so erkennt man, dafs sie hier gar nicht von dem Consense des Richters, dem sich die Parthieen freiwillig unterworfen haben, sondern vom Consense des ordentlichen Richters reden. Vom Consense des ersteren redet Vultejus in ganz anderen Worten in n. 161 und 162. Allein die oben angeführte Stelle ist fast wörtlich dem Vinnius (Tract. de jurisd. c. 10. n. 4) gestohlen, der von Bechmann-Frantz nicht citirt wird. Vinnius hatte im ersten Theile seines §. vom Consense des ordentlichen, im zweiten Theile vom Consense des gesetzlich incompetenten Richters gesprochen, und aus Versehen die für den ersten Theil geltenden Citate, nämlich Vult. ad l. 1. n. 168. C. hoc tit. Gail. 1. obs. 40. n. 3, an das Ende des zweiten Theils gesetzt. Bechmann-Frantz schrieben also den Vinnius sammt seinen falschen

Citaten ab, ohne ihn zu citiren. Er selbst hatte freilich mitunter auch die Schwachheit, ganze Paragraphen anderen Schriftstellern zu entnehmen, ohne anzugeben, wem er sie entnommen. So begegnen wir also auch in der Literatur unserer Lehre Beispielen von bestohlenen Dieben und betrogenen Betrügern. Die Erfinder der Ansichten suchte ich zu ermitteln, die Abschreiber erwähnte ich nicht.

Giefsen, am 8. Mai 1859.

Inhalt.

Seite

B. Späteres römisches Recht.

Einleitung.

§. 1.

Der Gerichtsstand der freiwilligen Unterwerfung, der dem älteren deutschen Recht unbekannt ist, hat seine Grundlage im römischen Recht. Zwar sind es verhältnifsmäfsig nur wenige Bestimmungen, die uns überliefert worden sind, allein sie gewähren uns doch vollkommen die Möglichkeit, die rechtliche Natur dieses Gerichtsstandes zu erkennen. Aus diesem Grunde werden wir uns denn hauptsächlich mit dem römischen Recht beschäftigen.

Was den Plan, welcher der nachstehenden Abhandlung zu Grunde liegt, anlangt, so habe ich im ersten Capitel den Begriff des Gerichtsstandes der freiwilligen Unterwerfung, den Ausdruck für diesen Begriff, und das Gebiet der Anwendung dieses Gerichtsstandes zu bestimmen gesucht. Das zweite Capitel handelt von der rechtlichen Natur dieses Gerichtsstandes, und zerfällt in drei Abschnitte, deren erster sich mit dem Gerichte beschäftigt. Der zweite und umfangreichste Abschnitt ist der Begründung, der dritte dem Unter- und Uebergang des Gerichtsstandes der freiwilligen Unterwerfung gewidmet. Im dritten Capitel werden wir unsern Gerichtsstand, wie er sich in den deutschen Particularrechten gestaltet, betrachten, und in einem Anhang Vorschläge für die Gesetzgebung machen.

Erstes Capitel.

Begriff, Benennung und Gebiet der Anwendung des Gerichtsstandes der freiwilligen Unterwerfung.

Begriff.

§. 2.

Die meisten Definitionen des Gerichtsstandes der freiwilligen Unterwerfung, so sehr sie auch im Ausdruck und Umfang von einander abweichen, treffen doch in dem Gedanken zusammen, dafs er ein Gericht sei, dessen Gerichtsbarkeit durch freiwillige Unterwerfung solcher Parthieen, die ihm gesetzlich nicht unterworfen sind, erweitert werde. Diese Definition enthält zwei Fehler. Zunächst gibt es, was von den Schriftstellern, die diese Definition aufgestellt haben, theilweise auch eingeräumt, und unten (1) sich ergeben wird, in keiner Hinsicht eine durch freiwillige Unterwerfung der Parthieen bewirkte Erweiterung der Gerichtsbarkeit eines Gerichts. Man könnte nur reden von der durch freiwillige Unterwerfung bewirkten Erweiterung der Competenz eines Gerichts. Allein auch der Gesichtspunkt der Erweiterung ist in der Definition ein falscher. Denn es würde hiernach ein ursprüngliches Competenzgebiet vorausgesetzt, in welchem der Raum, den unser Gerichtsstand einnimmt, nicht schon enthalten wäre. Er ist aber in diesem Gebiet enthalten, da die rechtliche Unterwerfung einer Parthie unter ein bestimmtes Gericht ebenso gut die rechtliche Folge ihrer freiwilligen factischen Unterwerfung, wie ihres Wohnens, ihres Besitzes in dem

(1) §. 5.

Gerichtsbezirke und anderer Thatsachen ist. So wenig man daher von einer Erweiterung des Competenzgebiets eines Gerichts durch die Parthieen in dem Falle reden kann, wenn sie als Contrahenten eine Obligation in dem Bezirke dieses Gerichts zu erfüllen verabredet haben, ebenso wenig kann man davon reden, wenn sich die Parthieen einem Gerichte freiwillig unterwerfen. Zwar wird durch diese Unterwerfung der gegenwärtige Bestand der Gerichtsunterthanen um zwei Personen vermehrt, und in dieser Hinsicht das Herrschaftsgebiet des Gerichts erweitert, allein dies ist auch dann der Fall, wenn nach einem gewissen Zeitpunkte ein Fremder im Gerichtsbezirk sich niederläfst oder daselbst eine Obligation zu erfüllen verspricht.

Die für unsere Lehre wichtigste Stelle, welche eine Definition des Gerichtsstandes der freiwilligen Unterwerfung enthält, ist

l. 1. de judiciis. (5. 1). Ulpianus. l. 2. ad Edictum.

Si se subjiciant aliqui jurisdictioni, et consentiant, inter consentientes cujusvis judicis, qui tribunali praeest, vel aliam jurisdictionem habet, est jurisdictio.

Schon äufserlich kündigt sie sich als Hauptstelle an, denn sie steht an der Spitze des Titels, der von den Gerichtsständen überhaupt redet, und an der Spitze derjenigen Stellen, in welchen der Gerichtsstand der freiwilligen Unterwerfung ex professo abgehandelt wird. Alle übrigen auf denselben sich beziehenden Stellen des älteren römischen Rechts erscheinen nur als weitere Ausführungen der in l. 1. cit. enthaltenen Gedanken. Sie enthält so vollständig das zum Aufbau unserer Lehre nöthige Material, dafs uns der Mangel anderer Zeugnisse keine grofsen Verlegenheiten bereiten würde. Auf Grund dieser Hauptstelle bestimmen wir nun unseren Gerichtsstand dahin:

Er ist dasjenige Gericht, dessen Competenz aus der freiwilligen Unterwerfung der Parthieen entsteht.

Benennung dieses Gerichtsstandes.

§. 3.

Die freiwillige Unterwerfung der Parthieen ist Entstehungsgrund eines Gerichtsstandes, wie das Wohnen, der Besitz, das Delict, und nach diesem Grunde nennen wir denselben den Gerichtsstand der freiwilligen Unterwerfung. Ich würde diesen Ausdruck, trotzdem dafs er am besten die Sache bezeichnet, nicht angenommen haben, wenn ihn nicht zugleich unsere Gesetze anerkennen würden, oder wenn, was jedoch nicht der Fall ist, eine andere Bezeichnung h. z. T. ausschliefslich im Gebrauch wäre. Zudem ist er auch von Savigny (1) angenommen.

Die Römer hatten keinen besonderen, kurzgefafsten Ausdruck für diesen Gerichtsstand; sie umschrieben ihn mit verschiedenen Ausdrücken, von welchen der schärfste wohl der in l. 1. de jud. enthaltene ist: Si se subjiciant aliqui jurisdictioni, et consentiant, inter consentientes judicis est juris dictio. Das canonische Recht bedient sich folgender Umschreibungen: Privatorum consensus eum, qui jurisdictioni praeesse dignoscitur, suum possit judicem constituere; in judicem non suum consentire (2). In der Literatur spricht man von: Subjici quemque jurisdictioni judicis volentem; von der competens jurisdictio partium consensu; vom forum conven-

(1) System, Band 8.

(2) C. 18. X. de for. comp. (2. 2). S. auch c. 12. a. A. u. a. E. X. eod.

tionale, voluntarium, spontaneum, vom gewillkührten, vertragsmäfsigen Gerichtsstande. Insofern man unter dem vertragsmäfsigen Gerichtsstande das Gericht versteht, dem sich zu unterwerfen die Partheien durch einen zwischen ihnen geschlossenen Vertrag sich verpflichtet haben, ist diese Bezeichnung zu eng, da auch ohne diesen Vertrag unser Gerichtsstand entstehen kann. Den Ausdruck gewillkührter Gerichtsstand dagegen finde ich zu allgemein. Die gewöhnlichste Bezeichnung ist : prorogirter Gerichtsstand, forum prorogatum, welche wir weder im römischen noch im canonischen Recht finden. Das Wort prorogare kommt in den römischen Rechtsquellen in mehrfacher Verbindung und Bedeutung vor (3). Am häufigsten finden wir es in Verbindung mit der Zeit, dies oder tempus, und dann hat es die Bedeutung, dafs der einem Rechtsverhältnisse ursprünglich bestimmte Endtermin durch die hierzu berechtigten Personen hinausgeschoben wird.

L. 19 pr. de leg. I. Ulpianus. l. 15. ad Sabinum.

— diversum esse in illa scriptura : Quas pecunias legavi, quibus dies appositus non est, annua, bima, trima die, haeres meus dare damnas esto : non enim hoc egisse testatorem, ut confirmaret, quae inutilia sunt, sed ut diem utilibus prorogaret.

(3) In Verbindung mit pecuniam (l. 3 §. 1. de contr. tut. et ut. act. 27. 4), nummos (l. 4 §. 1. 5. de manumissionibus. 40. 1), pensionem (l. 19 §. 6. loc.) bedeutet es : die Schuld vor dem Fälligkeitstermine zahlen. Dann bedeutet es dasselbe, was wir unter dem „Vorschiefsen, Vorlegen" verstehen : sumtus (l. 53. de pact. 2. 14), expensas (l. 20. C. de decur. 10. 31), mercedem (l. 27. C. de loc. et cond. 4. 75). Auch finden wir : Prorogata sententia (l. ult. C. de castr. et minist. 12. 26), und prorogata jussio (l. 1. C. de pasc. publ. 11. 60).

Im Testament hatte der Erblasser eine Zeit der Zahlung der legirten Gelder nicht vorgeschrieben, und hätte daher der Erbe jederzeit auf Anfordern des Legatars die legirte Summe zahlen müssen. Im später errichteten Codicille, oder in der dem Testament beigefügten Klausel verschiebt nun der Erblasser den gesetzlichen Zahlungstermin, und erweitert damit die ursprünglich festgesetzte zeitliche Grenze des Rechtsverhältnisses zwischen dem Legatar und dem Erben. Dasselbe gilt von

l. 30 pr. eod. Ulpianus. l. 19. ad Sabinum.

Talis scriptura, quas pecunias legavi, quibus dies appositus non est, eas haeres meus annua, bima, trima die dato, ad corpora legata non pertinet, sed ad ea, quae pondere, numero, mensura continentur. §. 1. Ed ad ea tantum legata pertinet, quibus dies non est appositus; proinde si forte pure legatum est, ex hac adjectione prorogabitur.

In

l. 13 §. 18. de act. empt. et vend. (19. 1). Ulpianus l. 32. ad Edictum.

Item quod ex operis servus praestitit venditori, emptori restituendum est: nisi ideo dies traditionis pacto prorogatus est, ut ad venditorem operae pertinerent,

wird der gesetzliche Lieferungstermin, der mit der Zeit des Abschlusses des Kaufgeschäftes zusammenfällt, durch Vertrag der Parthieen hinausgeschoben. In

l. 31. de re judicata (42. 1). Callistratus. l. 2. Cognitionum.

Debitoribus non tantum petentibus dies ad solvendum dandi sunt, set et prorogandi, si res exigat. Si qui tamen per contumaciam magis, quam quia non possint explicare pecuniam, differant solutionem: pignoribus captis compellendi sunt ad satisfaciendum ex forma, quam Cassio Proconsuli Divus Pius haec verba rescripsit: His,

qui fatebuntur debere, aut ex re judicata necesse habebunt reddere, tempus ad solvendum detur, quod sufficere pro facultate cujusque videbitur; eorum, qui intra diem vel ab initio datum, vel ex ea causa postea prorogatum sibi non reddiderint, pignora capi;
wird die dem verurtheilten Schuldner ursprünglich bestimmte Zahlungsfrist durch den Richter verlängert. Eine Verlängerung der Frist, innerhalb welcher der Schiedsrichter seinen Ausspruch fällen sollte, enthält

l. 25 pr. de recept., qui arbitr. (4. 8). Ulpianus. l. 13. ad Edictum.

Labeo ait, si arbiter, cum in compromisso cautum esset, ut eadem die de omnibus sententiam diceret et ut posset diem proferre, de quibusdam rebus dicta sententia, de quibusdam non dicta, diem protulit: valere prolationem, sententiaeque ejus posse impune non pareri: et Pomponius probat Labeonis sententiam: quod et mihi videtur: quia officio in sententia functus non est. §. 1. Haec autem clausula, diem compromissi proferre, nullam aliam dat arbitro facultatem, quam diem prorogandi.

In Verbindung mit dem Worte tempus wird prorogare in folgenden Stellen gebraucht.

L. 2 de re jud. (42. 1). Ulpianus. l. 6. ad Edictum.

Qui pro tribunali cognoscit, non semper tempus judicati servat; sed nonnunquam arctat, nonnunquam prorogat, pro causae qualitate, et quantitate, vel personarum obsequio, vel contumacia; —
Hier verlängert der Prätor die Zahlungsfrist, die vom Gesetz zwar bestimmt war, aber nur in der Weise, daſs sie dem Prätor einen Anhaltspunkt abgeben sollte. Von der Unzulässigkeit einer Verlängerung der vertragsmäſsig fest-

gesetzten Lieferungszeit durch den Ausspruch eines arbiter redet

l. 24 pr. loc. cond. (19. 2). Paulus. l. 34. ad Edictum.

Si in lege locationis comprehensum sit, ut arbitratu domini opus approbetur, perinde habetur, ac si viri boni arbitrium comprehensum fuisset; idemque servatur, si alterius cujuslibet arbitrium comprehensum sit; nam fides bona exigit, ut arbitrium tale praestetur, quale viro bono convenit : idque arbitrium ad qualitatem operis, non ad prorogandum tempus, quod lege finitum sit, pertinet.

Während wir bisher unser Wort in der Bedeutung, daſs der einem Rechtsverhältnisse ursprünglich bestimmte Endtermin durch einen nachfolgenden Act hinausgeschoben werde, kennen gelernt haben, treffen wir es in

l. 15. de annuis leg. (33. 1). Valens. l. 7. Fideicommissorum.

Eum, qui rogatus post decem annos restituere pecuniam, ante diem restituerat : respondit, si propter capientis personam, quod rem familiarem tueri non posset, in diem fideicommissum relictum probetur, et perdituro ei id haeres ante diem restituisset, nullo modo liberatum esse : quod si tempus haeredis causa prorogatum esset — in einer anderen Bedeutung an. Hier wird der ursprünglich festgesetzte Lieferungstermin ein prorogirter genannt, offenbar wegen der bedeutenden Zeitlänge, indem man in Gedanken einen früheren Zeitpunkt annahm, gleichwie auch wir die Festsetzung eines sehr entfernten Lieferungstermines zuweilen mit den Ausdrücken : Aufschieben, Verschieben, Hinausschieben der Zahlungszeit bezeichnen.

Die Stelle nun, welche zu den Ausdrücken forum prorogatum, jurisdictio prorogata veranlaſste, ist l. 2 §. 2. de jud. Ulpianus. l. 3. ad Edictum.

Si et judex ad tempus datus, et omnes litigatores consentiant: nisi specialiter principali jussione prorogatio fuerit inhibita, possunt tempora, intra quae jussus est, litem dirimere, prorogari.

Hier finden wir unser Wort einmal in Verbindung mit tempora, das anderemal selbständig. Doch mufs zu prorogatio das Wort temporum gedacht werden.

Zur Zeit der classischen Juristen hatte der Kaiser Gerichtsbarkeit, und er pflegte, wenn Parthieen aufserordentlicher Weise in erster Instanz seine Hülfe suchten, die Sache anzunehmen; durch die Annahme der Sache wurde er competent. Die Verhandlung und Entscheidung der auf diese Weise an ihn gelangten Sache übertrug er in der Regel einer Privatperson, welche dadurch die Eigenschaft eines aufserordentlichen kaiserlichen Commissärs erhielt (judex datus). Der Kaiser pflegte aber, wie wir aus der vorliegenden Stelle erfahren, dem Commissär eine Frist zu bestimmen, innerhalb welcher er das Urtheil zu geben habe. Dies war nicht etwa blos eine Disciplinarvorschrift, sondern der Kaiser hatte dem Commissär nur auf die Dauer dieser Zeit die Gerichtsbarkeit, und die Parthieen nur auf die Dauer dieser Zeit die Competenz übertragen. War mit dem Ablauf dieser Zeit das Urtheil nicht gefällt, und es sollte bewirkt werden, dafs er auch fernerhin Richter sei, so bedurfte es der Einwilligung des Kaisers, des Commissärs und der Parthieen. Der Einwilligung des Kaisers, weil nur er die Gerichtsbarkeit übertragen kann, der Einwilligung des ehemaligen Commissärs, weil er, als Privatmann, zur Uebernahme eines Amtes nicht gezwungen werden kann, und der Einwilligung der Parthieen, weil sie die erloschene Competenz von Neuem übertragen müssen. Der Kaiser wird aber, nach vorliegender Stelle, als einwilligend angesehen, wenn er die Prorogation der Commissionszeit nicht ausdrücklich untersagt hat, weshalb es nur noch der Einwilligung des ehemaligen Commissärs und der Parthieen bedarf.

Die Prorogation der tempora, intra quae jussus est, litem dirimere, ist sonach ein Hinausschieben des der Gerichtsbarkeit und der Competenz ursprünglich bestimmten Endtermines durch einen Act des Kaisers, des Commissärs und der Parthieen. Diese Verlängerung der Zeit enthält aber zugleich eine Verlängerung der Gerichtsbarkeit und der Competenz selbst, und wenngleich wir die Ausdrücke prorogatio jurisdictionis und prorogatio competentiae in den Quellen nirgends finden, so können wir sie doch annehmen, ohne der lateinischen Sprache Gewalt anzuthun. Als Beleg hierfür können dienen die Ausdrücke prorogatio imperii (4) und prorogare precarium.

L. 5. de precar. (43. 26). Pomponius l. 29. ad Sabinum.

Sed si manente adhuc precario, tu in ulterius tempus rogasti, prorogatur precarium. Nam nec mutatur causa possessionis, et non constituitur eo modo precarium : sed in longius tempus profertur.

Nachdem wir nun die Bedeutung unseres Wortes, die ihm im römischen Recht zukommt, als zeitliche Erweiterung, als Verlängerung, Prolongation eines Rechtsverhältnisses über seinen ursprünglich bestimmten Endtermin durch die hierzu berechtigte Person kennen gelernt haben, wollen wir sehen, ob die Ansicht fast sämmtlicher Schriftsteller, dafs das canonische Recht den Gerichtsstand der freiwilligen Unterwerfung mit den Worten prorogatio fori

(4) Livius 8, 26 a. E.

oder prorogatio jurisdictionis bezeichne, richtig ist. Meines Wissens aber kommt im canonischen Recht der Ausdruck prorogatio fori gar nicht, der Ausdruck prorogatio jurisdictionis aber nur in zwei Stellen vor.

c. 32. X. de off. et potest. judicis delegati. (1. 29).

Cum olim Abbas et Conventus Vergiliacens. sua nobis conquestione monstrassent, quod Comes Altissiodoren. quoddam stagnum, molendinum, et domum in terra eorum construere nitebatur, in ipsorum praejudicium et gravamen; Episcopo et Thesaurario Nivernen, commisimus causam ipsam. Per quorum literas accepimus, quod lite super petitionibus Ecclesiae contestata, receptis utrinque testibus, et attestationibus publicatis, cum super dictis testium inter Partes fuisset postmodum disputatum: Tandèm pars Comitis proposuit, quod de damnis in nemoribus et rebus aliis datis, super quibus testes deponere videbantur, cognoscere non debebant; cum in Rescripto nostro nulla, de damnis mentio haberetur. — Judices autem interlocuti sunt, quod super damnis datis a Comite, ad eos cognitio pertinebat. Quo audito, Comes ad appellationis beneficium convolavit. Unde ipsum Judices evocatum, et nec per se, nec per responsalem idoneum comparentem, excommunicationis vinculo constrinxerunt: — Quia vero super damnis datis, antequam lis fuerit contestata, nequaquam ad dictos Judices cognitio pertinebat; cum in Rescripto nulla de illis mentio haberetur: nec ad ipsos potuerit jurisdictio prorogari; cum procurator ad illa solummodo intelligatur constitutus, quae in commissionis Literis inveniuntur expressa;

C. 40 eod.

P. et G. per Literas Apostolicas conquerentibus coram te de Episcopo London. quod concessum ab eis mutuum promisso loco et termino non persolvit: pendente judicio,

Laicus, qui in quantitate quadam eisdem Mercatoribus tenebatur, se in tuam jurisdictionem (sicut asserit) voluit prorogare; ut si infra terminum constitutum praedictam non solveret quantitatem, excommunicationis et interdicti sententias in personam et terram ejus promulgares. Quas hujusmodi occasione a te latas, decernimus non valere; cum etsi alias jurisdictioni praeesse dicaris, quia in dictum J. nullam jurisdictionem habebas, jurisdictionis prorogatio nulla noscitur extitisse; cum hujusmodi delegata jurisdictio ad alias personas nequeat prorogari.

Aus diesen beiden Stellen geht hervor, dafs das canonische Recht mit dem Ausdruck prorogare einen weiteren Sinn, als das römische Recht, verbindet. Ihm bedeutet prorogatio jurisdictionis eine Ueberschreitung der dem delegirten Richter gezogenen Jurisdictionsgrenzen nach irgend einer Seite hin, also auch der objectiven und subjectiven Grenzen. Die prorogatio jurisdictionis ist demnach eine Handlung des delegirten Richters, nicht eine Handlung der Parthieen. Eine Stelle in c. 40 scheint dieser Behauptung zu widersprechen. Es heifst daselbst : Laicus se in tuam jurisdictionem (sicut asserit) voluit prorogare, was so zu verstehen ist : Der Laie wollte sich unter deine Jurisdiction begeben, er wollte sich deiner Gerichtsbarkeit unterwerfen. Prorogare wird demnach hier von derjenigen Parthieenhandlung, welche zur Begründung unseres Gegenstandes nöthig ist, verstanden. Allein dies ist nicht die Sprache des Papstes, die allein für uns mafsgebend ist, sondern die Sprache der Parthie, die sich der Gerichtsbarkeit des delegirten Richters unterwerfen wollte. Dies geht aus dem Zusatze sicut asserit („wie er es nennt") hervor, wodurch sich der Papst vor der Annahme, dafs dieser fehlerhafte Ausdruck von ihm herrühre, schützen will. Man kann sich demnach auf das canonische Recht nicht stützen, wenn man von der Prorogation der Gerichtsbarkeit durch die Parthieen, vom Prorogiren der Parthieen u. s. w. redet.

Die prorogatio jurisdictionis ist also eine Ueberschreitung der dem delegirten Richter gezogenen Jurisdictionsgrenzen. Nun gibt es gar mannigfache Ueberschreitungen; es ist z. B. eine Ueberschreitung, wenn der delegirte Richter gegen den Willen der Parthieen eine in sein Jurisdictionsgebiet nicht fallende Sache seiner Beurtheilung unterzieht. Wir müssen unterscheiden zwischen der gegen den Willen, und der durch freiwillige Unterwerfung der Parthieen bewirkten Prorogation. Durch die Prorogation an sich wird daher ein Gericht nicht competent. Die prorogatio jurisdictionis durch den delegirten Richter ist aber auch eine rechtswidrige Handlung, selbst wenn die Parthieen einwilligen.

Das Resultat unserer Untersuchung ist kurz folgendes:

1) Das römische Recht versteht unter der Prorogation der Gerichtsbarkeit eine zeitliche Verlängerung der Gerichtsbarkeit eines delegirten Richters durch einen Act des Delegirenden und Delegirten.

2) Das canonische Recht versteht unter der factischen Prorogation der Gerichtsbarkeit durch den delegirten Richter eine rechtswidrige, objective oder subjective Erweiterung der dem delegirten Richter gezogenen Jurisdictionsgrenzen.

3) Das römische Recht versteht unter der Prorogation der Competenz die durch einen Act der Parthieen

und des Richters bewirkte zeitliche Verlängerung der Competenz eines delegirten Richters.

Von einer Verlängerung oder Erweiterung eines Rechts kann aber nur da die Rede sein, wo ein Recht schon bestanden hat. Soll ein Recht erst entstehen, begründet werden, dann dürfen wir uns jenes Ausdrucks nicht bedienen. Wenn sich also Parthieen, die einem Richter gesetzlich nicht unterworfen sind, diesem unterwerfen, dann können wir nicht sagen, dafs sie dessen Competenz über sie prorogiren.

Gebiet der Anwendung des Gerichtsstandes der freiwilligen Unterwerfung. — Lex Julia judiciorum privatorum.

§. 4.

Bevor wir den allgemeinen Theil unserer Lehre beschliefsen, und uns zur Untersuchung der rechtlichen Natur des Gerichtsstandes der freiwilligen Unterwerfung wenden, wollen wir noch die practische Seite dieses Instituts, das Gebiet seiner Anwendung einigermafsen beleuchten. Es entsteht nämlich die Frage, welche Gründe wohl die Parthieen dazu bewegen, die gesetzlichen Gerichtsstände zu umgehen und einem gesetzlich incompetenten Gerichte sich zu unterwerfen, und ob unser Institut selten oder häufig in der Praxis zur Erscheinung gelangt.

Meines Wissens haben sich nur zwei Schriftsteller mit dieser Frage beschäftigt.

Busch (1) gibt an, dafs die Fälle der heutigen An-

(1) Archiv für civilistische Praxis. Band 19. Beiträge zur Lehre von der freiwilligen Erstreckung der Gerichtsbarkeit. S. 27.

wendbarkeit unserer Lehre selten seien, „denn die Advocaten hüten sich vor einem incompetenten Gerichte zu klagen, die Richter erklären sich auch wohl selbst bei Ueberreichung des Libells für incompetent, oder es werden vom Beklagten gerichtsablehnende Einreden vorgeschützt, welche eine Prorogation unmöglich machen." (2)

A. W. S. Franke (3) führt an, dafs die Häufigkeit oder Seltenheit der prorogatio fori eine quaestio facti sei, die lediglich von dem gröfseren oder geringeren Vertrauen der Parthieen zu dem einen oder andern Gerichte und von dem Umstande abhänge, ob durch dieselbe eine Abkürzung des Streites bei gleicher Rechtssicherheit erreicht werden könne. In letzter Beziehung sei, wie dieser Schriftsteller versichert, im holstein'schen Amte Steinburg eine conventionelle Ueberspringung der Unterinstanzen und die sofortige Provocation an das Obergericht zur factischen Regel geworden, und im Herzogthum Holstein habe sich vielfach bei den Amtshäusern eine prorogirte Gerichtsbarkeit durch die Praxis förmlich ausgebildet.

Ich vermag nicht auf statistischem Wege das Verhältnifs der durch freiwillige Unterwerfung zu den durch das Gesetz begründeten Gerichtsständen, wie es sich in der heutigen Praxis der Länder des deutschen Processes herausstellt, anzugeben, und mufs mich auf die Bemerkung beschränken, dafs mir von vielen, mit langjähriger Erfah-

(2) Nicht ganz gerechtfertigt ist der über diese Aeufserung von A. W. S. Franke ausgesprochene Tadel: Man sollte hiernach glauben, dafs die Prorogation nur ein Product eines Versehens von Seiten der Parthieen oder des Gerichts wäre. Zeitschrift für Civilrecht und Procefs. N. F. Band 2. Kann der prorogirte Richter gezwungen werden, Recht zu sprechen? S. 118. Anm. 2.

(3) a. a. O. S. 114.

rung ausgerüsteten Practikern, Advocaten und Richtern an Unter- und Mittelgerichten und am höchsten Tribunal des Grofsherzogthums Hessen versichert worden ist, dafs die Zahl der freiwilligen Unterwerfungen unter die Gerichte der beiden diesseits rheinischen Provinzen eine höchst unbedeutende sei (4). Was von diesem Lande gilt, wird wohl wegen der fast überall gleichen oder doch ähnlichen Zustände und Bedürfnisse auch von den andern Ländern des deutschen Processes behauptet werden können (5). Es

(4) Die durchschnittliche Summe der an diesen Gerichten jährlich anhängigen Civilrechtssachen ist eine grofse. S. Schletter's Jahrbücher der deutschen Rechtswissenschaft und Gesetzgebung. Band 3. S. 179 f.

(5) Ein Fall, in welchem sich die Parthieen mit Umgehung der Untergerichte sofort an das Mittel- oder Oberappellationsgericht gewendet haben, ist mir nicht bekannt geworden. Eine solche Ueberspringung der Unterinstanzen ist aber auch nicht rathsam, selbst wenn sie rechtlich statthaft wäre. Der Advocat, der sich nur einigermafsen in der Praxis bewegt hat, wird auch die Erfahrung gemacht haben, dafs die zu verschiedenen Zeiten vorgenommene dreimalige Behandlung einer Rechtssache, welche schon von zwei Gerichten entschieden worden, von dem gröfsten Nutzen ist. Häufig enthalten die von den Gerichten gegebenen Entscheidungsgründe und Ausführungen ganz neue rechtliche Gesichtspunkte. Sind sie falsch, so bieten sie dem Advocaten Gelegenheit, seine Ansichten um so mehr zu befestigen. Stehen sie richtig, so kann er sich überzeugen und bei dem Urtheile beruhigen. Vom gröfsten Werthe ist aber diese vielfache Beleuchtung einer Rechtssache für das höchste Tribunal, sie ist das nothwendige Requisit für die Solidität und das Ansehen seiner Entscheidungen. In Betracht dessen wird ein Mittel- oder höchstes Gericht Rechtssachen in erster Instanz nicht annehmen. Gehen ja doch unsere Appellationsgerichte beim Streben nach Vollkommenheit ihrer Entscheidungen so weit, dafs sie, wenn ein Untergericht z. B. eine bis zum Schlufs des ersten Verfahrens verhandelte Klage wegen Unbestimmtheit des Vertragsobjects und Ungültigkeit des Vertrags abgewiesen, und wenn die zweite Instanz das Vertrags-

wäre jedoch gefehlt, die seltene Erscheinung dieses Instituts in der heutigen deutschen Praxis mit der fast allgemein angenommenen Ungültigkeit des Vertrags der Parthieen, einem gesetzlich incompetenten Gerichte sich zu unterwerfen, und mit dem Recht des Richters, eine durch freiwillige Unterwerfung der Parthieen an ihn gebrachte Sache abzulehnen, zu erklären. Es mag wohl in einzelnen Fällen wegen der Ungültigkeit jenes Vertrags eine Parthie ihr Versprechen nicht halten, der Kläger also nicht am gewählten, sondern am gesetzlich competenten Gerichte klagen, oder der Beklagte, wenn er vor jenem belangt wird, die Incompetenzeinrede vorschützen, und in einzelnen Fällen der Richter von seinem Ablehnungsrechte Gebrauch machen, ob Beides aber Regel sei, möchte ich bezweifeln. Denn trotz der rechtlichen Unverbindlichkeit dieses Vertrags werden sich doch anständige Parthieen durch ihr gegebenes Wort selbst dann für gebunden halten, wenn die Erfüllung ihres Versprechens gegen ihren eignen Vortheil ist. Eine gröfsere Garantie für die Aufrechterhaltung dieses Versprechens bietet aber das Interesse der Parthieen dar, was in der Regel beide an der Unterwerfung unter den gesetzlich incompetenten Richter haben. Und was das Ablehnungsrecht des Richters anlangt, so mag doch die Ehre, welche dem Richter durch das

object hinlänglich bestimmt findet, nicht sofort auf Beweis erkennen, sondern das untergerichtliche Urtheil aufheben, die Bestimmtheit des Vertragsobjects aussprechen, und das Untergericht auffordern, nach Lage der Sache zu erkennen, also z. B. ein Beweisinterlocut zu erlassen. Diese Scrupulosität billige ich vollkommen, und kann die im Holstein'schen Amte Steinburg geltende factische Regel einer conventionellen Ueberspringung der Unterinstanzen, und sofortiger Provocation an das Obergericht nicht für die Forderung einer soliden Procefspolitik halten.

von den Parthieen ihm bewiesene Vertrauen widerfährt, sein Eifer und Pflichtgefühl, das ihn zu jeder nur möglichen Unterstützung der Parthieen auffordert, seine Arbeitsscheu in der Regel überwinden.

Der Grund der Seltenheit dieses Instituts in der heutigen Praxis ist ein ganz anderer, unsere Gerichtsverfassung höchst ehrender.

Mit der Einführung des Gerichtsstandes der freiwilligen Unterwerfung erkennt nämlich die Gesetzgebung an, dafs die gesetzliche Organisation der Gerichtsstände dem Bedürfnifs des Verkehrs und dem gemeinsamen Interesse der streitenden Theile nicht in allen Fällen entspreche. Es ist nun ein ganz natürlicher Grundsatz, dafs je weniger dieses Bedürfnifs und Interesse durch die vorhandene gesetzliche Organisation der Gerichtsstände befriedigt wird, die Parthieen um so häufiger die gesetzlichen Gerichtsstände zu umgehen, und durch freiwillige Unterwerfung unter ein gesetzlich incompetentes Gericht sich selbst einen Gerichtsstand zu begründen suchen werden, wie denn auch andererseits die seltene Anwendung dieses Instituts einen Beweis dafür abgibt, dafs die gesetzlichen Incompetenzbestimmungen dem gemeinsamen Interesse der Rechtssuchenden nicht zuwider sind.

Wenn wir die römische Gerichtsverfassung vom Standpunkt der Zweckmäfsigkeit aus betrachten, so müssen wir das Urtheil fällen, dafs dieselbe zu keiner, insbesondere aber nicht zu der Zeit, in welcher wir der ersten Spur des Gerichtsstandes der freiwilligen Unterwerfung begegnen, geeignet war, das Bedürfnifs des Verkehrs und das Interesse der streitenden Theile so vollkommen, wie es eine Gesetzgebung überhaupt im Stande ist, zu befriedigen. Es war daher diesem Gerichtsstande ein grofser

Raum für seine Wirksamkeit gelassen, und wir dürfen hiernach und nach dem vorhin angegebenen Grundsatze darauf schliefsen, dafs der Gerichtsstand der freiwilligen Unterwerfung in der römischen Praxis eine bedeutende Rolle gespielt hat. Bevor wir jedoch auf einige Mängel der römischen Gerichtsverfassung und auf die Gründe, welche die Parthieen zur Unterwerfung unter ein gesetzlich incompetentes Gericht bewogen haben mögen, näher eingehen, müssen wir die Zeit, in welcher dieser Gerichtsstand quellenmäfsig zuerst erscheint, feststellen.

Eine sichere Auskunft läfst sich aber nach dem Wenigen, was die Quellen hierüber enthalten, nicht geben.

Bei Beantwortung der Frage, ob zur Begründung unseres Gerichtsstandes aufser dem Consens der Parthieen auch noch der Consens des Richters gefordert werde, sagt Ulpian: Lex Julia judiciorum ait: Quominus inter privatos conveniat, und: an legi satisfactum sit, videndum est? (6) Hiernach unterliegt es keinem Zweifel, dafs eine Lex Julia judiciorum Bestimmungen über den Gerichtsstand der freiwilligen Unterwerfung getroffen hat. Neuerdings nimmt man nun ganz allgemein an, dafs diese Lex Julia judiciorum die Lex Julia judiciorum privatorum von August sei, welche so bedeutende Veränderungen im Gerichtswesen hervorbrachte, und wahrscheinlich auch feste Grundsätze über den Gerichtsstand aufstellte (7). Ob aber unser Gerichtsstand durch sie erst eingeführt, oder nur gesetzlich anerkannt worden ist, bleibt unentschieden.

Es liegen einige Versuche der Restitution des unsern Gerichtsstand betreffenden Textes vor. Die Glosse Quo-

(6) l. 2 §. 1. de jud.

(7) Bethmann-Hollweg, Versuche. S. 15.

minus zu l. 2 §. 1. de jud. restituirt: Si quid non interveniat, quominus conveniat inter litigatores, judicium erit ratum. Die Glosse Detegit §. penult. zu l. 15 de jurisd.: Si quid est, quominus conveniat inter privatos, non est jurisdictio. Duarenus (8) glaubt, dafs diese oder ähnliche Worte von der Lex Julia gebraucht worden wären: Sic nihil prohibet, quominus si consenserint litigatores in judicem, is judex sit, in quem consenserint. Bethmann-Hollweg (9) vermuthet, dafs der Satz: Quominus inter privatos conveniat, den Schlufs hatte: hac lege nihil rogato. Dieser Ansicht stimme ich bei, und vermuthe, dafs die Stelle so lautete: Quominus alio loci reus ut se defendat inter privatos conveniat, hac lege nihil rogato (10). Grund: die Worte quominus inter privatos conveniat bilden ein Bruchstück; sie beziehen sich, wie uns Ulpian bezeugt, auf den Gerichtsstand der freiwilligen Unterwerfung, und liefern uns den Beweis, dafs die Lex Julia in ihren vorhergehenden

(8) Comment. in tit. de judiciis; de for. compet.

(9) a. a. O. S. 15, Anm. 46.

(10) Der Satz ist allerdings etwas schwerfällig. Dies ist aber die Eigenschaft der meisten leges und der prätorischen, insbesondere der mit quominus versehenen oder gar beginnenden Edicte. Weniger schwerfällig ist der Satz: Quominus inter privatos conveniat, ut alio loci reus se defendat, hac lege nihil rogato. Allein gewöhnlich finden wir in der Sprache der Edicte, dafs der Gedanke mit quominus die zu ihm gehörigen Satzglieder umschliefst. l. 1 pr. de loc. publ. (43. 9). l. 1 pr. de via publ. (43. 11). l. 1 pr. ut in flum. publ. nav. (43. 14). l. 1 pr. de rip. mun. (43. 15) u. a. m. Ausnahmen: l. 1 pr. de superfic. (43. 18). l. 1 pr. de rivis (43. 21). Dafs Ulpian sagt: Lex Julia judiciorum ait: Quominus inter privatos conveniat, ist uns kein Beweis dafür, dafs die Lex Julia diese Worte in jener Verbindung gebraucht hat. Einen ganz gleichen Fall enthält l. 1 pr. §. 3. de loc. publ.

Artikeln Bestimmungen über einen oder mehrere Gerichtsstände enthielt, d. h. bestimmte, — um in der Sprache der Quellen zu reden, — an welchem Orte Jemand sich vertheidigen müsse. Der fragliche Artikel der Lex Julia mag daher dahin gelautet haben: Uebrigens soll durch die vorstehenden Bestimmungen den Parthieen die Befugnifs zu dem Uebereinkommen, dafs sich der Beklagte an einem andern Orte vertheidigen solle, nicht entzogen sein. Uebersetzen wir diesen Satz ins Lateinische, dann gelangen wir zu dem von uns aufgestellten Texte. In dieser Ansicht werde ich bestärkt durch

l. 19 §. 2. de jud. Ulpianus. l. 60. ad Edictum. —

Proinde et si merces vendidit certo loci, vel disposuit, vel comparavit: videtur, nici alio loci ut defenderet, convenit, ibidem se defendere.

In dieser Stelle ist derselbe Gedanke ausgedrückt, wie in der Lex Julia, nämlich: den Parthieen steht es frei, übereinzukommen, dafs sich der Beklagte an einem andern als von dem Gesetz bezeichneten Orte vertheidige. Wenn wir nun das Bestreben der Juristen, die Gedanken und Begriffe des Gesetzgebers auch mit dessen Worten wiederzugeben, berücksichtigen, so ist es nicht unwahrscheinlich, dafs Ulpian die fraglichen Worte der Lex Julia judiciorum entnommen hat.

Versuchen wir nun, freilich in ganz allgemeinen Zügen, und soweit es unser Zweck erfordert, eine Schilderung der römischen Gerichtsstandsverfassung zu geben.

1) Ein neuerer Schriftsteller (10[a]) äufsert sich über den Verfall des republikanischen Gerichtswesens zu Cäsars Zeit wie folgt: „Aber auch der Criminalprocefs gegen

(10[a]) Mommsen, Römische Geschichte. Band 3. Zweite Aufl. S. 176.

Freie, der von Haus aus politischer Procefs gewesen und zum guten Theil immer geblieben war, hatte in dem wüsten Treiben der letzten Generationen sich vollständig zernichtet und glich zuletzt nicht mehr einem ernstlichen Rechtshandel, sondern einer mit Gunst, Geld und Gewalt geschlagenen Cliquenschlacht. Die Schuld lag an allen Betheiligten zugleich, an den Beamten, der Jury (11), den Parteien, sogar dem Zuschauerpublicum; aber die unheilbarsten Wunden schlug dem Rechte das Treiben der Advocaten. Indem die Schmarotzerpflanze

(11) Es war nicht gleichgültig, sagt derselbe Schriftsteller (a. a. O. Band 2. S. 403), dafs im Jahr 593 auf offenem Markt ein Redner folgende Schilderung eines senatorischen Civilgeschwornen zum Besten geben konnte, den der angesetzte Termin in dem Kreise seiner Zechbrüder findet. „Sie spielen Hasard, fein parfümirt, die Mätressen um sie herum. Wie der Tag sich neigt, lassen sie den Bedienten kommen und heifsen ihn auf der Dingstätte sich umhören, was auf dem Markt vorgefallen sei, wer für und wer gegen den neuen Gesetzvorschlag gesprochen, welche Districte dafür, welche dagegen gestimmt hätten. Endlich gehen sie selbst auf den Gerichtsplatz, eben früh genug um sich den Procefs nicht selbst auf den Hals zu ziehen. Unterwegs ist in keinem Winkelgäfschen eine Gelegenheit, die sie nicht benutzten, denn sie haben sich den Leib voll Wein geschlagen. Verdrossen kommen sie auf die Dingstätte, und geben den Parteien das Wort. Die, die es angeht, tragen ihre Sache vor. Der Geschworne heifst die Zeugen auftreten; er selbst geht bei Seite. Wie er zurückkommt, erklärt er alles gehört zu haben und fordert die Urkunden. Er sieht hinein in die Schriften; kaum hält er vor Wein die Augen auf. Wie er sich dann zurückzieht das Urtheil auszufällen, läfst er zu seinen Zechbrüdern sich vernehmen: „was gehen mich die langweiligen Leute an? warum gehen wir nicht lieber einen Becher Süfsen mit griechischem Wein trinken und essen dazu einen fetten Krammetsvogel und einen guten Fisch, einen veritabeln Hecht von der Tiberinsel?" Das alles, fährt Mommsen fort, war freilich sehr lächerlich; aber war es nicht auch sehr ernsthaft, dafs dergleichen Dinge belacht wurden."

der römischen Advocatenberedsamkeit gedieh, wurden alle positiven Rechtsbegriffe zersetzt und der dem Publicum so schwer einleuchtende Unterschied zwischen Meinung und Beweis aus der römischen Criminalpraxis recht eigentlich ausgetrieben. — Dafs der gleichzeitige Civilprocefs ebenfalls vielfach ungesund war, bedarf kaum der Erwähnung, wie denn z. B. in dem Procefs des Publius Quinctius 671—673 die widersprechendsten Entscheidungen fielen, je nachdem Cinna oder Sulla in Rom die Oberhand hatten; und die Anwälte, häufig Nichtjuristen, stifteten auch hier absichtlich und unabsichtlich Verwirrung genug. Aber es lag doch in der Natur der Sache, dafs theils die Partei hier nur ausnahmsweise sich einmengte, theils die Advocatenrabulistik nicht so rasch und nicht so tief die Rechtsbegriffe aufzulösen vermochte." Nur als eine Wohlthat konnte unter den damaligen Umständen die Wiederherstellung der königlichen Gerichtsbarkeit begrüfst werden, weil sie allein eine Garantie für eine gewissenhafte und unpartheiische Gerechtigkeitspflege darbieten konnte, indem ihr Inhaber mit Unpartheilichkeit und Sorgfalt sich derselben unterzog (12), und die von ihm für den einzelnen Fall bestellten Richter besser beaufsichtigte, als es von Seiten der Prätoren geschehen war. Diese königliche Gerichtsbarkeit trat neben die republicanische. Die Frage, ob der kaiserliche Gerichtshof in der Art mit dem republicanischen concurrirte, dafs der Kläger auch gegen den Willen des Beklagten die Streitsache vor ihn

(12) Mommsen, a. a. O. Band 3. S. 474. Von August berichtet uns Suetonius cap. 33. Ipse jus dixit assidue, et in noctem nonnunquam; si parum corpore valeret, lectica pro tribunali collocata, vel etiam domi cubans. Dixit autem jus non diligentia modo summa, sed et lenitate.

bringen konnte, möchte ich lieber verneinen (13), theils weil uns eine solche erstinstanzliche Competenz in den Gesetzen nirgends bezeugt wird, theils weil durch eine solche Concurrenz der königlichen mit der republicanischen Gerichtsbarkeit der Uebergang von der Republik zur Monarchie zu deutlich und darum vielleicht als gefährlich sich dargestellt haben würde.

Bestärkt werde ich aber in dieser Ansicht durch die bei einer andern Gelegenheit schon benutzte

l. 2 §. 2. de jud.

Si et judex ad tempus datus, et omnes litigatores consentiant : nisi specialiter prinoipali jussione prorogatio fuerit inhibita, possunt tempora, intra quae jussus est, litem dirimere, prorogari.

Müfsten wir annehmen, der Kaiser würde nicht erst durch freiwillige Unterwerfung der Parthieen, sondern sei schon an sich competent, dann bedürfte es zur Verlängerung der Competenz des judex ad tempus datus nur der stillschweigenden Einwilligung des Kaisers und des Commissärs. Da aber zur Erreichung dieses Zweckes die Einwilligung auch der Parthieen gefordert wird, es also in einer jeden Parthie Willen liegt, die Competenz des Richters und somit des Kaisers fortzusetzen oder erlöschen zu lassen, so dürfen wir wohl annehmen, dafs auch zur Begründung der Competenz des Kaisers die Einwilligung der Parthieen nöthig war.

(13) Anderer Ansicht Mommsen, a. a. O. Band 3. S. 475 : „Das Verhältnifs der königlichen und der republikanischen Gerichtsbarkeit war im Ganzen concurrirender Art, so dafs jede Sache sowohl vor dem Königsgericht als vor dem beikommenden republikanischen Gerichtshof anhängig gemacht werden konnte, wobei im Collisionsfall natürlich der letztere zurückstand.“ Vergebens habe ich mich nach Zeugnissen, welche diese Ansicht stützten, umgesehen.

2) Aus zwei Gründen waren die Magistrate während der Dauer ihres Amtes einem andern Magistrate nicht unterworfen. Zunächst sollten sie ihre ganze Sorge und Thätigkeit dem Staate und ihrem öffentlichen Berufe widmen, der unter der Besorgung anderer Angelegenheiten hätte Noth leiden müssen. Dann aber lag es auch ganz in der Natur der Sache, dafs ein Magistrat, welchem imperium und Zwangsgewalt zukam, einem niederen oder gleichstehenden Magistrat zu gehorchen nicht schuldig war. Dies wird bewiesen durch

l. 48. de jud. Paulus. l. 2. Responsorum. —

Pars literarum Divi Hadriani : — Magistratus, quo anno cum imperio sunt, neque propriam, neque eorum, quorum tutelam vel curam gerunt, causam in judicio, vel agendo, vel defendendo, sustinento. Simulac vero Magistratus dies exierit, non ipsis tantum adversus reos suos, sed etiam aliis adversus ipsos litem intentare jus fasque esto,

und

l. 2. de in jus voc. (2. 4). Ulpianus. l. 5. ad Edictum. —

In jus vocari non oportet neque Consulem, neque Praefectum, neque Praetorem, neque Proconsulem, neque caeteros Magistratus, qui imperium habent, qui et coercere aliquem possunt, et jubere in carcerem duci (14).

Doch änderte man dies in der Folge und liefs die freiwillige Unterwerfung eines Magistrats zu (15).

Man darf wohl behaupten, dafs diese freiwillige Unterwerfung nicht selten vorgekommen ist, wenn man erwägt, dafs die Gesetze des Anstandes verlangen, dafs

(14) S. auch l. 32. de injur. (47. 10). l. 8. de accus. (48. 2). l. 54. de proc. (3. 3).

(15) l. 26 §. 2. Ex quib. caus. maj. (4. 6). l. 12. jud. solv. (46. 7).

Niemand ein vom Gesetz ihm gegebenes Vorrecht ohne gute Gründe zum Nachtheil eines Andern gebrauche (16).

3) In der Kaiserzeit bestanden für gewisse Klassen von Staatsbürgern Gerichtsstandsprivilegien. Dafs das gemeinsame Interesse der Parthieen in vielen Fällen einen Verzicht auf das Privileg und eine Unterwerfung unter den ordentlichen Richter gefordert haben mag, bedarf keiner weiteren Erklärung (17).

4) Es ist vollständig erwiesen (18), dafs das forum rei sitae dem älteren römischen Recht durchaus unbekannt gewesen und erst durch Valentinian, Theodosius und Arcadius (im Jahr 385) eingeführt worden ist (19). Bis dahin war der Eigenthumskläger genöthigt, das forum domicilii oder originis des Beklagten anzugehen, und dieser mufste sich dort vertheidigen. Die Rechtsverfolgung und -vertheidigung an diesen Orten mufste für beide Theile häufig um so schwieriger werden, je mehr diese Orte vom Orte der gelegenen Sache entfernt waren. Als Beispiel nehme man den häufigen Fall, dafs reiche Römer ihren Wohnsitz in Rom, und in einer weitentlegenen Provinz grofse Güter hatten, welche sie durch Verwalter bestellen liefsen. Entstand über diese Güter ein Rechtsstreit, so forderte in der Regel das vernünftige Interesse beider Theile eine Verhandlung der Sache am Gericht des Ortes, wo die Güter lagen; denn in der Regel mag der Verwalter der Güter mit den Rechtsverhältnissen derselben weit vertrauter gewesen sein, als der Herr; ferner waren hier

(16) Dies scheint auch bestätigt zu werden durch l. 14. de jurisd. und l. 13 §. 4. ad SC. Treb. (36. 1).

(17) l. 29. C. de pact.

(18) Vat. fr. §. 326.

(19) l. 3. C. ubi in rem act. (3. 19).

regelmäfsig die Personen, welche als Zeugen Aufschlufs geben sollten über die Rechtsverhältnisse der streitigen Grundstücke, domicilirt, so dafs der Procefs ohne zeitraubende Requisitionen geführt werden konnte; ein Augenschein konnte ferner von dem Gericht am Orte der gelegenen Sache viel sicherer eingenommen werden, wenn die Sache von Anfang an bei ihm verhandelt, als wenn es nur zum Zweck der Augenscheinseinnahme requirirt worden. Dazu kam noch der Umstand, dafs der Richter am Ort der gelegenen Sache die daselbst geltenden besonderen Rechte besser kannte, als der Richter am Domicil des Beklagten. Diese Vortheile, welche aus einer Verhandlung der Sache am Gericht des Ortes der gelegenen Sache entsprangen, mufsten die Parthieen zur freiwilligen Unterwerfung unter dieses Gericht nöthigen.

5) Schon in ältester Zeit kannte das römische Recht ein von dem forum solutionis der Stipulation verschiedenes forum contractus, welches da begründet war, wo der Vertrag geschlossen wurde, beziehungsweise die Obligation entstand, und welches erst spät seine Selbständigkeit insofern verlor, als der Gerichtsstand aller Obligationen durch die Doctrin an den Erfüllungsort verlegt wurde (20). Dem forum contractus gab man aber in der Folge die Auslegung, dafs diejenigen Fremden, welche während ihres ganz kurzen Aufenthaltes an einem Orte Verbindlichkeiten übernahmen, aus diesen Verbindlichkeiten daselbst nicht belangt werden sollten, und dafs nur diejenigen Fremden daselbst zu Recht stehen müfsten, welche durch gewisse Anstalten, wie durch die Errichtung eines Ladens, Gewölbes u. s. w., dem Publikum ihre Absicht,

(20) Die Begründung dieser und der nachfolgenden Behauptungen werde ich an einem anderen Orte zu liefern versuchen.

daselbst längere Zeit zu verweilen, zu erkennen gegeben hätten (21). Wenn nun ein Fremder, der nur kurze Zeit an einem Orte sich aufzuhalten gedachte, und seine Absicht auf irgend eine Weise zu erkennen gab, den Bewohnern dieses Ortes seine Waaren anbot, so mufsten diese, wenn sie vorsichtige Leute waren, und die Güte der gekauften Gegenstände nicht sofort, sondern erst nach einiger Zeit und während der Benutzung erkannt werden konnte, in Betracht der Rechtsregel, dafs der vorüberreisende Fremde dem forum contractus nicht unterworfen sei, vom Contrahiren sich zurückhalten. Da aber der Fremde den Abschlufs von Geschäften mit den Einheimischen wünschen mufste, so mufste er ihnen auch den Grund ihrer Zurückhaltung verscheuchen, d. h. er mufste ihnen versprechen, am forum contractus sich einzulassen. Allein es konnte auch einem Fremden, der sich längere Zeit an einem Orte aufhielt, viel daran gelegen sein, dafs er aus den daselbst geschlossenen Geschäften dem forum contractus nicht unterworfen sei. Es wäre ja möglich gewesen, dafs ihn jemand unmittelbar vor seiner durch gewisse Umstände dringend gebotenen Abreise in jus vocirte. Einzelne Fälle mögen den Kaufmann vorsichtig gemacht und bestimmt haben, bei allen seinen Contracten von seinen Mitcontrahenten sich versprechen zu lassen, dafs sie ihn wegen ihrer Forderungen nicht am forum contractus belangen wollten. Ob diese Fälle häufig vorgekommen sind, läfst sich nicht sagen, dafs sie aber vorkamen, kann aus den Quellen entnommen werden (22).

6) Die Gerichtsbarkeit der Municipalbeamten, welche als Hülfsbeamten des Provincialstatthalters erschienen, war

(21) l. 19 §. 1. 2. de jud.
(22) l. 19 §. 1. de jud.

eine in mannigfacher Hinsicht begrenzte. Auch die Competenz war beschränkt : z. B. in Civilsachen auf eine uns unbekannte (23) Summe. Hatte der Streitgegenstand einen höheren Werth, so waren nicht die Municipalmagistrate, sondern der Statthalter der Provinz gesetzlich competent. Allein mit dessen Angehung waren zu allen Zeiten Schwierigkeiten und Unannehmlichkeiten für die Provincialen verbunden. Denn früher hielt der Statthalter regelmäfsig nur im Winter an den Hauptorten der einzelnen Kreise seiner Provinz Gerichtssitzungen. Die Parthieen mufsten sonach mit ihrer Sache bis zum Eintritt dieser Jahreszeit warten. Später kamen diese Reisen mehr und mehr aufser Gebrauch, und es bildete sich ein in der Residenz des Statthalters feststehender Gerichtshof, welcher nun von allen Parthieen aufgesucht werden mufste (24). Der weite Weg, der grofse Verlust an Zeit und die Gröfse der Kosten mögen in sehr vielen Fällen die Parthieen von der Angehung dieses Gerichtshofes abgehalten und zur Unterwerfung unter die Municipalmagistrate bewogen haben (25).

Diese Fälle, deren Zahl leicht noch erhöht werden kann, reichen hin, um uns die Ueberzeugung zu verschaffen, dafs das Institut des Gerichtsstandes der freiwilligen Unterwerfung in der römischen Praxis eine ganz aufserordentliche Verbreitung gefunden hatte. In der heutigen Praxis dagegen ist unser Gerichtsstand ein seltener Gast. Denn die heutige Gerichtsstandsverfassung entspricht so sehr dem gemeinsamen Interesse der Parthieen, dafs wahre Verbesserungen derselben durch die Gesetzgebung kaum

(23) S. jedoch §. 13.

(24) Bethmann-Hollweg, Gerichtsverfassung und Procefs des sinkenden römischen Reichs. S. 67.

(25) l. 28. ad munic. (50. 1).

gedacht werden können. Aufserordentliche Commissäre können verfassungsmäfsig vom Regenten nicht bestellt werden; die Beamtenqualität befreit nicht von der Unterwerfung; die Gerichtsstandsprivilegien sind particularrechtlich gröfstentheils abgeschafft; das forum rei sitae ist eingeführt, und die Competenz der Untergerichte ist in der Regel nicht auf eine bestimmte Summe beschränkt, oder es sind doch die Gerichtsbezirke kleiner, und die Gerichte folglich mit weniger Opfern zu erreichen. Doch wäre es gefehlt, von unserm Gerichtsstande zu behaupten, dafs er in der heutigen Praxis gar nicht vorkomme. Dafs er vorkommt, wird uns bezeugt (26). Es ist unmöglich, alle die Gründe anzuführen, welche die Parthieen bewegen, die gesetzlichen Gerichtsstände zu umgehen, und durch freiwillige Unterwerfung einen Gerichtsstand sich zu begründen. Ich beschränke mich daher auf die Anführung weniger.

1) Gesandte und diejenigen Personen, welchen das Recht der Exterritorialität zusteht, sind den inländischen Gerichten nicht unterworfen. Wenn nun eine solche Person während ihres Aufenthaltes contrahirt, Schuldner wird und nicht zahlt, so ist der Gläubiger genöthigt, das gesetzlich competente Gericht des Staates anzugehen, dem jene angehört. Dies wird in der Regel für den Gläubiger sehr hart sein. Die Gesetze des Anstandes, welche verlangen, dafs Niemand ohne gute Gründe von einem Vorrechte zum Nachtheil eines Andern Gebrauch mache, fordern, dafs der fragliche Schuldner den Gerichten des Inlandes sich unterwerfe. Wenn ihn aber auch die Gesetze des Anstandes hierzu nicht bewegen sollten, so wird

(26) S. z B. Seuffert's Archiv. Band IV. N. 256. V, 227. VII, 242. VIII, 295. IX, 77.

ihn oft sein pecuniäres Interesse dazu treiben. Denn wenn im Publicum bekannt wird, dafs er sich den Gerichten des Inlandes nicht stelle, so wird ihm das Contrahiren insofern erschwert, als wohl Niemand ihm creditiren wird.

2) Wenn ein Rechtsfall, der nach ausländischem Recht beurtheilt werden mufs, vor das gesetzlich competente inländische Gericht gebracht wird — und diese Fälle kommen in der heutigen Praxis, wie bekannt, aufserordentlich häufig vor, — so ist die Furcht, der Richter werde ein falsches Urtheil geben, sehr gegründet. Dem inländischen Richter kann man nämlich die vollständige Kenntnifs eines in fremder Sprache geschriebenen fremden Rechts nicht zumuthen; er mufs sich auf das gesetzliche Material, welches ihm die Parthieen zuführen, beschränken, und selbst dann sind Mifsverständnisse kaum zu vermeiden. Die Parthieen, denen an einem gerechten Urtheil gelegen ist, mögen deshalb einem ausländischen Richter, der die vollständige Kenntnifs des zur Anwendung kommenden Rechtes besitzt, ihre Sache zur Entscheidung antragen.

3) Es ist weder im kleinen, noch im grofsen Handelsverkehr, wenn ich den Versicherungen mehrerer Handelsleute und Fabrikanten Glauben schenken darf, üblich, dafs die Contrahenten eine Uebereinkunft treffen, wodurch sie sich verpflichten, ihre etwa entstehenden Rechtsstreitigkeiten vor einem bestimmten Gerichte entscheiden zu lassen. Dagegen pflegen die deutschen Staatsregierungen denjenigen Versicherungsgesellschaften, welche im Auslande (27) ihr Domicil haben, die Concession zum Betriebe

(27) Unter dem Auslande sind nicht blos die aufserdeutschen, sondern auch die andern deutschen Bundesstaaten zu verstehen.

ihres Geschäfts und zur Errichtung von Agenturen im Inlande nur dann zu ertheilen, wenn sie versprechen, wegen aller zwischen ihnen und inländischen (im Inlande domicilirten) Versicherten entstehenden Rechtsstreitigkeiten vor den Gerichten des Inlandes zu Recht zu stehen (28).

3) Ich bestreite, dafs die Fälle der Unterwerfung unter ein gesetzlich incompetentes Gericht deswegen, weil die Parthieen zu diesem ein gröfseres, zum gesetzlich competenten Gerichte ein geringeres Vertrauen haben, öfter vorkommen. Haben die Parthieen im einzelnen Falle zu einem gesetzlich competenten Gerichte kein Vertrauen, dann werden sie, da in der Regel zwei gesetzliche Gerichtsstände concurriren, das andere gesetzlich competente Gericht angehen; es steht ihnen aber auch frei, den verdächtigen Richter zu perhorresciren. Nach unserer Gerichtsverfassung liegt es auch nicht in der Hand der Parthieen, zu bewirken, dafs gerade das Richterindividuum, zu welchem sie ein grofses Vertrauen haben, ihre Sache entscheide, da bei Collegial- und solchen Gerichten, an welchen mehrere Einzelrichter thätig sind, die Ernennung des Respicienten bezw. der Referenten und der anderen berathenden und entscheidenden Mitglieder aus guten Gründen lediglich dem Ermessen des Directoriums überlassen ist.

---

(28) S. die Grofsherzoglich Hessischen Verordnungen: 1) die Verweisung der Streitigkeiten der Aachener- und Münchener-Feuerversicherungs-Gesellschaft an die ordentlichen Gerichte betr. vom 10. December 1850. 2) Desgl. die F.-V.-Gesellschaft Colonia betr. v. 14. December 1850. 3) Die Ausdehnung der F.-V.-Gesellschaft „Deutscher Phönix“ zu Frankfurt a. M. auf das Grofsherzogthum Hessen betr. v. 23. September 1851. §. 13.

Zweites Capitel.

Rechtliche Natur des Gerichtsstandes der freiwilligen Unterwerfung.

Erster Abschnitt.

Das Gericht.

Gerichtsbarkeit *).

§. 5.

Wir haben unsern Gerichtsstand definirt als dasjenige Gericht, dessen Competenz aus der freiwilligen Unterwerfung der Parthieen entsteht. Unter der Competenz ist das Recht und die Pflicht eines Gerichts zur Entscheidung eines Rechtsstreits und zur Realisirung des erkannten Rechts zu verstehen. Die Begründung dieses Rechts und

*) Der nachfolgende §. unterscheidet sich von den Darstellungen der meisten meiner Vorgänger auf eine sehr in die Augen springende Weise, nämlich im Umfang. Man hielt es, wie es den Anschein hat, für eine an eine wissenschaftliche Arbeit mit Recht zu stellende Forderung, dafs man sich in unserer Lehre so weitläufig wie möglich über die Fragen, ob der Latrunculator „prorogirt“ (l. 61 §. 1. de jud.), ob der Procurator Caesaris in nicht fiscalischen Sachen angegangen werden konnte (l. 1. C. de jurisd. omn. jud.), ob es den Geistlichen gestattet sei, weltlichen Gerichten sich zu unterwerfen (c. 18. X. de foro comp. 2. 2) u. s. w. verbreiten müsse. Diese Weitläufigkeit war aber zugleich Unvollständigkeit. Denn einmal vergafs man in der Regel, die hier entscheidenden Principien aufzusuchen, und dann berücksichtigte man nicht die ganze Gerichtsverfassung. Ich beschränke mich auf die Angabe der Principien. Haben wir sie gewonnen, dann ist es ein Leichtes, uns in jeder Gerichtsverfassung zurechtzufinden. Zudem ist unsere heutige Gerichtsverfassung vielfach eine wesentlich andere, als diejenige, auf welche sich die betreffenden gesetzlichen Bestimmungen beziehen.

dieser Pflicht setzt aber voraus, dafs das Subject, dem Beides zugeschrieben wird, dieses Rechts und dieser Pflicht fähig sei, die Competenz setzt mithin Gerichtsbarkeit voraus. Nur wer Gerichtsbarkeit hat, kann durch freiwillige Unterwerfung der Parthieen competent werden.

L. 1. de jud.

Si se subjiciant aliqui jurisdictioni, et consentiant, inter consentientes cujusvis judicis, qui tribunali praeest, vel aliam jurisdictionem habet, est jurisdictio.

L. 3. C. de jurisd. omn. jud. (3. 13).

Privatorum consensus judicem non facit eum, qui nulli praeest judicio : nec, quod is statuit, rei judicatae continet auctoritatem.

Die Gerichtsbarkeit ist in jedem entwickelten Staatswesen eine Eigenschaft nur des Staates und derjenigen, die mit dieser Eigenschaft vom Inhaber der gesammten Staatsgewalt bekleidet sind, der Gerichte (1).

Gäbe es in einem Staate nur Gerichte mit Universalgerichtsbarkeit, so würden wir sagen müssen, jedes gesetzlich incompetente Gericht werde durch freiwillige Unterwerfung der Parthieen competent. Allein wir begegnen sofort einer Unterscheidung zwischen Gerichten, denen nur Civilgerichtsbarkeit zusteht, solchen, denen nur Criminalgerichtsbarkeit zukommt, und solchen, welche mit beiden Eigenschaften versehen sind. Der zwischen den Parthieen bestehende Rechtsstreit ist eine Civilsache, welche nur von einem mit Civilgerichts-

(1) Also nicht Eigenschaft des Regenten, des Justizministeriums, der Administrativbehörden, des Staatsanwalts, des Fiscalanwalts, der Spruchcollegien u. s. w.

barkeit (2) versehenen Richter entschieden werden kann; eine freiwillige Unterwerfung der Parthieen unter das Geschwornengericht und den Assisenhof bewirkt keine Competenz, und das von beiden Gerichten gefällte Urtheil beschreitet die Rechtskraft nicht.

Dies ist jedoch nicht die einzige Unterscheidung in unserer heutigen Jurisdictionsverfassung. Wir finden zwar in einigen Staaten Gerichte mit Universalcivilgerichtsbarkeit, in andern aber Gerichte mit particulärer Civilgerichtsbarkeit, d. h. Gerichte, denen die Fähigkeit nur über gewisse Gattungen von Personen, oder in gewissen Gattungen von Sachen Recht zu sprechen, zukommt. (Subjectiv und objectiv begrenztes Civiljurisdictionsgebiet.) Das Gericht, dem sich die Parthieen unterwerfen wollen, mufs die betreffende Gattung von Civilgerichtsbarkeit haben.

Bei der Bestimmung des Umfangs der Civilgerichtsbarkeit eines gewissen Gerichts, dem sich die Parthieen zu unterwerfen beabsichtigen, mufs zunächst untersucht werden, ob nicht bei seiner Einsetzung sein Jurisdictionsgebiet fixirt worden ist. Ergibt die Untersuchung kein Resultat, so entscheiden folgende Gesichtspunkte.

Es gibt im Staate gewisse Personenverbindungen, Genossenschaften (3), denen eine Selbständigkeit und Unabhängigkeit von der Staatsgewalt zukommt, deren sich andere Genossenschaften nicht erfreuen. Zur Erhaltung dieser Selbständigkeit und Unabhängigkeit erschien es nothwendig, der Genossenschaft, als einer öffent-

(2) Und zwar mit streitiger Civilgerichtsbarkeit.

(3) Geistlichkeit, Militär, Universitäten. Ueber die Geschichte der Gerichtsbarkeit dieser Genossenschaften s. jetzt vor Allem Wetzell, System. §. 32. 37.

lich-rechtlichen Person, den ausschliefslichen Besitz der Gerichtsbarkeit über ihre Angehörigen abzutreten. Die gemeinen Gerichte des Staats sind mithin unfähig über die Angehörigen dieser Genossenschaften Recht zu sprechen, und können folglich durch deren freiwillige Unterwerfung nicht competent werden. So wenig aber den gemeinen Gerichten diese particuläre Gerichtsbarkeit zukommt, ebensowenig steht den Gerichten dieser Genossenschaften die universelle oder eine andere particuläre Gerichtsbarkeit zu, weil sie zur Erhaltung der Selbständigkeit und Unabhängigkeit dieser Genossenschaften nicht nöthig ist, und weil der Staat nur zur Erreichung jenes Zweckes die Gerichtsbarkeit abtritt (4).

Gehen wir zu den Gerichten über, die in sachlicher Hinsicht eine particuläre Gerichtsbarkeit haben.

Der Gerichtsbarkeit der Kirche liegt die Idee zu Grunde, dafs über kirchliche Fragen und Sachen, die das religiöse Gebiet berühren, nur und allein die Kirche zu urtheilen berechtigt, und dafs zu ihrer Selbständigkeit und segensreichen Wirksamkeit der ausschliefsliche Besitz von Gerichtsbarkeit in kirchlichen Dingen nothwendig sei (5). Die weltlichen Gerichte können daher da, wo die Gerichtsbarkeit der Kirche anerkannt ist, durch freiwillige Unterwerfung der Parthieen in einer kirchlichen Sache nicht competent werden. Eine andere als diese Gerichtsbarkeit kommt der Kirche nicht zu, weshalb ein geistliches Gericht

(4) Martin, Vorlesungen, Band I. S. 369. Nr. 5. — »es möchte schwerlich eine solche Prorogation zulässig sein, weil Privatpersonen durch Vertrag sich nicht Vorzüge beilegen und Vortheile verschaffen können, welche durch Privilegium gewissen Personen vom Staate ausschliefslich verliehen sind.«

(5) C. 8. X. de arbitr. (1. 43). C. 2. X. de jud. (2. 1). Wetzell, a. a. O. §. 82.

durch freiwillige Unterwerfung der Parthieen in einer weltlichen Sache nicht competent werden kann. Eine richtige Beurtheilung gewisser Sachen ferner, z. B. der Handelssachen setzt im beurtheilenden Subjecte eine genaue Kenntnifs des Handelsverkehrs, des positiven Handelsrechts, des im Kreise der Handelsleute entstandenen und daselbst mündlich sich fortpflanzenden Gewohnheitsrechts, der Buchführung u. s. w. voraus, welche nur nach langjähriger, auf dieses Fach ausschliefslich verwendeter Thätigkeit erlangt wird, und die demnach ein Richter, dem nur selten Handelssachen zur Entscheidung vorgelegt werden, sich unmöglich erwerben kann. Wenn nun ein Staat Handelsgerichte niedergesetzt hat, so mufs im Zweifel angenommen werden, dafs er die Handelsgerichtsbarkeit allen übrigen Gerichten entzogen habe, weshalb eines derselben durch freiwillige Unterwerfung der Parthieen in einer Handelssache nicht competent werden kann. Auf der andern Seite wird es aber auch im Zweifel die Absicht des Staates nicht gewesen sein, die Handelsgerichte mit universeller Gerichtsbarkeit auszustatten, weil in demselben Mafse, in welchem eine Erhöhung der Kenntnifs und Sicherheit der am Handelsgericht fungirenden Personen in dem speciellen Fache zu erwarten, eine Verminderung der Kenntnifs und Sicherheit dieser Richter in anderen Zweigen des Rechts zu befürchten steht. Ein Handelsgericht kann mithin durch freiwillige Unterwerfung der Parthieen in andern als Handelssachen nicht competent werden. Dasselbe gilt von Berg- und Lehngerichten u. s. w.

Solche Obergerichte, welche keine gesetzliche erstinstanzliche Competenz besitzen, müssen auch im Zweifel für unfähig erachtet werden, durch freiwillige Unterwerfung der Parthieen erstinstanzlich competent zu werden, weil eine Solidität der Entscheidungen dieser Gerichte nur dann erreicht werden kann, wenn die ihnen zur Entscheidung vorgelegten Sachen von einem Untergericht bereits entschieden worden sind. Man kann mir nicht einwenden, dafs in solchen Fällen lediglich das Interesse der Parthieen zur Sprache käme, und wenn sich daher diese freiwillig der ersten oder zweiten Instanz beraubten, dann wären sie es allein, die von den Nachtheilen eines oberflächlichen Urtheils betroffen würden. Dieser Einwand ist unrichtig. Zunächst werden allerdings die Parthieen benachtheiligt, die sich jenen Obergerichten unterworfen hatten. Allein ein viel gröfserer, auch materieller Nachtheil kann eine ganze Bevölkerung treffen. Man erwäge nur die Zähigkeit, mit welcher die Obergerichte an ihren einmal gefafsten Beschlüssen festhalten, den schwierigen Stand, den die Bekämpfung jener Beschlüsse hat, man erwäge die Möglichkeit, dafs in einer solchen Sache ein Präjudiz gefafst wird, welches nicht gefafst worden wäre, wenn dieselbe die beiden unteren Instanzen durchlaufen hätte, und man wird den grofsen Nachtheil, den die erstinstanzliche Competenz eines Obergerichts zur Folge haben kann, begreifen.

Wenn ein competentes Untergericht ein beschwerendes Erkenntnifs erlassen hat, so sind die Parthieen, wenn sie hiergegen appelliren wollen, nicht genöthigt, das jenem vorgesetzte Appellationsgericht anzugehen, sondern sie sind berechtigt, ihre Beschwerde an irgend einem mit Appellationsgerichtsbarkeit versehenen Gerichte (zweiter Instanz) anzubringen, d. h. diesem freiwillig sich zu unterwerfen. Ich kann durchaus nichts erblicken, was einer solchen Unterwerfung rechtlich entgegenstehen sollte.

Erläfst nämlich das durch freiwillige Unterwerfung competente Appellationsgericht ein definitives Erkenntnifs, und wird dieses rechtskräftig, dann ist das Appellationsgericht auch zur Execution berechtigt, es kann, wenn Executionsgegenstände in seinem Bezirke sich befinden, durch das betreffende Untergericht das Urtheil vollstrecken lassen. Befinden sich jedoch die Executionsgegenstände in einem anderen Bezirke, insbesondere im Bezirke des judex a quo, so mufs es zur Requisition greifen, und dann entscheiden über die Frage, ob das requirirte Gericht Folge leisten müsse, die über die Requisition geltenden Grundsätze. Es wird darnach der judex a quo das Urtheil vollstrecken müssen, wenn das requirirende Gericht ein inländisches ist. Hat aber das durch freiwillige Unterwerfung competent gewordene Appellationsgericht einen Zwischenbescheid erlassen, und hat dieser die Rechtskraft beschritten, dann ist der judex a quo an denselben gebunden. Denn das von dem Appellationsgericht erlassene Urtheil erscheint hier als ein solches, das die Parthieen mit gegenseitiger Uebereinstimmung an die Stelle des vom judex a quo gefällten setzen, welches bekanntlich dieser respectiren mufs (6).

(6) A. M. Martin, a. a. O. S. 370, Nr. 7. „Endlich kann es keinen Zweifel leiden, dafs die Parteien sich in der Appellationsinstanz an kein Obergericht auf Grund einer Prorogation wenden können, zu welchem das bisher zuständige Untergericht nicht in dem geordneten Subordinationsverhältnisse steht. Denn ohne dieses Verhältnifs kann kein Appellationsverfahren wirksam sein, weil das Untergericht die Verfügungen des nicht zuständigen Obergerichts nicht anzuerkennen braucht und weil, wenn auch der Unterrichter seine Einwilligung zu der Prorogation gegeben hätte, doch diese wirkungslos sein müfste, da kein Unterrichter beliebig über seine Gerichtsbarkeit und die gesetzlich geordnete Gerichtsverfassung disponiren kann."

Den Untergerichten kommt keine Appellationsgerichtsbarkeit zu. Es kann demnach ein Untergericht durch freiwillige Unterwerfung der Parthieen nicht Appellationsinstanz werden.

Incompetenz. — Gerichtsstand der Litiscontestation.

§. 6.

Der Gerichtsstand der freiwilligen Unterwerfung ist dasjenige Gericht, dessen Competenz aus der freiwilligen Unterwerfung der Parthieen entsteht. Ein gesetzlich competentes Gericht wird sonach dadurch, dafs es die Parthieen um Rechtshülfe angehen, und sich seinen künftigen Befehlen zu unterwerfen versprechen, nicht zum Gerichtsstand der freiwilligen Unterwerfung. Dieser setzt also gesetzliche Incompetenz des gewählten Gerichts voraus. Ich kann mich jedoch mit dieser allgemeinen Bemerkung nicht begnügen. Zwar bin ich nicht veranlafst, sämmtliche Gerichtsstände hier aufzuführen, wohl aber mufs ich eines Gerichtsstandes gedenken, den man bisher bei der Behandlung unserer Lehre übersehen hat, welches Verkennen die Ursache von einer quellenwidrigen Auffassung der Entstehungsweise des Gerichtsstandes der freiwilligen Unterwerfung geworden ist. Man lehrt nämlich, wie es sich aus dem folgenden Abschnitte ergibt, von Seiten älterer und neuerer Juristen ziemlich allgemein, dafs unser Gerichtsstand nur dann entstehe, wenn die freiwillige Unterwerfung zur Zeit der Litiscontestation erfolge. Bis dahin könne jeder Theil einseitig wieder zurücktreten. Ein Gerichtsstand entstehe aber auch dann nicht, wenn die eine oder die andere Parthie geglaubt, das angegangene Gericht sei gesetzlich competent, und in diesem Irrthume litem contestirt habe. Hiernach wäre also das ganze Verfahren, vom Anfang bis zum Schlufs, null und nichtig.

Ich kann diese Ansicht nicht theilen. Zwar glaube ich nicht, dafs das Gericht, welches ich in diesem Fall für competent halte, den Grund seiner Competenz in der freiwilligen Unterwerfung der Parthieen finden kann, m. a. W. dieses Gericht ist nach meinem Dafürhalten nicht Gerichtsstand der freiwilligen Unterwerfung, denn diese setzt immer das Wissen der Parthieen, dafs das betreffende Gericht gesetzlich incompetent sei, voraus. Allein dieses Gericht ist dadurch, dafs die Parthieen seine Incompetenz nicht gerügt, und litem contestirt haben, competent geworden. Nennen wir diesen Gerichtsstand der Kürze wegen den Gerichtsstand der Litiscontestation.

Wir drücken übrigens denselben Gedanken aus, wenn wir sagen : Eine rechtliche Wirkung der Litiscontestation und der Unterlassung des Vorschützens des Incompetenzeinwandes ist die Competenz des Gerichts, vor welchem die Litiscontestation stattgefunden hat. Oder : nach der Litiscontestation sind die Parthieen mit dem Incompetenzeinwand ganz und gar ausgeschlossen.

Die Gesetzesstellen nun, welche uns die Existenz des Gerichtsstandes der Litiscontestation beweisen, sind

1) l. 30. de judiciis. Marcellus. l. 1. Digestorum.

Ubi acceptum est semel judicium, ibi et finem accipere debet.

Unter dem judicium acceptum ist die Litiscontestation zu verstehen. Mit dürren Worten ist also in dieser Stelle der Gedanke ausgesprochen, dafs ein Procefs an demjenigen Gerichte, vor welchem die Litiscontestation stattgefunden habe, auch zu Ende geführt werden solle. Die Bedeutung dieses Satzes kann natürlicherweise nicht die sein, dafs der Staat daran, dafs die Parthieen ihren Rechtsstreit an diesem Gerichte zu Ende führen, ein Interesse habe. Beide Theile können sich vergleichen, oder mit gegenseitiger Einwilligung ihren Rechtsstreit bei einem anderen Magistrat von Neuem anbringen und verhandeln lassen. Der Satz hat nur die Bedeutung, dafs keine Parthie einseitig den bis zur Litiscontestation gediehenen Rechtsstreit an ein anderes Gericht zu verbringen berechtigt sei. In dieser Allgemeinheit müssen wir ihn solange auffassen, bis uns eine engere Bedeutung desselben nachgewiesen wird. Wenn demnach Parthieen vor einem gesetzlich incompetenten Gerichte, das eine oder beide für gesetzlich competent hielten, litem contestirt haben, so kann kein Theil gegen den Willen des andern den Rechtsstreit vor ein gesetzlich competentes Gericht bringen. Das Gericht mufs demnach nothwendig zur Verhandlung und Entscheidung der Sache berechtigt und verpflichtet sein, nicht blos für die Zukunft, sondern auch für die Vergangenheit; durch die Litiscontestation wird ein Gerichtsstand begründet.

Versuchen wir nun, zur Bestärkung unserer Ansicht von der Bedeutung der l. 30. cit., entgegenstehende Ansichten zu widerlegen.

Man hat behauptet, der Sinn dieses Gesetzes wäre der : Die Competenz des Gerichtes bestimmt sich für jeden Procefs nach der Zeit seines Beginnes (der Litiscontestation), so dafs, wenn der anfangs vorhandene Competenzgrund späterhin wegfällt, die einmal begründete Competenz doch fortbesteht (1). Mit dieser Behauptung bin ich insofern einverstanden, als auch ich den Beginn

(1) Wetzell, System. §. 39, S. 333, Nr. 1.

des Processes für den hier entscheidenden Zeitpunkt halte. Nicht einverstanden aber bin ich damit, dafs man die Litiscontestation hier für den Beginn des Processes erklärt. Sehen wir einstweilen von positiven Bestimmungen ab, und halten uns an die praktischen Resultate, welche eine solche Bestimmung erzielen würde. Wäre es Regel gewesen, dafs gleich am Tage des ersten Erscheinens der Parthieen vor dem Magistrat der Procefs bis zur Litiscontestation gediehen wäre, dann wäre jene Bestimmung gerechtfertigt gewesen. Wenn man aber erwägt, wie lange das Verfahren in jure dauern konnte, und dafs es äufserst leicht war, diesem Verfahren eine bedeutende zeitliche Ausdehnung zu verleihen, und wenn man nun annimmt, dafs nicht die Zeit der in jus vocatio, sondern der litiscontestatio für die Competenz des Gerichts entscheidend, dafs also das ganze Verfahren, das von dem Magistrat am Wohnort des Beklagten begonnen, deswegen, weil der Beklagte unmittelbar vor der Litiscontestation seinen Wohnsitz veränderte, unnütz, und die hierzu aufgewendeten Opfer vergebens gebracht worden waren, und wenn man schliefslich erwägt, dafs dieses Recht des Beklagten, durch jedesmalige Veränderung seines Wohnsitzes vor der Litescontestation, den Kläger von einem zum andern Gerichte zu ziehen, ein höchst einfaches Mittel der Chikane ist, so wird man, denke ich, durch diese Annahme wenig Vertrauen in den gerechten und praktischen Sinn der Römer setzen. Dagegen wären alle Chikanen in dieser Hinsicht abgeschnitten, und keine Handlung im Verfahren unnütz gewesen, wenn sich die Competenz des Gerichts für jeden Procefs nach der Zeit der in jus vocatio gerichtet hätte. Und das letztere spricht auch das römische Recht aus.

L. 7. de jud. Ulpianus. l. 7. ad Edictum.

Si quis, posteaquam in jus vocatus est, miles, vel alterius fori esse coeperit, in ea causa jus revocandi forum non habebit, quasi praeventus.

Der Beklagte ist sonach an das Gericht, welches zur Zeit der in jus vocatio competent war, während des ganzen Processes gebunden; eine nachträgliche, wenngleich vor der Litiscontestation vorgenommene Aenderung seines Wohnsitzes hat keinen Gerichtsstandswechsel zur Folge.

Im späteren Recht trat an die Stelle der in jus vocatio die Insinuation der Klage und die Ladung des Beklagten.

L. 4 §. 1. (rest.) C. de in jus voc. (2. 2).

Qui libellum accepit, etiamsi in aliud officium translatus sit, miles forte vel clericus factus, respondeat omnino in primo foro, quod secundum primam ejus conditionem censetur competens, nullam habens fori praescriptionem.

Zum Beweis, dafs sich die Competenz eines Gerichts für jeden Procefs nach der Zeit der Litiscontestation bestimme, hat man zwei Stellen (2) aufgeführt.

L. 34. de jud. Javolenus. l. 15. ex Cassio.

Si is, qui Romae judicium acceperat, decessit, heres ejus, quamvis domicilium trans mare habet, Romae tamen defendi debet, quia succedit in ejus locum, a quo heres relictus est.

L. 19 pr. de jurisd. Ulpianus. l. 6. Fideicommissorum.

Quum quaedam puella apud competentem judicem litem susceperat, deinde condemnata erat, posteaque ad viri matrimonium alii jurisdictioni subjecti pervenerat; quaerebatur, an prioris judicis sententia exsequi possit?

(2) l. 4. C. de jurisd. berührt unsere Frage gar nicht.

Dixi posse, quia ante fuerat sententia dicta. Sed et si post **susceptam cognitionem** ante sententiam hoc eveniet, idem putarem, sententiaque a priore judice recte fertur. Quod generaliter et in omnibus hujuscemodi casibus observandum est.

Allein diese beiden Stellen widersprechen unserer Behauptung durchaus nicht. Die erste sagt nur, dafs wenn der Erblasser nach der Litiscontestation gestorben sei, der Erbe sich an dem Gerichte vertheidigen müsse, wo sich der Erblasser vertheidigt hatte. Der Jurist will hier nicht erklären, dafs die Litiscontestation der Zeitpunkt sei, der darüber entscheide, ob der Beklagte an das Gericht gebunden sei oder nicht, sondern dafs der Erbe den Gerichtsstand seines Erblassers anerkennen müsse, quia succedit in ejus locum a quo heres relictus est. In der zweiten Stelle wird übrigens die Litiscontestation nicht als entscheidender Zeitpunkt genannt. Denn unter der **suscepta cognitio** wird m. W. in den Quellen nirgends die Litiscontestation verstanden. Sie ist vielmehr des judex erster Act, der mit der Litiscontestation nicht zusammenfällt. Wir dürfen aber deswegen doch nicht annehmen, dafs die Competenz des Gerichts nach den Umständen zur Zeit der suscepta cognitio sich richte. Denn wenn der Jurist sagt, dafs post susceptam cognitionem die Aenderung in den Umständen keinen Gerichtsstandswechsel zur Folge habe, so hat er damit nicht auch aussprechen wollen, dafs eine solche Aenderung **vor** jenem Zeitpunkte diese Folge habe, ebensowenig wie er in dem ersten Theil unserer Stelle zu sagen beabsichtigt, dafs die Umstände zur Zeit des Urtheils mafsgebend seien. Man könnte ferner dem Satze: Ubi acceptum est semel judicium, ibi et finem accipere debet die Bedeutung beilegen, dafs bei der Concurrenz mehrerer competenter Gerichte der Kläger erst mit der Litiscontestation an die getroffene Wahl gebunden sei (3). Bekanntlich herrscht über die Frage, welcher Moment der hier entscheidende sei, ein grofser Streit. Aus dem älteren römischen Rechte besitzen wir hierüber keine Zeugnisse. Nichtsdestoweniger glaube ich behaupten zu dürfen, dafs der Kläger nach der in jus vocatio von seiner einmal getroffenen Wahl nicht wieder zurücktreten konnte. Zu dieser Behauptung werde ich bestimmt theils dadurch, dafs sich die Competenz des Gerichts über den Beklagten nach den Umständen zur Zeit der in jus vocatio bestimmte, der Beklagte also trotz einer nach diesem Zeitpunkte erfolgten Aenderung in den Umständen an dieses Gericht gebunden war, und wir im Zweifel eine gleiche Behandlung beider Parthieen annehmen müssen, theils dadurch, dafs mir ein Recht des Klägers, an zwei oder mehreren competenten Gerichten gleichzeitig einen und denselben Procefs zu führen, und eine entsprechende Verbindlichkeit des Beklagten, wegen der Opfer, die dem Beklagten hiermit auferlegt würden, unwahrscheinlich ist. Hierzu kommt aber noch, dafs das Recht des Klägers, den Beklagten in mehrere competente Gerichte zu vociren, ein alternatives obligatorisches Recht ist. Dem Kläger steht das Wahlrecht zu; hat er durch die in jus vocatio eine Wahl getroffen, so ist er daran gebunden. Dieser Behauptung steht auch nicht der allerdings richtige Umstand, dafs nach älterem römischen Rechte der Beklagte erst mit der Litiscontestation ein Recht auf Fortsetzung des begonnenen Verfahrens habe, entgegen. Denn die Selbständigkeit des Rechts des Beklagten, dafs ein Procefs, dessen

(3) Wetzell, a. a. O. §. 42, S. 368.

Beginn lediglich vom Willen des Klägers abhängt, an einem gewissen Gerichte begonnen, also an den übrigen Gerichten nicht begonnen werde, kann nicht in Zweifel gezogen werden. Dieses Recht hat nun der Beklagte durch die in jus vocatio erworben.

Wenn nun unser Satz auch die Bedeutung, dafs bei der Concurrenz mehrerer competenter Gerichte der Kläger erst mit der Litiscontestation an die getroffene Wahl gebunden sei, nicht haben kann, so bleibt uns eine weitere Annahme, als die, dafs durch die Litiscontestation ein incompetentes Gericht competent werde, nicht übrig. Es findet aber diese Annahme eine weitere Stütze in folgenden Gesetzesstellen.

2) L. 52 pr. de jud. Ulpianus. l. 6. Fideicommissorum.

Sed et si suscepit actionem fideicommissi, et aliis defensionibus usus hanc omisit, quamvis ante sententiam, reverti ad hanc defensionem non potest.

Unter dem suscipere actionem ist die Litiscontestation (4), unter der hier fraglichen defensio die Incompetenzeinrede zu verstehen.

3) L. 13. C. de except. (8. 36). Honorius et Theodosius.

Praescriptiones fori in principio a litigatoribus opponendas esse, legum decrevit auctoritas.

In beiden Stellen ist die Competenz eines Gerichts lediglich an die Unterlassung des Vorschützens der Incompetenzeinrede geknüpft, also kein Unterschied zwischen wissentlicher und irrthümlicher Unterlassung gemacht.

In einer Reihe von Stellen ist der Satz ausgesprochen, dafs das von dem incompetenten Richter erlassene Urtheil nichtig sei. Dies scheint unserer Behauptung, dafs die

(4) Keller, Litiscontestation. §. 6, S. 67.

Litiscontestation aus dem incompetenten einen competenten Richter mache, zu widersprechen, denn hier haben wir doch Fälle, in welchen der Richter durch die Litiscontestation nicht competent geworden ist. Wie sind diese Stellen mit unserer Behauptung zu vereinigen?

Die Parthieen müssen ihren Incompetenzeinwand vor der Litiscontestation vorbringen. Unterlassen sie es, so liegt ein non dissensus vor, und das Gericht wird als von Anfang an competent betrachtet. Leugnen sie aber vor der Litiscontestation die Competenz des Richters, dissensus, der Richter jedoch ignorirt rechtswidrig den Incompetenzeinwand, und fährt im Verfahren fort, so ist dieses null und nichtig. In diesem Sinne ist, wie mir scheinen will, die nachfolgende Stelle zu verstehen.

L. 1 §. 2. quod quisque (2. 2). Ulpianus. l. 3. ad Edictum.

Et si ideo inter eos quis dixerit jus, inter quos jurisdictionem non habuit : quoniam pro nullo hoc habetur, nec est ulla sententia, cessare Edictum putamus. Quid enim obfuit conatus, cum injuria nullum habuerit effectum?

In dieser Stelle wird das Handeln eines incompetenten Prätors als injuria geschildert. Wie kann man aber eine Rechtswidrigkeit darin finden, dafs der Prätor, der keine Kenntnifs von seiner Incompetenz durch die Parthieen erhält, der, wenn er auch wissen sollte, dafs er gesetzlich incompetent sei, annehmen darf, die Parthieen hätten sich freiwillig ihm unterworfen, sie nicht abweist, sondern das Verfahren fortsetzt? Eine injuria (5) liegt aber allerdings dann vor, wenn der Prätor die Incompetenzeinrede absichtlich nicht berücksichtigt.

Das Urtheil, welches die vom Procurator Caesaris bestellten Richter gegeben haben, soll auch ungültig sein.

(5) Bezw. conatus.

L. 1. C. de pedan. jud. (3. 3). Gordianus.

Procuratori nostro, non vice Praesidis agenti, dandi judices inter privatas personas non competere facultatem, manifestum est; et ideo si, ut allegastis, inter privatas personas is, cujus meministis, arbitros dandos putavit, sententia ab eis prolata nullo jure subsistit.

L. 23 §. 1. de appell. (49. 1). Papinianus. l. 19. Responsorum.

Quum Procurator Caesaris, qui partibus Praesidis non fungebatur, in lite privatorum jus dandi judicis non habuisset, frustra provocatum ab ea sententia constitit, quae non tenebat.

Der Grund der Ungültigkeit des erlassenen Urtheils liegt darin, dafs dem Procurator Caesaris das Recht, in solchen Sachen, die durch freiwillige Unterwerfung der Parthieen an ihn gebracht worden waren, judices zu bestellen, abging; ein Mangel, den der Consens der Parthieen und die Litiscontestation natürlicherweise nicht zu heben vermochte.

Gegründeten Zweifel erregt

l. 4. C. si a non comp. (7. 48). Gratianus, Valentinianus et Theodosius.

Et in privatorum causis hujusmodi forma servetur, ne quemquam litigatorum sententia non a suo judice dicta constringat.

Diese Stelle gewährt uns auch nicht den geringsten Anhaltspunkt für die Behauptung, dafs sie einen Fall vor Augen habe, in welchem die vor der Litiscontestation vorgeschützte Incompetenzeinrede von dem Richter nicht berücksichtigt worden sei (6). Allein ich glaube annehmen

(6) Bayer, Vorträge. §. 79, S. 247, und Brackenhoeft, Erörterungen. §. 101, N. 2 u. A. m. lassen diese Stellen von dem Fall der Nichtberücksichtigung des erhobenen Incompetenzeinwandes reden.

zu dürfen, dafs wir einer solchen zweifelhaften Stelle den Sinn beizulegen berechtigt sind, der mit andern, klaren Stellen nicht im Widerspruch steht.

Voet (7) ist übrigens derselben Ansicht, dafs nach der Litiscontestation die Incompetenzeinrede selbst dann nicht mehr vorgeschützt werden könne, wenn auch der Beklagte geglaubt hat, das angegangene Gericht sei gesetzlich competent. Allein er weicht darin von mir ab, dafs er den durch die Litiscontestation entstehenden Gerichtsstand als prorogirten Gerichtsstand ansieht: Lege scilicet tunc supplente defectum consensus ad prorogationem requisiti, in quantum fingit ac concipit, judicio quasi contrahi, atque ita ex ipso facto litiscontestationis consensum intercepisse; eo modo, quo et in caeteris quasi contractibus jus consensum naturaliter deficientem subfuisse fingit. l. 3 §. 11. depos. l. 5 §. 2. de peculio.

Auch das Oberappellationsgericht zu Cassel (8) erkennt diesen Gerichtsstand an. Es sprach sich hierüber folgendermafsen aus:

Die Zuständigkeit des angegangenen Untergerichts, gegen welche der Verklagte bei der Einlassung auf die Klage einen Einwand vorzubringen versäumt hat, kann nicht mehr angefochten werden. Insbesondere steht die Anfechtung nicht mehr durch den behaupteten Irrthum zu begründen, da diejenigen Gesetze (l. 15. de jurisd. l. 2. de jud.), nach welchen bei der auf Einverständnifs der Streittheile beruhenden Unterwerfung unter einen nicht zuständigen Richter ein Irrthum der Parthieen berücksichtigt werden soll, keine Anwendung auf den Fall einer durch Streiteinlassung ohne Anfechtung des Gerichts-

(7) Comment. ad Pand. l. 2 §. 1. de jurisd. n. 18.
(8) Seuffert's Archiv. Band 10, Nr. 214.

standes herbeigeführten Erstreckung desselben leiden, und die processualischen Folgen der Versäumnifs durch einen Irrthum über die Begründung des Gerichtsstandes nicht ausgeschlossen werden.

Zweiter Abschnitt.

Entstehung des Gerichtsstandes der freiwilligen Unterwerfung.

Versuch der Lösung dieser Aufgabe nach allgemeinen Rechtsgrundsätzen.

§. 7.

Der Lösung unserer Aufgabe, die Beschaffenheit des Entstehungsactes des Gerichtsstandes der freiwilligen Unterwerfung aus den speciell hierüber bestehenden positiven Bestimmungen nachzuweisen, kann der Versuch, aus der rechtlichen Natur der Gerichtsstände und aus allgemeinen Rechtsgrundsätzen auf diese Beschaffenheit zu schliefsen, nicht allein nicht hindernd in den Weg treten, sondern es wird auch das richtig gefundene Resultat dieser allgemeinen Betrachtung ein Prüfstein für die Ergebnisse unserer bevorstehenden Gesetzesauslegung sein. Wenn diese allgemeine Betrachtung hiernach eine nützliche genannt werden kann, so ist sie dann eine nothwendige, wenn uns die Gesetze über den zu erforschenden Act gar keinen oder nur einen an sich sehr zweifelhaften Aufschlufs ertheilen sollten, weil wir im ersten Fall rein auf sie angewiesen sind, und weil im letzteren Fall sie allein vor einer falschen Auslegung uns zu bewahren im Stande ist.

Das zwischen der richterlichen Gewalt eines Staates bzw. dem von diesem mit der Rechtspflege beauftragten Gerichte und der ihm unterworfenen Person (Gerichtsunterthan) bestehende Rechtsverhältnifs ist eine gegenseitige öffentlich-rechtliche Obligation. Die Handlungen, welche das Gericht dieser Person, den Parthieen schuldet, und worauf mithin diese ein Recht haben, lassen sich im Allgemeinen als solche bezeichnen, durch welche das processualische Verfahren geleitet, der Rechtsstreit entschieden, und das anerkannte Recht realisirt wird. Andererseits sind die Parthieen verpflichtet zu allen Handlungen, durch welche, soviel an ihnen liegt, der Endzweck jedes processualischen Verfahrens, die Aufhebung des Unrechts oder die Realisirung des Rechts erreicht wird. Das Recht eines Gerichts auf diese Handlungen nennt man Competenz. Obwohl also das zwischen den genannten Personen bestehende Rechtsverhältnifs eine gegenseitige Obligation, das Gericht demnach ebenso wie die Parthie Gläubiger und Schuldner zugleich ist, so hat man doch die rechtliche Lage des Gerichts, wegen der äufserlich mehr hervortretenden Gläubigereigenschaft als Herrschaft, die rechtliche Lage der schutzsuchenden Parthie dagegen als Unterwerfung zu bezeichnen sich gewöhnt, Ausdrücke, welche nicht blos hier, sondern auch zur Bezeichnung der zwischen allen besonderen Gewalten eines Staates und den diesen Unterworfenen bestehenden Rechtsverhältnisse gebraucht werden.

Der Gründe, aus welchen Jemand einer besonderen Gewalt des Staats rechtlich unterworfen ist, gibt es zwei. Der regelmäfsigste Grund sind gewisse, vom Gesetz bestimmte Zustände. (Nothwendige, gesetzliche Unterwerfung bzw. Herrschaft.) Der Finanzgewalt eines Staates sind z. B. alle Diejenigen unterworfen, welche innerhalb des Staatsterritoriums ihren Wohnsitz haben, unbewegliches Vermögen besitzen oder ein Gewerbe betreiben; der Polizeigewalt Diejenigen, welche sich im Staatsterritorium aufhalten; der Militärgewalt die Inländer; der civilrichterlichen Gewalt Diejenigen, welche im Staatsterritorium die Rechtsordnung verletzt haben, das sind diejenigen Rechtsverletzer, welche im Staatsterritorium sich aufhalten bzw. wohnen, eine fremde Sache besitzen, oder eine Zahlung zu leisten verpflichtet sind. Allein die Unterwerfung kann auch durch eine freiwillige Eingehung jenes Rechtsverhältnisses begründet werden, d. h. die öffentlich-rechtliche Obligation kann auch durch Vertrag zwischen einer besonderen oder der gesammten Staatsgewalt und einer Person entstehen. So entstehen die an die Inländereigenschaft geknüpften Rechte und Pflichten durch Vertrag zwischen der gesammten Staatsgewalt und einem Ausländer, wenn dieser zum Inländer auf- und angenommen wird; die Militärpflicht kann begründet werden durch Vertrag zwischen der Militärgewalt und einer ihr rechtlich nicht unterworfenen Person (freiwilliger Eintritt in das Militär); ebenso die Steuerpflicht, wenn Jemand, der entweder der Finanzgewalt gar nicht unterworfen, oder nur eine bestimmte Summe zu zahlen verpflichtet ist, die gesetzliche Steuer oder ein Mehr zu leisten versprechen sollte; das Staatsdienerverhältnifs entsteht durch Vertrag. Aber auch die Unterwerfung unter die richterliche Gewalt des Staates bzw. unter ein von diesem zur Verwaltung der Justiz eingesetztes Gericht kann durch freiwillige Eingehung jenes Verhältnisses begründet werden, d. h. die öffentlich-rechtliche Obligation zwischen dem Gericht und einer Parthie, die Competenz bzw. rechtliche Unterwerfung kann durch Vertrag entstehen, indem beide Contrahenten zu allen zur Erreichung des Endzwecks des processualischen Verfahrens ihrerseits nöthigen Handlungen sich verpflichten. (Competenzvertrag. Vertragsmäfsiger Gerichtsstand.) Den Act des Abschlusses dieses Vertrags wollen wir die freiwillige factische Unterwerfung, oder schlechtweg die freiwillige Unterwerfung nennen, indem wir darunter auch noch die Annahme der Unterwerfung durch den Richter begreifen, denn eine Unterwerfung ohne gegenüberstehende Herrschaft ist nicht denkbar.

Die Annahme der Unterwerfung ist also eine freiwillige; eine Verpflichtung des Gerichts zum Abschlufs dieses Vertrags gibt es ebensowenig, wie eine Verpflichtung des Staats, Demjenigen ein Staatsamt zu übertragen, der sich ihm freiwillig anbietet, oder wie eine rechtliche Pflicht zum Abschlufs von Verträgen überhaupt. Der Richter kann selbst dann nicht gezwungen werden, wenn die Parthieen einen Vertrag geschlossen hatten, wodurch sie sich verpflichteten, ihren Rechtsstreit von ihm entscheiden zu lassen. Dieser Vertrag erzeugt aber auch für den Richter kein Recht, weil nach allgemeinen Rechtsgrundsätzen ein Vertrag für Dritte, beim Abschlufs desselben Unbetheiligte keine Wirkungen haben kann. Der Competenzvertrag kann geschlossen werden noch ehe ein Rechtsstreit gerichtlich anhängig gemacht wird, oder in Verbindung mit dieser Anhängigmachung. Die freiwillige Unterwerfung kann sich beziehen auf einen einzigen Rechtsstreit, auf mehrere, auf eine gewisse Klasse oder auf alle Rechtsstreitigkeiten einer Person.

1. Handlungen der Parthieen zur Begründung des Gerichtsstandes der freiwilligen Unterwerfung.

A. Aelteres römisches Recht.

§. 8.

Welche Handlungen der Parthieen fordern die Gesetze zur Begründung des Gerichtsstandes der freiwilligen Unterwerfung?

Betrachten wir zunächst das ältere römische Recht.

Hier gewährt uns den besten Aufschlufs die Cardinalstelle unserer Lehre:

l. 1. de judiciis. (5. 1). Ulpianus. l. 2. ad Edictum.

Si se subjiciant aliqui jurisdictioni et consentiant, inter consentientes cujusvis judicis, qui tribunali praeest, vel aliam jurisdictionem habet, est jurisdictio.

Dieses Gesetz fordert zwei Handlungen der Parthieen.

1) Die Unterwerfung der Parthieen unter den Richter (si se subjiciant aliqui jurisdictioni);

2) den Consens der Parthieen in den Richter (et consentiant).

Was unter dem ersten Erfordernisse zu verstehen sei, geben uns die Quellen nirgends ausdrücklich an. Sie verstehen unter subjectio, in Anwendung auf die richterliche Gewalt, in der Regel die rechtliche Unterwerfung (1), und solche ist die rechtliche Pflicht einer Parthie gegenüber einem gewissen Magistrate in einer bestimmten Rechtssache die richterliche Gewalt dieses Magistrats anzuerkennen, d. h. die Parthie ist zu

(1) l. 19. de jurisd. (2. 1). l. 2 pr. de jud. l. 29. ad municip. (50. 1) und öfter.

den vom Magistrate bei Führung eines Rechtsstreits rechtmäfsig geforderten Handlungen verpflichtet. Dieser subjectio steht die rechtliche Herrschaft des Magistrats, die Competenz gegenüber. In unserer Stelle hat die Unterwerfung eine andere Bedeutung, sie erscheint als ein Factum, als eine Handlung der Parthieen, und ist die wirkliche Anerkennung des Prätors von Seiten einer Parthie, d. h. die Erklärung des Willens einer Parthie gegenüber einem Magistrate, ihre Sache von ihm (und dem von ihm gegebenen Richter) verhandeln und entscheiden zu lassen (Unterwerfungswille). Wir nennen diese Erklärung des Unterwerfungswillens subjectio im weiteren Sinne, indem wir zur Zeit keine Rücksicht nehmen darauf, ob die Absicht der Parthie bei ihrer Unterwerfung auf Begründung oder auf Erfüllung der Gerichtsstandspflicht gerichtet war.

Gehen wir zu dem zweiten Erfordernisse, dem Consens der Parthieen über. Ulpian selbst gibt, wenn auch nicht vollständig, an, was darunter zu verstehen sei.

L. 2 pr. h. t. Ulpianus. l. 3. ad Edictum.

Consensisse autem videntur, qui sciant, se non esse subjectos jurisdictioni ejus, et in eum consentiant. Caeterum, si putent, ejus jurisdictionem esse, non erit jurisdictio : error enim litigatorum (ut Julianus quoque libro primo Digestorum scribit) non habet consensum : aut si putaverunt alium esse praetorem pro alio, aeque error non dedit jurisdictionem : aut si, cum restitisset quivis ex litigatoribus, viribus praeturae compulsus est, nulla jurisdictio est.

L. 15. de jur. (2. 1). Ulpianus. l. 2. de omnib. tribunalibus.

Si per errorem alius pro alio praetor fuerit aditus : nihil valebit, quod actum est. Nec enim ferendus est, qui dicat, consensisse eos in praesentem : cum (ut Julianus scribit) non consentiant, qui errent. Quid enim tam contrarium consensui est, quam error, qui imperitiam detegit?

In der ersten Stelle legt Ulpian dem Worte consentire eine doppelte Bedeutung bei; er gebraucht es in einem engeren und weiteren Sinne. In der zweiten Stelle fordert er zur Begründung unseres Gerichtsstandes den Consens im engeren Sinne, und verwirft die Ansicht Derer, welche annehmen, es genüge der Consens im weiteren Sinne (2). Unter dem Consense im engeren Sinne, dem eigentlichen Consense, versteht er das Wissen einer Parthie, dafs sie einem gewissen Magistrate rechtlich nicht unterworfen sei, und den Consens im weiteren Sinne, worunter der Wille der Parthie, dafs dieser Magistrat ihre Sache entscheide, zu begreifen ist. Der blofse Wille erzeugt aber keine juristischen Wirkungen, er kann also auch aus einem incompetenten Magistrat keinen competenten machen. Zu dem Willen mufs noch die Erklärung hinzutreten. Nun entsteht aber die Frage : Wem gegenüber mufs diese Erklärung abgegeben werden? Wir haben nur die Wahl zwischen dem Magistrate und der Gegenparthie.

1) Nehmen wir an, es sei unter diesem Consense der der Gegenparthie gegenüber erklärte Wille zu verstehen, dann würde zur Begründung des Gerichtsstandes der freiwilligen Unterwerfung ein Vertrag der Parthieen, der Unterwerfungsvertrag gefordert, und l. 1. cit. müfste so wiedergegeben werden : Wenn zwei Parthieen

(2) Man wird hier erinnert an l. 9 §. 2. de contr. emt. (18. 1).

wissen, dafs sie einem gewissen Magistrate rechtlich nicht unterworfen sind (si sciant aliqui, se non esse subjectos jurisdictioni judicis), allein sie verpflichten sich vertragsmäfsig, ihre Sache dennoch an ihn zur Entscheidung zu bringen (et in eum consentiant), und sie haben diesem gegenüber ihren Unterwerfungswillen erklärt (et se subjiciant jurisdictioni ejus), dann ist die Competenz begründet (est jurisdictio).

Für diese Annahme und Auslegung spricht zunächst der Umstand, dafs, weil die Worte : consentiant und se subjiciant, wenngleich sie einen und denselben Willen der Parthieen, den Unterwerfungswillen ausdrücken, doch wesentlich verschiedene Handlungen der Parthieen bezeichnen, kein Pleonasmus vorliegt, was allerdings der Fall ist, wenn wir unter consentiant die Erklärung des Unterwerfungswillens gegenüber dem Magistrate verstünden. Es scheint aber auch noch folgender Umstand für diese Annahme zu sprechen. Auf l. 1. und 2 pr. h. t., welche immer nur von dem Consense der Parthieen reden, folgt §. 1 mit diesen Worten : Convenire autem utrum inter privatos sufficit, an vero etiam ipsius praetoris consensus necessarius est? Lex Julia judiciorum ait : Quo minus inter privatos conveniat. Sufficit ergo privatorum consensus. Proinde si privati consentiant, praetor autem ignoret consentire, rel. In dieser Stelle wird die Handlung der Parthieen, welche bisher consentire genannt wurde, und auch in dieser Stelle so genannt wird, zweimal mit convenire bezeichnet; einmal von Ulpian, das anderemal von der Lex Julia judiciorum. Ein Beweis, sollte man zu denken berechtigt sein, dafs consentire und convenire gleichbedeutend sind.

Allein gegen diese Annahme, dafs unter dem vom

Gesetz zur Begründung des Gerichtsstandes der freiwilligen Unterwerfung geforderten Consense der Parthieen der Unterwerfungsvertrag zu verstehen sei, spricht — und wir müssen hier das Resultat einer späteren Untersuchung anticipiren (3) — der Umstand, dafs nach älterem römischen Recht der Unterwerfungsvertrag die Parthieen durchaus nicht verpflichtete, ihre Sache an den gewählten Magistrat zur Entscheidung zu bringen. Wenn nun dennoch und stets der Consens der Parthieen als Erfordernifs unseres Gerichtsstandes aufgeführt wird, so kann er nicht die Bedeutung des der Gegenparthie gegenüber, sondern, da uns eine andere Wahl nicht zusteht, nur die Bedeutung des dem Magistrat gegenüber erklärten Willens, dafs er die Sache entscheide, haben.

Der Pleonasmus ferner, den die Worte consentiant und se subjiciant enthalten, wenn wir damit eine und dieselbe Handlung der Parthieen bezeichnen, wird durch eine unten zu gebende Erklärung beseitigt werden, und damit wird die erste Unterstützung der Annahme, dafs unter dem Consense der der Gegenparthie gegenüber erklärte Unterwerfungswille zu verstehen sei, fallen.

Allein wie soll das zweite Argument, dafs Ulpian die Ausdrücke consentire und convenire für gleichbedeutend nimmt, beseitigt werden? Wie hätte Ulpian, wenn die conventio der Parthieen ungültig war, das consentire dem convenire inter privatos so offenbar gleichstellen, und es hier so bestimmt als Erfordernifs unseres Gerichtsstandes aufführen können?

Von Alters her galt im römischen Civilproeefs der Grundsatz, dafs der Prätor diejenige Person als judex in

(3) §. 11. 12.

einer Sache bestätigen müsse, welche aus der Wahl der streitenden Theile hervorgegangen war, und deren Bestätigung beide Parthieen verlangten, sobald dem Gewählten nur nicht ein absoluter Unfähigkeitsgrund entgegenstand. Dieses Verlangen wurde an den Prätor gestellt, diesem gegenüber mufste also der Wille, der Consens beider Theile erklärt werden. Der Vertrag der Parthieen, wodurch sie sich verpflichteten, seiner Zeit von dem Prätor einen bestimmten judex zu verlangen, erzeugte wohl keine rechtliche Verbindlichkeit; jeder Theil konnte einseitig seinen Willen ändern, und wenn die Zeit der Bestellung des judex gekommen war, die Bestätigung einer andern, als der aufsergerichtlich gewählten Person, fordern (4). Doch wenn auch derlei Verabredungen, conventiones nicht die Verpflichtung zur Erbittung eines bestimmten judex zur Folge hatten, so sind sie doch wohl häufig vorgekommen, so häufig, dafs diese Bestellungsweise der judices die factische Regel wurde, und dafs man den von beiden Theilen übereinstimmend verlangten judex statt den ex consensu (5), den ex conventione litigatorum judex datus bzw. addictus (6) nannte. Durch die letztere Bezeichnung wird aber doch wohl kein römischer Jurist zur Annahme, ein solcher Vertrag erzeuge rechtliche Verbindlichkeiten, sich haben verleiten lassen.

Der, die Bildung des römischen Schwurgerichts (wenn

(4) Keller, Röm. Civilprocefs. §. 9. N. 142—144. 146. Eine nicht ganz sichere Spur führt zu der Vermuthung, dafs man solche Verabredungen zuweilen mit einer Conventionalstrafe zu befestigen suchte.

(5) Wie noch l. 57. de re jud. (42. 1). Ulp. l. 2. Disputat. gethan hat. S. auch l. 23 pr. de appell. (49. 1).

(6) l. 80. de jud. Pompon. l. 2. ad Sabin.

ich mich so ausdrücken darf) leitende Grundsatz, dafs ein aus der freien Wahl der streitenden Theile hervorgegangener Richter ihre Sache entscheide, liegt auch unserem Gerichtsstand zu Grunde. Die Parthieen sind von dem rechtlichen Zwange, die processualische Behandlung ihrer Sache dem gesetzlich competenten Magistrate anzuvertrauen, befreit, und es ist ihnen gestattet, ihre Sache einem andern, selbstgewählten Magistrate anzutragen. Allein, wie dort, so war auch hier die Wahl eine freie; hier wie dort mufsten die Parthieen ihren Consens vor dem Magistrate erklären; wie dort, so auch hier war die Verabredung, die conventio der streitenden Theile ungültig. Trotzdem aber mufsten die freiwilligen Unterwerfungen, denen darauf gerichtete Verabredungen, conventiones, vorausgingen, die factische Regel bilden. Denn die streitenden Theile werden nur dann, wenn ihr gemeinsames Interesse es fordert, den gesetzlichen Gerichtsstand verlassen und einen neuen zu begründen suchen; welches gleich einfache Mittel aber ist mehr geeignet, die Existenz eines solchen Interesses zu erforschen, als die Rücksprache der Parthieen, und was kann so einfach die Hoffnung auf Befriedigung dieses Interesses sicherer stellen, als das gegebene Wort des Gegners? Unter dem Einflusse dieser factischen Regel übersah man bei Abfassung des Gesetzes den Grundsatz, dafs die Unterwerfung unter die richterliche Gewalt eines gesetzlich incompetenten Magistrats eine ganz freie, rechtlich nicht erzwingbare sein müsse, und, die factische Regel copirend, schrieb man : Quominus inter privatos conveniat. Allein die interpretirenden römischen Juristen liefsen sich von dem Irrthum des Gesetzes nicht leiten; sie sprechen an den entscheidenden Orten nur von dem Erfordernisse des Consenses der

Parthieen, und die conventio wird ausdrücklich für unverbindlich erklärt (7). Mit vollem Rechte darf es uns daher befremden, dafs Ulpian in dem vorliegenden §. jener oberflächlichen Betrachtung folgt und die Frage stellt: Convenire autem utrum inter privatos sufficit, an vero etiam ipsius praetoris consensus necessarius est? Diese Nachlässigkeit findet aber ihre Rechtfertigung bzw. Entschuldigung darin, dafs Ulpian, als Interpret der lex Julia judiciorum, seine Ausführungen und Bemerkungen an den Wortlaut des Gesetzes anschlofs. Einer besonderen Erklärung, dafs unter dem Convenire inter privatos hier nicht die Conventio der Parthieen, sondern deren vor dem Magistrat erklärter Consensus eigentlich zu verstehen sei, bedurfte er deshalb nicht, weil er nicht allein vorher, sondern auch nachher nur von dem consensus redet, und weil ein Mifsverständnifs dieser Worte zu seiner Zeit gar nicht zu befürchten war.

Ich kann mir nicht versagen, auf ein Institut des modernen Strafprocesses aufmerksam zu machen, welches eine vollkommene Parallele zu dem eben Ausgeführten darbietet. Ich meine das Schwurgericht, und habe das Verfahren zur Bildung des Schwurgerichts nach dem grofsherzoglich Hessischen Gesetze, die Einführung des mündlichen und öffentlichen Strafverfahrens mit Schwurgericht in den Provinzen Starkenburg und Oberhessen betreffend, im Auge (8).

Dem Schwurgericht liegt bekanntlich die Idee zu Grunde, dafs über die Schuld oder Nichtschuld des Angeklagten Richter entscheiden sollen, welche aus der freien

(7) l. 18. de jurisd.

(8) Art. 53 ff.

Wahl des angeblichen Verletzers und des Stellvertreters des angeblich verletzten Staates, hervorgegangen sind. Diese freie Wahl ist nicht so frei, dafs beide Theile berechtigt sind, aus allen Staatsbürgern zu wählen, sondern sie ist beschränkt auf eine geringe Zahl, auf 30 bzw. 24 zur Ausübung des Geschworenenamtes durch einen gewissen Act berufene Staatsbürger. Die Wahl wird in der Weise vorgenommen, dafs der Präsident des Assisenhofs von den in einer Urne befindlichen Namen dieser Staatsbürger einen nach dem andern hervorzieht und verkündet, und zuerst der Staatsanwalt, dann der Angeklagte erklärt, ob er den Geschworenen ablehne bzw. annehme. Sobald 12 Geschworene von beiden Seiten angenommen sind, ist das Schwurgericht gebildet, d. h. der Präsident hat die von beiden Theilen gewählten Personen als Geschworene zu bestätigen (9).

Wenn mehrere Angeklagte vorhanden sind, (die dann, wenn einer die Schuld, Urheberschaft u. s. w. von sich auf einen seiner Mitangeklagten zu wälzen sucht, materiell Parthieen sind,) so dürfen sie zusammen nur soviel Geschworene ablehnen, als einem einzigen Angeklagten gestattet ist. Es bestimmt in diesem Fall das Loos, in welcher Ordnung ein Jeder seine Ablehnungen vorbringen kann. Der nach dieser Reihenfolge von einem einzigen Angeklagten abgelehnte oder anerkannte Geschworene wird als von allen Angeklagten abgelehnt oder angenommen angesehen (10). Das Gesetz gestattet aber auch den Angeklagten, sich über die Ausübung ihres Ablehnungs- und Anerkennungsrechts zu „vereinigen" (11). Das

(9) Art. 60.

(10) Art. 64. 65.

(11) Dieses Ausdrucks bedienen sich auch die Gesetzgebungen

heifst doch wohl nichts Anderes, als die Angeklagten können hierüber ein Uebereinkommen (12) treffen, Verträge schliefsen, z. B. dafs einer oder der andere von ihnen in dieser Hinsicht ihr Stellvertreter sei. Wenngleich solche Verträge regelmäfsig vor dem Ziehungsacte zwischen den Angeklagten bzw. deren Vertheidigern geschlossen werden, so sind sie doch, weil das Recht der freien Wahl verletzt ist, ungültig (13), und die Interessenten sind somit berechtigt, trotz der Uebereinkunft, ihr Verwerfungs- und Anerkennungsrecht auf die vom Gesetze eventuell vorgeschriebene Weise auszuüben. Wenn nun aber, der Verabredung gemäfs, der Stellvertreter beim Wahlacte einen Geschworenen anerkennt, und die übrigen Angeklagten verwerfen denselben nicht ausdrücklich, dann ist dieser Geschworene von allen Angeklagten unmittelbar und frei anerkannt; von dem factischen Stellvertreter ausdrücklich, von den factischen Principalen stillschweigend. Allein demjenigen, der den Grundsatz, dafs die Wahl der Geschworenen eine freie sei, aufser Augen läfst, erscheint die Ablehnung und Anerkennung der Geschworenen durch den factischen Stellvertreter,

von Preufsen (Verordnung vom 3. Januar 1849, §. 92. Gesetz vom 3. Mai 1852. Art. 70), Baiern (Gesetz vom 10. November 1848. Art. 106) und Würtemberg (Schw. Ges. Art. 94. 95).

(12) So nennt diese Vereinigung die Gesetzgebung von Curhessen (Straf. Verf. Ges. §. 287), Thüringen (Str. Pr. Ord. Art. 278).

(13) Auch Zweckmäfsigkeitsgründe sprechen für die Ungültigkeit solcher Verträge. Die Untersuchung über die Existenz und Beschaffenheit eines Vertrags würde in der Regel eine geraume Zeit in Anspruch nehmen, und hierdurch der Anfang der Verhandlung der Hauptsache zum Nachtheil dieser weit hinaus geschoben.

wie als factische, so auch als rechtliche Folge der vorausgegangenen Uebereinkunft (conventio).

2) Wenn wir nun erkannt haben, dafs unter dem Consense der Parthieen nicht der der Gegenparthie, sondern der dem Magistrat gegenüber erklärte Unterwerfungswille der Parthieen zu verstehen sei, so mufs l. 1. cit. so wiedergegeben werden: Wenn zwei Parthieen vor dem (gesetzlich incompetenten) Magistrate ihren Willen, dafs er ihre Sache entscheide, erklären, und sie wissen, dafs er gesetzlich nicht competent ist, allein sie erklären vor ihm ihren Willen, dafs er ihre Sache entscheide, dann ist die Competenz begründet.

Hiernach würde die Erklärung des Unterwerfungswillens einer Parthie vor dem Magistrate zur Begründung unseres Gerichtsstandes zweimal gefordert. Das ist unmöglich. Worin liegt also der Fehler?

a) Wenn wir dem Worte se subjiciant keine andere als die von uns behauptete Bedeutung beizulegen im Stande sind, so erscheint entweder es oder das Wort consentiant als überflüssig; letzteres insoweit, als es das se subjiciant, also den Consens im weiteren Sinne, das et in eum consentiant der l. 2 pr. enthält; es hätte demnach nur der Anführung des Moments des Wissens bedurft, und Ulpian hätte sich etwa so ausdrücken müssen: Si se subjiciant aliqui jurisdictioni, et sciant, se non esse subjectos, inter se subjicientes cujusvis judicis, qui tribunali praeest, vel aliam jurisdictionem habet, est jurisdictio. Eines fehlerhaften Pleonasmus dürfen wir den Juristen jedoch erst dann anklagen, wenn uns gar kein Weg zu einer vernünftigen Vereinigung beider Worte führen kann.

b) Ein solcher Weg bietet sich uns aber dar, wenn wir in unserer Stelle eine Correctur eintreten lassen, und statt : Si se subjiciant aliqui jurisdictioni et consentiant — lesen : Si se subjiciant aliqui jurisdictioni, id est consentiant. Es würde alsdann zu der bisherigen Bedeutung des se subjiciant noch das Moment des Wissens, dafs der Magistrat gesetzlich incompetent sei, hinzutreten. Und wirklich findet es sich in dieser engeren Bedeutung in den Quellen :

l. 14. de jurisd. (2. 1). Ulpianus. l. 39. ad Edictum.

Est receptum, eoque jure utimur, ut si quis major, vel aequalis subjiciat se jurisdictioni alterius —

l. 13 §. 4. ad SC. Trebell. (36. 1). Ulpianus. l. 4. Fideicommissorum.

— dicendum est, praetorem quidem in praetorem, vel consulem in consulem nullum imperium habere : sed si jurisdictioni se subjiciant —

indem wir annehmen dürfen und müssen, dafs die Prätoren und Consuln wufsten, dafs sie gegen ihren Willen vor einem niederen oder gleichstehenden Magistrate nicht zur Rechenschaft gezogen werden konnten.

Mit dem Zusatze : id est consentiant beabsichtigte also Ulpian eine Erklärung des se subjiciant zu geben. Eine Erklärung dieses Wortes scheint mir aber nicht allein gerechtfertigt, sondern auch geboten, weil man damit den durch obige Ausführung gewonnenen Begriff, die Erklärung des Unterwerfungswillens ohne Rücksicht darauf, ob die Parthie nicht wufste oder wufste, dafs der Magistrat gesetzlich incompetent sei, die subjectio im weiteren Sinne, hätte verbinden können. Wenn man erwägt, dafs die Worte id est von den Abschreibern mit ie abgekürzt zu werden pflegten, so wird man auch zugeben, dafs der Schreibfehler et sehr leicht entstehen konnte.

Wenn dem so ist, so fordert die Stelle, welche wir zur Grundlage unserer Untersuchung genommen haben, zur Begründung unseres Gerichtsstandes:

1) das Wissen beider Theile, dafs ein gewisser Magistrat gesetzlich incompetent sei,

2) den Willen beider Theile, dafs dieser Magistrat ihre Sache entscheide, und

3) die Erklärung dieses Willens vor diesem Magistrat.

Die freiwillige Unterwerfung läfst sich hiernach und nach dem im vorhergehenden §. Entwickelten in Kürze dahin bestimmen: Sie ist das einem gesetzlich incompetenten Magistrate gegebene Versprechen einer Parthie, in einem bestimmten Rechtsstreite dessen richterliche Gewalt anzuerkennen.

Fortsetzung. — Irrthum.

§. 9.

Betrachten wir nun die Bestandtheile der freiwilligen Unterwerfung näher.

1) Die Parthie mufs wollen, dafs der Magistrat ihre Sache processualisch behandle, und mufs diesen Willen dem Magistrate gegenüber ausdrücklich oder stillschweigend erklären. Die Zeit und Form der Willenserklärung kann verschieden sein. So könnten beide Theile vor Beginn des Processes, vielleicht nach Abschlufs eines Vertrags, gemeinschaftlich, oder jeder Theil besonders, oder ein Theil vor dem Beginn des Processes, der andere im

Processe die Erklärung abgeben. Regelmäfsig wird sie aber während des Processes von jedem Theile in Verbindung mit seinen processualischen Haupthandlungen abgegeben werden. So ist die Erklärung des Klägers in der Klage enthalten, denn der Kläger bittet das Gericht um Verurtheilung des Beklagten, und da eine Verurtheilung desselben ohne processualische Verhandlung der Rechtssache nicht erfolgen kann, so bittet der Kläger auch hierum. Der Beklagte erklärt seinen Unterwerfungswillen schon in jure, wenn er, ohne einen Incompetenzeinwand zu erheben, die Klage zugesteht, oder Einreden vorbringt. Das Verlangen des Beklagten nach Edition der Klage enthält dagegen keine Anerkennung des Magistrats für den ganzen Rechtsstreit.

L. 33. de jud. Modestinus. l. 3. Regularum.

Non videtur in judicem consensisse, qui edi sibi genus apud eundem judicem desiderat actionis.

Denn der Zweck der Edition ist der, dem Beklagten Kenntnifs vom Inhalt der Klage zu geben, und wenn dieser die Edition der Klage verlangt, so will er nur den Inhalt der Klage kennen lernen, nicht aber sich unterwerfen.

L. 1 pr. de edend. (2. 13). Ulpianus. l. 4. ad Edictum.

Qua quisque actione agere volet, eam edere debet. Nam aequissimum videtur, eum, qui acturus est, edere actionem, ut proinde sciat reus, utrum cedere, an contendere ultra debeat; et si contendendum putat, veniat instructus ad agendum, cognita actione, qua conveniatur (1).

(1) Es bedarf nicht des Umwegs, den Donellus (Comment. de jur. civ. l. 17. c. 10. N. 6) einschlägt: — recte dictum est, eum in judicem consensisse non videri, qui apud eum judicem desiderat sibi edi genus actionis. l. 33. de jud. duabus de caussis; primum quia id postulatur ante litem contestatam, quo tempore diximus nihil

Die durch Drohung (2) oder Betrug veranlafste Unterwerfung erzeugt keine Competenz.

2) Die Parthie mufs wissen, dafs der Magistrat, dem gegenüber sie ihren Unterwerfungswillen erklärt, gesetzlich incompetent ist; ihre Absicht mufs demnach auf Begründung der Gerichtsstandspflicht gerichtet sein. War diese Absicht bei einer oder beiden Parthieen bzw. bei einem von mehreren Litisconsorten nicht, ein Irrthum also vorhanden, dann wird das Gericht nicht competent.

L. 2 pr. de jud.

Caeterum, si putent ejus jurisdictionem esse, non erit jurisdictio : error enim litigatorum (ut Julianus quoque libro primo Digestorum scribit) non habet consensum : aut si putaverunt alium esse praetorem pro alio, aeque error non dedit jurisdictionem. —

L. 15. de jurisd.

Si per errorem alius pro alio praetor fuerit aditus : nihil valebit, quod actum est. Nec enim ferendus est, qui dicat, consensisse eos in praesentem : cum (ut Julian. scribit) non consentiant, qui errent. Quid

fieri a reo apud judicem, quod ei praescriptionem fori adimat. (Vgl. hierüber §. 16.) Deinde quia si ulla alia facta esset, propter quae videri possit reus ante litem contestatam judicis audientiam eligere, et sequi : certe haec postulatio ejusmodi esse non potest. Ut enim non est judex, nisi in lite et re controversa : ita nemo potest dici aliquem judicem sibi sumere, qui de nulla re apud eum litigat. Atqui nulla re ostendit se litigare velle, qui actionem sibi edi postulat. Nemo enim ideo postulat, ut neget quod intenditur, et de eo litiget: sed ut cognoscat, qua actione conveniatur; atque hac cognita sciat, utrum cedere an contendere debeat. l. 1. de ed. Et fieri potest, ut cognita petitione adversarii cedat, non litiget, eoque nullum judicem in se admittat.

(2) l. 2 pr. in f. de jud.

enim tam contrarium est consensui, quam error, qui imperitiam detegit.

Die Parthie hat irrthümlich eine Nichtschuld anerkannt und zu leisten begonnen (animus solvendi (3)). Doch nur der entschuldbare Irrthum ist ein juristischer. Welcher Irrthum ist entschuldbar, welcher nicht? In der Regel ist der factische Irrthum entschuldbar, der Rechtsirrthum unentschuldbar (4). Ein factischer Irrthum liegt vor, wenn ich glaube, die von mir in Anspruch genommene und vom Beklagten besessene Sache liege im Gerichtsbezirk des angegangenen Richters, während sie sich in einem anderen Bezirk befindet; oder wenn ich glaube, der Beklagte wohne daselbst, während er sich hier nur vorübergehend aufhält, und sein Wohnort in einem anderen Bezirk liegt. Ein Rechtsirrthum dagegen ist es, wenn ich glaube, das Gericht am Aufenthaltsort des Beklagten, dessen Wohnort mir bekannt ist, sei auch gesetzlich competent, oder das Gericht, in dessen Bezirk der Beklagte Vermögen besitzt, sei auch Gerichtsstand in allen Rechtssachen des Beklagten. Ein Rechtsirrthum wird aber dann zu entschuldigen sein, wenn er sich in solchen Personen ereignet, quibus jus ignorare permissum est, wie Minderjährigen (5), Frauen (6),

(3) Diese Auffassung hat schon die Glosse. gl. consensus zu l. 2 §. 1. de jud.: Sed quid si scholaris reus non allegavit privilegium magistri sui: sed errando passus est in se litem contestari? Videtur quod sicut si solvisset indebitum, favorabilem exceptionem habens potest repetere. Sic et iste possit condicere ipsam contestationem.

(4) l. 9 pr. de jur. et fact. ign. (22. 6). Regula est, juris quidem ignorantiam cuique nocere, facti vero ignorantiam non nocere.

(5) l. 9 pr. eod.

(6) l. 9 pr. eod.

Soldaten (7) und Ungebildeten (8); oder wenn der Rechtssatz, der zur Anwendung kommen soll, ungewifs oder wahrhaft bestritten ist, z. B. wenn der Kläger aus einem in A abgeschlossenen, in B zu erfüllenden Vertrage, ohne dafs jedoch B als Erfüllungsort ausdrücklich bestimmt worden war, in A klagt, weil die falsche Theorie, wonach das forum contractus, wenn ein anderer Erfüllungsort nicht ausdrücklich bestimmt worden ist, am Ort des Abschlusses des Vertrags sein soll, in der Praxis sich fest eingebürgert hat. Der factische Irrthum wird aber dann, wenn er der Irrthum eines dummen oder nachlässigen Menschen ist, nicht verziehen werden dürfen (9), dann z. B. nicht, wenn dem Kläger zur Erforschung der Lage der Sache, die er vom Beklagten vindiciren will, ganz sichere Mittel zu Gebote standen, wie Erkundigung beim Beklagten oder einer Behörde; er hat sie aber unbenutzt gelassen, und der Aussage eines Dritten, oder einem Gerüchte glauben geschenkt.

In den Fällen des nicht entschuldbaren Irrthums wird das Wissen der Parthie, dafs der angegangene Richter gesetzlich incompetent sei, fingirt.

Der in entschuldbarem Irrthume angegangene gesetzlich incompetente Richter wird als von Anfang an durch freiwillige Unterwerfung der Parthieen competent betrachtet, wenn die Parthieen, nach erlangter Kenntnifs von der gesetzlichen Incompetenz des Richters, ihren Unterwerfungswillen erklären.

Hören wir nun noch über die Frage, ob und inwie-

(7) l. 22 pr. C. de jur. delib. (6. 30).

(8) l. 8. C. qui admitt. (6. 9).

(9) l. 8. 6. 9 §. 2. de jur. et fact. ign. (22. 6).

fern der factische und der Rechtsirrthum den Consens der Parthieen ausschliefse, die Ansichten der Schriftsteller.

Zunächst gibt uns die Glosse (10) die Ansicht des Gulielmus an, die ich, weil mir eine Unklarheit im Referat zu sein scheint, wörtlich anführen mufs.

Et non quod Guliel. hic tria dicit, et male quodlibet. primo distinxit inter errorem facti : ut ille et ante lit. contest. et post noceat : et juris, ut ille ante lit. contest. noceat, postea non. — Item secundo distinxit in facti errore. si erravit actor, et tunc non noceat. an reus, et tunc noceat : quia forum ex ejus persona metitur. l. 2. C. de jur.

Gulielmus unterscheidet sonach zwischen factischem und Rechtsirrthum, zwischen dem Verfahren vor und nach der Litiscontestation, und zwischen dem Irrthum des Klägers und des Beklagten. Soviel ist klar, dafs der factische Irrthum des Beklagten vor und nach der Litiscontestation die rechtliche Unterwerfung nicht nach sich zieht; ebenso der Rechtsirrthum des Klägers und des Beklagten vor der Litiscontestation; war das Verfahren bis zur Litiscontestation gediehen, so wird von nun an auf den Rechtsirrthum keine Rücksicht genommen (11). Unklar aber ist, ob der im factischen Irrthum begriffene Kläger vor der Litiscontestation noch zurücktreten kann; ob also die Worte : Item secundo distinxit in facti errore, etc. auf das Verfahren vor oder nach der Litiscontestation sich beziehen. Es scheint die Ansicht des Gulielmus die gewesen zu sein, dafs auf den Irrthum des Klägers überhaupt nichts ankomme, da der Gerichtsstand sich lediglich

(10) Gl. detegit zu l. 15. de jurisd.

(11) Gulielmus begründet diese Meinung mit l. 2. de confessio. (42. 2). Non fatetur, qui erret, nisi jus ignoravit. S. gl. Qui errant zu l. 15. de jurisd.

nach der Person des Beklagten bestimme. l. 2. C. de jurisd. Diese Ansicht ist keineswegs sofort zu verwerfen. Denn dem Satze : actor rei forum sequitur liegt die Idee zu Grunde, dafs man Jemanden nur vor dem Richter verklagen könne, der eine rechtliche Macht über ihn habe; die rechtliche Macht wird aber durch freiwillige Unterwerfung des Beklagten unter einen gesetzlich incompetenten Richter erworben; es genügt also, wenn der Beklagte sich unterworfen hat. Allein die Gesetze fordern mit Recht auch den Consens des Klägers, weil die Zahl der Richter, denen die Kläger ihre Sache anzuvertrauen genöthigt sind, ohne Noth nicht vermehrt werden soll (12).

Die Glosse, welche beiden Theilen das Recht des einseitigen Rücktritts bis zur Litiscontestation einräumt, verzeiht den factischen und den Rechtsirrthum auch nachher und beiden Theilen.

Gl. Qui errant zu l. 15. de jurisd.

Die Worte : Aut si putaverunt alium esse praetorem pro alio : aeque error non dedit jurisdictionem, scheinen ihr vom factischen Irrthum zu reden (13), was ihr grade

(12) Würden wir annehmen, dafs zur Begründung des Gerichtsstandes der freiwilligen Unterwerfung nur die Unterwerfung des Beklagten gehöre, so könnte in einem Falle der Kläger in eine sehr schlimme Lage gebracht werden. In der Praxis nämlich nimmt man an, dafs die Provocationsklage an dem für die nachfolgende Hauptsache competenten Gerichte erhoben werden könne. Darnach läge es in der Hand des Provocanten, des zukünftigen Beklagten, den Gerichtsstand für die Hauptsache zu bestimmen.

(13) Wie l. 1 §. 2. de jur. et fact. ign. (22. 6). Si quis nesciat, se cognatum esse : interdum in jure, interdum in facto errat. Nam si et liberum se esse, et ex quibus natus sit sciat, jura autem cognationis habere se nesciat : in jure errat. At si quis forte expositus, quorum parentum sit ignoret : fortasse et serviat alicui, putans se servum esse : in facto magis, quam in jure errat.

einen Beweis dafür abgibt, dafs die vorausgehenden Worte : Caeterum si putent ejus jurisdictionem esse, non erit jurisdictio. Error enim litigatorum non habet consensum vom Rechtsirrthum sprechen.

Gl. Alium esse praet. zu l. 2 pr. de jud.

Hierzu komme, dafs der Ausdruck imperitia in l. 15. de jurisd. vom Rechtsirrthum zu verstehen sei. Zwischen dem Irrthum des Klägers und dem des Beklagten ferner sei nach

l. 14 §. 4. de rec. arb. (4. 8).

Idem Julianus scribit, non cogendum arbitrum sententiam dicere, si alter promiserit, alter non —

kein Unterschied zu machen, und der Rechtsirrthum sei etwas, quominus inter privatos conveniat.

Gl. Detegit §. primum repr. seqq. zu l. 15. de jurisd.

Die Glosse hat ganz richtig darauf aufmerksam gemacht, dafs in l. 2 pr. de jud. mehrere an sich verschiedene Fälle aufgeführt sind, welche das Gemeinsame haben, dafs den Parthieen der zur Begründung der freiwilligen Unterwerfung nöthige Consens fehlt. Den Worten Caeterum si putent etc. legt sie in Gedanken folgenden oder einen ähnlichen Fall unter : Zwei Parthieen, römische Bürger, wissen, dafs der von ihnen angegangene Richter der praetor peregrinus ist, allein sie glauben, derselbe sei in Sachen römischer Bürger gesetzlich competent (14). Das ist allerdings ein Rechtsirrthum. Unter den Worten : Aut si putaverunt etc. mag sie sich den Fall gedacht haben : Zwei römische Bürger wollen den praetor urbanus

(14) In gl. consensisse, casus zu l. 2 pr. de jud. führt sie folgenden Fall an : Sed si Mutinen. credant, quod judex Bonon. posset cognoscere inter eos, Mutinen. nil agunt : quia judex non erit — idem est, si credant unum praetorem esse alium.

angehen, allein sie gerathen aus Unkenntnifs der Personen u. s. w. vor den praetor peregrinus. Das ist ein factischer Irrthum.

Die Worte „caeterum si putent ejus jurisdictionem esse“ an sich betrachtet, können sowohl vom Rechtsirrthum, wie vom factischen Irrthum verstanden werden. Allein wegen der über die Entschuldbarkeit und Nichtentschuldbarkeit des Irrthums bestehenden allgemeinen Rechtsgrundsätze dürfen wir sie nur vom factischen Irrthum verstehen. In welchem Verhältnifs stehen aber, wenn wir diese Auslegung beibehalten, zu ihnen die Worte: Aut si putaverint, alium esse praetorem pro alio? Die Glosse erblickt darin nicht eine species, sondern das genus des factischen Irrthums. Deshalb und wegen des eine Verschiedenheit von dem vorher mitgetheilten Falle ankündigenden Aut, nimmt sie an, dafs der Satz caeterum si putent etc. von einem Rechtsirrthum rede. Allein die Worte aut si putaverint etc. enthalten nur eine Art des factischen Irrthums. Der factische Irrthum nämlich kann sich in verschiedenen Gestalten äufsern. So kann er beruhen in der Nichtkenntnifs der örtlichen Grenzen eines Gerichtssprengels; z. B. zwei Parthieen, die einen gemeinsamen Wohnort haben, glauben, ihr Wohnort, der dem Gerichtsbezirk A einverleibt ist, liege im Gerichtsbezirk B, und gehen in diesem Irrthum den Richter B an. Er kann ferner in der Nichtkenntnifs derjenigen Thatsachen bestehen, an deren Existenz das Gesetz den Gerichtsstand geknüpft hat; z. B. die Parthieen glauben, die streitige bewegliche Sache liege im Gerichtsbezirke A, während sie in der That im Gerichtsbezirk B liegt. Der factische Irrthum kann aber auch in der Nichtkenntnifs der Richterpersonen beruhen; z. B. zwei Parthieen halten den praetor peregrinus für den praetor urbanus, oder den procurator caesaris für den praeses provinciae, oder um ein Beispiel aus der heutigen Gerichtsorganisation zu nehmen, zwei in einer Stadt domicilirte Parthieen halten ein in der Stadt angesessenes Untergericht, Landgericht, dessen Bezirk nicht die Stadt selbst, sondern mehrere der Stadt benachbarte Ortschaften bilden, für das Stadtgericht. Nur dieser letzteren Art des factischen Irrthums wird von Ulpian in den Worten: Aut si putaverint, alium esse praetorem pro alio gedacht. Aus diesem Grunde dürfen wir annehmen, dafs Ulpian unter den Worten: Caeterum si putent, ejus jurisdictionem esse den factischen Irrthum in den beiden erst genannten Arten verstanden hat.

Die Behauptung der Glosse, dafs imperitia vom Rechtsirrthum zu verstehen sei, ist unerwiesen.

Die meisten Schriftsteller berühren unsere Frage gar nicht. Nach einigen wird der Rechtsirrthum verziehen, nach anderen nicht. Neue und erhebliche Gründe aber werden nicht angeführt.

Fortsetzung. — Irrthum. — Beweislast.

§. 10.

Wenn beide Parthieen ein gesetzlich incompetentes Gericht irrthümlich angegangen haben, dann steht es ihnen frei, mit beiderseitiger Einwilligung dieses Gericht wieder zu verlassen. Wenn nur eine Parthie im Irrthum befangen war, so kann die andere Parthie den Irrthum nachgeben, sie kann ihn aber auch läugnen, und den Consens der ersteren, deren wissentliche Unterwerfung behaupten. Hier entsteht die Frage, wen die Beweislast treffe?

Nehmen wir zunächst den Fall : der Kläger hat sich wissentlich einem gesetzlich incompetenten Gerichte durch Klaganstellung unterworfen; der Beklagte hat sich nicht auf die Klage eingelassen, sondern verzögerliche Einreden vorgeschützt, und damit seinen Consens im weiteren Sinne erklärt. Noch vor der Litiscontestation behauptet er, das Gericht sei gesetzlich nicht competent, und habe er die Incompetenzeinrede deshalb nicht vorgeschützt, weil er geglaubt habe, das angegangene Gericht sei gesetzlich competent. Der Kläger läugnet die Existenz eines Irrthums, und behauptet, der Beklagte habe gewufst, dafs das Gericht gesetzlich nicht competent gewesen, er habe sich also diesem Gerichte freiwillig unterworfen.

Wir haben gesehen, dafs das zwischen dem competenten Gerichte und der ihm unterworfenen Person bestehende Rechtsverhältnifs eine öffentlich-rechtliche Obligation ist, wonach das Gericht verschiedene processualische Handlungen von der Parthie zu fordern berechtigt ist. Wir haben ferner im Allgemeinen die Gründe kennen gelernt, aus welchen diese öffentlich-rechtliche Obligation entspringt. Wenn nun ein Gericht durch die Ladung des Beklagten seine Forderung geltend macht, und der Beklagte, als angeblicher Schuldner, die Existenz einer solchen öffentlich-rechtlichen Schuld läugnet, d. h. den Incompetenzeinwand erhebt, so ist nach der allgemeinen, auch auf öffentliche Rechtsverhältnisse zu beziehenden Regel, der angebliche Gläubiger, hier also das Gericht, den Beweis der Competenz zu liefern verpflichtet. Man mufs aber auch hier unterscheiden zwischen Abläugnung und Einrede, also zwischen dem Abläugnen der die Competenz begründenden Thatsachen und der eigentlichen Incompetenzeinrede. Man nehme den Fall : Ein Gericht insinuirt dem Beklagten die Klage, und fordert ihn zur Antwort auf. Es stützt seine Competenz darauf, dafs der Beklagte in seinem Bezirke wohne. Der Beklagte gibt zwar zu, dafs er sich zur Zeit der Insinuation der Klage im Bezirke aufgehalten, leugnet aber die Absicht, daselbst zu wohnen. Hier mufs das Gericht diese Absicht des Beklagten beweisen. Auch in dem Falle, wenn das Gericht seine Competenz darauf gründet, dafs die streitige, vom Beklagten besessene Sache in seinem Bezirke liege, und der Beklagte dies leugnet, mufs das Gericht den Beweis liefern. Eine eigentliche Incompetenzeinrede dagegen ist es, wenn der Beklagte zwar zugibt, dafs er sich im Bezirke des angegangenen Richters mit der Absicht, daselbst zu wohnen, aufhalte, aber behauptet, er wäre Haussohn, und sein Vater sei in einem anderen Bezirke domicilirt, weshalb sein juristisches Domicil nicht in jenem, sondern in diesem Bezirke begründet sei. Ein Gleiches ist der Fall, wenn der Beklagte zwar zugibt, dafs sich die vindicirte bewegliche Sache im Bezirke des angegangenen Gerichtes befinde, aber behauptet, hier sei nicht ihre juristische Lage, denn sie sei nur vorübergehend hier anwesend, und habe die Bestimmung, an den Ort ihres dauernden Aufenthaltes zurückzukehren (1). Die eigentliche Incompetenzeinrede mufs der Beklagte beweisen.

Wenn nun das Gericht seine Competenz auf die freiwillige Unterwerfung des Beklagten gründet, und der

(1) Ich fahre z. B. mit meinem Wagen an einen in der Nähe meines Domicils befindlichen, in einem anderen Gerichtsbezirk gelegenen Belustigungsort mit der Absicht, in einigen Stunden an meinen Wohnort zurückzukehren. An dem Belustigungsorte angekommen wird mir eine Klage, in welcher mir der Kläger, als angeblicher Eigenthümer, den Wagen abfordert, insinuirt.

Beklagte leugnet, dafs es seine Absicht gewesen sei, einem gesetzlich incompetenten Gerichte sich zu unterwerfen, so ist das ein wahres Ableugnen der die Competenz begründenden Momente, nicht eine eigentliche Incompetenzeinrede, weshalb das Gericht das Wissen des Beklagten, dafs es gesetzlich nicht competent sei, nachweisen mufs.

Dieselben Grundsätze kommen zur Anwendung in dem zweiten Falle, wenn der Kläger noch vor der Litiscontestation behauptet, er habe geglaubt, das von ihm angegangene Gericht sei gesetzlich competent.

Dem Gerichte liegt der Beweis ob. Es ist also verpflichtet, die Beweismittel sich selbst zu verschaffen. Daher zieht es über die Frage, ob der Beklagte im Gerichtsbezirke domilicirt, ob die streitige Sache daselbst belegen sei, u. s. w. Erkundigungen bei seinen Hülfsbehörden ein, die in der Regel sicheren Aufschlufs zu geben im Stande sind. Auch über den Consens der Parthieen mufs es sich Beweismittel verschaffen, wenn es als Gerichtsstand der freiwilligen Unterwerfung gelten will. Doch geht sein Interesse über das Interesse der Parthieen nicht hinaus. Es macht nur dann die Competenz über den Beklagten geltend, wenn der Kläger von ihm Rechtshülfe fordert. Der Kläger also, der ein Interesse daran hat, dafs der Beklagte von dem einmal angegangenen Gerichte nicht wieder zurückgehe, wird dem Gerichte die Materialien zum Beweise des Consenses des Beklagten gegen den Beklagten in die Hände liefern, indem er gegen das Gericht den Beweis von dessen Pflicht zur Ertheilung der Rechtshülfe unternimmt. So hat das ganze Competenzbeweisverfahren den Anschein, als ob der Kläger gegen den Beklagten den Beweis unternehme. Dasselbe ist der Fall, wenn der Beklagte ein Interesse hat, dafs der Kläger von dem einmal angegangenen Gerichte nicht wieder zurücktrete.

Dem Gerichte liegt der Beweis ob. Das ist nicht so zu verstehen, als ob voller Beweis gefordert würde; es genügen Bescheinigungen. Müfste es vollen Beweis liefern, so würde die Hauptsache häufig bedeutend verzögert werden.

Das Gericht ist in der Competenzsache Parthie. Wenn es das Nichtvorhandensein des nöthigen Consenses ausspricht, so erklärt es den Parthieen damit, dafs es sich nicht für competent halte. Es gibt kein Urtheil, welches eine zwischen den Parthieen streitige Sache entscheidet. Glaubt eine oder die andere Parthie, das Gericht habe sich widerrechtlich der Erfüllung einer öffentlich-rechtlichen Obligation entzogen, indem der Gerichtsstand der freiwilligen Unterwerfung im einzelnen Fall allerdings begründet gewesen, so kann sie von der, dem schuldnerischen Gerichte vorgesetzten Behörde, ein Urtheil über die Rechtssache zwischen der Parthie und dem Gerichte verlangen.

Die Schriftsteller sind über die Beweislast verschiedener Ansicht.

Durantis (2) sagt: Sed nunquid presumitur scire: ex quo usque in finem litigavit: respondeo non immo ignorare. Er präsumirt also den Irrthum, und bürdet dem Gegner den Beweis des Consenses auf. Er beruft sich auf

l. 21. de prob. et praes. (22. 3).

Verius esse existimo, ipsum, qui agit, id est legatarium, probare oportere, scisse alienam rem,

(2) Specul. jur. l. II. p. 1. de comp. jud. n. 7.

vel obligatam legare defunctum: non haeredem probare oportere, ignorasse alienam vel obligatam: Quia semper necessitas probandi incumbit ei, qui agit.

L. 16. C. de episcop. aud. (1. 4).

Si legibus prohibitae non sint speratae nuptiae, et post arrhas sponsalitias sponsa conjugium sponsi propter religionis diversitatem recusaverit: si quidem probatum fuerit, ante datas easdem sponsalitias arrhas, hoc idem mulierem vel parentes ejus cognovisse, sibi debeant imputare: si vero horum ignari, sponsalitias arrhas susceperint, —

Zur Begründung des Gerichtsstandes wird Consens gefordert, qui ergo hoc dicit, probat.

L. 2. de prob. et praes. (22. 3).

Ei incumbit probatio, qui dicit: non qui negat.

C. 36 pr. X. de jurejur. (2. 24).

Actore nihil probante, reus est absque omni onere absolvendus.

L. 8 §. 1. de proc. et def. (3. 3).

Invitum accipere debemus, non eum tantum, qui contradicit, verum eum quoque, qui consensisse non probatur.

Ubertus war wegen

l. 9 §. 1. unde cogn. (38. 8).

Fratris filius pro parte haeres institutus, cum patruum surdum esse contenderet, atque ideo testamentum facere non potuisse, possessionem ut proximus cognatus accepit: ex die mortis, temporis habere rationem placuit: quia verisimile non videbatur, tam conjunctum sanguini defuncti valetudinem ignorasse, und

l. 7. C. de in integr. rest. min. (2. 22).

De tutela avunculi ejusdemque tutoris, cui falso aetate probata praestitisti liberationem, quem ignarum aetatis tuae non fuisse tam officium tutelae, quam sanguinis proximitas arguit, si necdum statutum tempus excessit, ex causa in integrum restitutionis haeredes ejus convenire potes. (3)
der entgegengesetzten Ansicht. Diese Ansicht verband Durantis mit der seinigen zu einer neuen, indem er zwischen einem peritus und einem rusticus (simplex) unterschied, und des ersteren Consens, des letzteren Irrthum präsumirte, was ihm in l. 9 §. 3. de jur. et fact. ign. (22. 6) bestätigt wird.

Donellus (4) präsumirt, wenn die Litiscontestation erfolgt ist, das Wissen des Beklagten, und verlangt folglich von diesem den Beweis des Irrthums : alioqui facile semper dicet reus, se non fuisse hoc animo, ut istum judicem sibi sumeret : neque istius animi ulla unquam per rerum naturam probatio erit, si ab iis, quae facta sunt, ex quibus animus cujusque intelligitur, discesseris.

Vultejus (5), dem mehrere Juristen folgen, präsumirt den Irrthum.

Wetzell (6) legt dem angeblich Irrenden den Beweis des Irrthums auf.

(3) Aufserdem beruft er sich noch auf l. 1. C. de jurisd. omn. jud. (3. 13), und reg. 47. de reg. jur. in VIto.

(4) Comment. de jur. civ. l. 17. c. 10. n. 7.

(5) Comment. ad tit. C. de jurisd. n. 176.

(6) System. §. 39. S. 335 f. „Und sehen die Parteien irrthümlich den von ihnen angegangenen Richter für den competenten an, so schliefst der Irrthum, der übrigens bewiesen werden mufs, den Consens und folglich die Prorogation aus."

Fortsetzung. — Der Unterwerfungsvertrag.

§. 11.

Wir haben oben (§. 8) gesehen, dafs zur Begründung des Gerichtsstandes der freiwilligen Unterwerfung nach der Cardinalstelle unserer Lehre auf Seiten der Parthieen nur deren freiwillige Unterwerfung, d. h. die Erklärung ihres Unterwerfungswillens gegenüber dem gesetzlich incompetenten Magistrate gefordert wird, und haben behauptet, dafs nach älterem römischen Recht der Unterwerfungsvertrag, d. h. der Vertrag der Parthieen, sich einem gewissen gesetzlich incompetenten Magistrate zu unterwerfen, dieselben durchaus nicht verpflichtete, ihre Sache an den gewählten Magistrat zur Entscheidung zu bringen. War aber der Vertrag ungültig, so kann er auch nicht vom Gesetz als Erfordernifs unseres Gerichtsstandes aufgestellt worden sein. An dieser Stelle nun soll der Beweis der Ungültigkeit dieses Vertrags zu liefern versucht werden.

Bevor wir jedoch das Gesetz, welches unserer Ansicht nach die Richtigkeit unserer Behauptung darthut, näher ins Auge fassen, wollen wir das gesammte in den Gesetzen enthaltene, von den Schriftstellern gröfstentheils unbenutzt gelassene Material, das mit bei weitem stärkeren Scheine, als andere vielfach mifsbrauchten Gründe gegen unsere Behauptung aufgeführt werden könnte, hervorziehen, und seine Tüchtigkeit untersuchen.

Wir besitzen nämlich aufser der l. 2 pr. de jud. noch mehrere Stellen, in welchen der Unterwerfungsvertrag als gültig und als Erfordernifs, ja, als einziges auf Seiten der Parthieen eintretendes Erfordernifs des Gerichtsstandes der freiwilligen Unterwerfung anerkannt zu sein scheint.

Betrachten wir zunächst

1) l. 28. ad municip. (50. 1). Paulus. l. 1. ad Edictum. Inter convenientes et de re majori apud magistratus municipales agetur.

In dieser Stelle wird als Erfordernifs der Competenz eines Municipalmagistrats in einer res major nur die conventio der Parthieen aufgeführt, und könnte man hieraus schliefsen, dafs sie und nur sie zur Begründung unseres Gerichtsstandes nöthig sei.

Wir wollen uns nicht mit einer Correctur helfen, und statt „inter convenientes“ „inter consentientes“ lesen, wenngleich man zugeben mufs, dafs der letztere Ausdruck in der Cardinalstelle unserer Lehre gebraucht ist, und dafs der Schreibfehler convenientes sehr leicht entstehen konnte. Wir wollen vielmehr die Richtigkeit jener Lesart zugeben, und zu erforschen suchen, weshalb Paulus den Ausdruck convenientes statt consentientes gebraucht hat. Der Grund aber ist m. E. derselbe, den wir oben (§. 8) angegeben haben, als es sich darum handelte, nachzuweisen, warum die Lex Julia judiciorum bzw. Ulpian statt des Consenses die conventio der Parthieen forderte. Diese Nachlässigkeit im Ausdruck ist in dieser Stelle vielleicht noch mehr wie dort zu entschuldigen, man darf das convenire hier noch weniger wie dort im strengen Sinne nehmen, weil es hier in der Absicht des Juristen keineswegs lag, die auf Seiten der Parthieen zur Begründung des Gerichtsstandes der freiwilligen Unterwerfung nöthigen Handlungen zu bestimmen. Der Jurist brauchte, da seine Absicht auf die Erörterung eines ganz andern Punktes gerichtet war, hinsichtlich der übrigen Erfordernisse unseres Gerichtsstandes, insbesondere der Parthieenhandlungen nicht so scharf zu reden; ihm durfte ein minder scharfer Ausdruck genügen, wenn derselbe überhaupt nur im Stande war, dem Leser begreiflich zu machen, dafs vom Gerichtsstande der freiwilligen Unterwerfung die Rede sei. Dafs der gewählte Ausdruck zur Erzeugung dieser Vorstellung geeignet ist, bedarf keines Beweises.

Die Frage aber, auf deren Entscheidung die Absicht des Juristen gerichtet war, ist die : Wird ein Municipalmagistrat durch freiwillige Unterwerfung der Parthieen in einer res major competent; oder um mich schärfer auszudrücken : haben die Municipalmagistrate, deren gesetzliche Competenz auf res minores beschränkt ist, in res majores Gerichtsbarkeit?

In der Zeit, aus welcher unsere Stelle herrührt, war in den Provinzen des römischen Reichs der kaiserliche Provincialstatthalter die ordentliche erste Gerichtsinstanz. Gewisse Städte aber behielten oder erhielten als Privileg Gerichtsbarkeit. Die mit der Ausübung der Rechtspflege in solchen freien Städten beauftragten Magistrate heifsen Magistratus municipales. Doch ist deren Gerichtsbarkeit und Competenz eine vielseitig beschränkte. So entbehren sie „das imperium und dessen Rechte, als missio in possessionem, also auch Eröffnung eines Concurses, Auferlegung von Cautionen, in integrum restitutio. Doch fehlt ihnen nicht alle Executivgewalt. Sie haben das Recht der Pfändung (pignoris capio), um Privatschulden und die von ihnen selbst verhängten Geldstrafen (mulctae) beizutreiben“ (1). In Civilsachen ist ihre Competenz auf res minores beschränkt. Es wird uns aber in den Quellen nirgends bezeugt, welcher Werth, welche Summe die

(1) Bethmann-Hollweg, Handbuch. S. 125.

Grenze zwischen solchen geringen und wichtigen Sachen bildet. Wahrscheinlich ist diese Summe durch das ganze römische Reich nicht gleich gewesen, sondern der einen Stadt diese, der andern jene Summe bei der Verleihung der Gerichtsbarkeit bestimmt worden (2). Für diese Vermuthung spricht das gänzliche Schweigen der Gesetze über die Gröfse der Summe, welches ich demnach für ein absichtliches halte, und auf der anderen Seite die Ausführlichkeit der Quellen bei der Aufstellung von Grundsätzen über die Berechnung dieser Summe (3). Eine Analogie bietet das gemeine Recht in der Appellationssumme dar. Die reichsgesetzlichen Vorschriften über die Gröfse derselben waren schon zur Zeit des Reichs auf die Territorialgerichte nicht anwendbar, vielweniger sind sie es heute. In den einzelnen Ländern ist die Gröfse der Appellationssumme verschieden bestimmt. Allein die von den Reichsgesetzen aufgestellten Grundsätze über die Berechnung der Appellationssumme mufsten auch von den Territorialgerichten anerkannt werden, und sind auch noch heute als gemeinrechtliche anzusehen.

Wenn wir jedoch annehmen, dafs die Summe, bis zu welcher die Municipalmagistrate Competenz hatten, im ganzen römischen Reich gleich war, sei es, dafs sie gleich anfänglich oder erst im Laufe der Zeit regulirt worden, so halte ich den Betrag von 50 Solidi nicht für unwahrscheinlich, weil sich die Competenz der Defensoren, welche sich in Provincialstädten, die keine Magistrate hatten, vorfanden, die ebenso wie die Municipalmagistrate eine Hülfsbehörde des Provincialstatthalters bildeten, und

(2) S. Lex Gall. Cisalp. c. 21, 22.

(3) l. 11 pr. §. 1. 2. l. 19 §. 1. de jurisd. l. 49. C. Th. de appell.

den Magistraten in vieler Hinsicht ähnlich waren, auch auf geringe Sachen beschränkte. Unter einer geringen Sache wird aber hier eine Sache unter dem Werthe von 50 Solidi verstanden.

L. 1. C. de defensor. (1. 55).

In minoribus causis, id est, usque ad quinquaginta solidorum summam.

Wenden wir uns wieder nach diesem Excurse über den Begriff einer causa minor zu der oben aufgeworfenen Frage, auf deren Entscheidung die Absicht des Juristen gerichtet war, und die dahin ging: Haben die Municipalmagistrate, deren gesetzliche Competenz auf res minores beschränkt ist, in res majores Gerichtsbarkeit? Eine Erweiterung der Gerichtsbarkeit und der Competenz, und damit eine Steigerung der Selbständigkeit, der Macht und des Ansehens der Municipalmagistrate konnte in der römischen Politik nicht gelegen haben, und sind wir daher bei Zweifeln über den Umfang der municipalobrigkeitlichen Befugnisse eher eine einschränkende als erweiternde Auslegung von Seiten der Juristen zn erwarten berechtigt. Allein Paulus spricht in der angeführten Stelle den Municipalmagistraten die Fähigkeit, in wichtigeren Sachen Recht zu sprechen, zu, und erkennt damit an, dafs die Beschränkung der Competenz der Municipalmagistrate auf eine gewisse Summe lediglich im Interesse der Parthieen erfolgt sei.

2) In der zweiten Stelle

l. 74 §. 1. de jud. Julianus. l. 5. Digestorum.

Judex, qui usque ad certam summam judicare jussus est, etiam de re majori judicare potest, si inter litigatores conveniat.

wird gesagt, dafs ein Judex, der über eine gewisse Summe nicht verurtheilen soll, auch auf eine höhere Summe verurtheilen könne, wenn die Parthieen dahin übereinkommen.

Die Glosse (4) versteht unter dem Judex den a delegante, vel a lege, ut defensor civitatis zum usque ad certam summam judicare befohlenen Richter. Nach Voet (5) handelt diese Stelle non de judice pedaneo, sed magistratu municipali usque ad summam certam per leges judicare jusso.

Dieser Ansicht kann ich nicht beipflichten. Denn zunächst dürfte es doch auffallen, dafs Julian, statt des Ausdrucks magistratus municipalis sich zu bedienen, den Ausdruck judex gewählt hat, der regelmäfsig, namentlich zu unseres Juristen Zeit, den Geschworenen bezeichnete, und der, wenn ein Municipalmagistrat gemeint werden sollte, vom Juristen hier gewifs vermieden worden wäre, weil die ganze Stelle, wie ich nachher nachweisen werde, auch auf den eigentlichen judex, auf den Civilgeschworenen bezogen werden kann, und daher für den Juristen eine dringende Veranlassung zur scharfen Bezeichnung des fraglichen Richters vorlag. Wenn nun Julian nach Erwägung dieses Umstandes, — und wir müssen annehmen, dafs eine solche Erwägung stattgefunden hat, — nicht zu dem Ausdrucke magistratus municipalis, sondern zum Worte judex sich entschied, so sind wir auch genöthigt, denjenigen Richter darunter zu verstehen, der in der Regel darunter verstanden wird, den Civilgeschworenen.

Ein zweiter Beweis für diese Behauptung liegt in den Worten: judex, qui judicare jussus est. Allerdings ist

(4) Gl. jussus zu l. 74 §. 1. cit.

(5) Comment. de jurisd. l. 2. t. 1. n. 16.

das judicare eine Thätigkeit auch des Magistrats. Nehmen wir aber an, unter dem judex wäre der Municipalmagistrat verstanden, dann müfsten wir das jussus est vom Gesetze verstehen. Allein, auch abgesehen von der Sonderbarkeit dieser Redeweise, wird m. W. der Ausdruck : judicare jussus est a lege in den Quellen nirgends gebraucht, was uns gegen die Annahme, dafs das judicare hier eine Thätigkeit des Magistrats bezeichne, einnehmen mufs. Das judicare jubere erscheint aber stets als eine Handlung des Magistrats, als die Bestellung eines Civilgeschworenen durch den Magistrat.

L. 13. de jurisd.

pr. Eum, qui judicare jubet, Magistratum esse oportet.

§. 1. Magistratus autem, vel is, qui in potestate aliqua sit (ut puta Proconsul, vel Praetor, vel alii, qui provincias regunt), judicare jubere eo die, quo privati futuri essent, non possunt.

L. 3. de off. praef. urb. (1. 12).

Praefectus urbi, cum terminos urbis exierit, potestatem non habet : extra urbem potest jubere judicare.

Soviel scheint demnach sicher zu sein, dafs unsere Stelle nicht von einem Municipalmagistrate, sondern von einem judex datus redet. Allein das römische Recht kennt zwei Arten der judicis datio, die wesentlich von einander verschieden sind. Der judex datus des älteren Rechts ist datus a Magistratu. Wenngleich ihm für eine bestimmte Rechtssache das Richteramt übertragen ist, so übt er doch nicht die Jurisdiction dessen, der ihn dazu bestellt hat, sondern eine davon generisch verschiedene Richtergewalt (officium judicis) aus, die auf Untersuchung und Entscheidung dieser einzelnen Sache nach Mafsgabe der in der formula ihm gegebenen Instruction beschränkt ist (6). An die Seite dieser judicis datio, die wir bei den classischen Juristen im Wesen unverändert finden, war damals eine zweite judicis datio getreten, die darin bestand, daſs der Kaiser, wenn die Parthieen auſserordentlicher Weise in erster Instanz seine Hülfe suchten, für die einzelne Sache einen Richter, einen auſserordentlichen Commissär ernannte. Allein dessen Verhältniſs war ein anderes als das eines judex datus a Magistratu. Er wurde nicht durch die formula, sondern durch ein kaiserliches Rescript bestellt und instruirt, und seine Gewalt war mehr Jurisdiction eines kaiserlichen Beamten als officium des alten judex (7). Eine zeitliche Erweiterung der Gerichtsbarkeit und Competenz dieses kaiserlichen Commissärs war möglich (8), und könnten wir l. 74 §. 1. cit. als von einer sachlichen Erweiterung redend verstehen. Doch scheint mir dies nicht richtig. Denn die Juristen pflegten den vom Kaiser gegebenen judex nicht schlechthin judex zu nennen, sondern zum Unterschied von dem judex ordinarius ihn noch näher zu kennzeichnen (9), und da das letztere hier nicht der Fall ist, so sind wir zu der Annahme

(6) Bethmann-Hollweg, a. a. O. S. 47 f.

(7) Bethmann-Hollweg, a. a. O. S. 50 f.

(8) l. 2 §. 2. de jud.

(9) z. B. l. 18 §. 4. de min. 25 ann. (4. 4). — si ab Imperatore judex datus cognoscat, restitutio ab alio, nisi a Principe, qui judicem destinavit, non fiet. l. 2 §. 2. de jud. — judex, nisi specialiter principali jussione —. Paulus, R. S. V. 5 §. 1. — itemque ab his, qui ab Imperatore extra ordinem petuntur. l. 1 §. 4. a quib. app. non licet. (49. 2). Ulpianus. — Interdum Imperator ita solet judicem dare, ne liceret ab eo provocare, ut scio saepissime a Divo Marco judices datos. l. 8. quis, a quo app. (49. 3). — ex auctoritate Principis —.

berechtigt, dafs unsere Stelle den judex datus des älteren Rechtes im Auge habe.

Wenden wir uns nun zur Erklärung des übrigen Inhaltes unserer Stelle.

Dem judex wurde in der Formel befohlen, den Beklagten entweder zu absolviren oder in eine bestimmte Geldsumme, deren Gröfse ihm entweder vorbestimmt oder mehr oder weniger anheimgestellt wurde, zu condemniren. War sie vorbestimmt, oder ein maximum, bis zu welchem er verurtheilen könne, gegeben, dann durfte er auf ein Mehr nicht condemniren; allein er war, und das sagt Julian, dazu berechtigt, si inter litigatores conveniat. Der blofse Vertrag der Parthieen, einer das maximum der Formel überschreitenden Condemnation des Richters sich zu unterwerfen, genügt aber nicht zur Durchbrechung der diesem Richter durch die Formel gezogenen Schranken. Es bedarf hierzu noch der von den Parthieen ertheilten Ermächtigung des Richters, d. h. einer diesem gegenüber abgegebenen Erklärung, dafs er das Maximum überschreiten dürfe. Wenn demnach die Parthieen den betreffenden Vertrag geschlossen hatten, und der Kläger ermächtigt darauf den Richter, der Beklagte aber thut nicht das Gleiche, sondern erklärt dem Richter, dafs er sich innerhalb der vom Magistrat gezogenen Condemnationsgrenze halten solle, dann ist der Richter, selbst wenn das vorausgegangene Versprechen des Beklagten, der das maximum der Formel überschreitenden Condemnation sich zu unterwerfen, bewiesen ist, zur Verurtheilung über die ursprüngliche Summe nicht berechtigt. Wenn wir aber auch zu der Annahme genöthigt sein sollten, der fragliche Vertrag sei gültig und berechtige den Richter zur Ueberschreitung des Condemnationsmaximum, so ist doch ein Schlufs auf die Gültigkeit des Unterwerfungsvertrags durchaus unstatthaft.

3) L. 19 §. 2. de jud. Ulpianus. l. 60. ad Edictum.

Proinde et si merces vendidit certo loci, vel disposuit, vel comparavit, videtur, nisi alio loci, ut defenderet, convenit, ibidem se defendere.

Zur Erklärung des convenit dieser Stelle verweise ich auf das §. 4 und 8 Gesagte.

Fortsetzung. — L. 18. de jurisdictione. — Grund der Ungültigkeit des Unterwerfungsvertrags.

§. 12.

Wenden wir uns nun zur Interpretation desjenigen Gesetzes, das meiner Ansicht nach die Behauptung bestätigt, dafs nach älterem römischen Recht der Vertrag der Parthieen, sich einem gewissen, gesetzlich incompetenten Magistrate zu unterwerfen, dieselben durchaus nicht verpflichtete, ihre Sache an den gewählten Magistrat zur Entscheidung zu bringen.

Dieses Gesetz ist die berüchtigte

l. 18. de jurisd. (2. 1). Africanus. l. 7. Quaestionum.

Si convenerit, ut alius praetor, quam cui jurisdictio esset, jus diceret, et priusquam adiretur mutata voluntas fuerit, procul dubio nemo compelletur, ejusmodi conventioni stare.

Von den verschiedenen Auslegungen, welche diese Stelle erfahren hat, mufs ich schon hier eine anführen, weil ihre Anführung und Widerlegung zur Begründung meiner Ansicht unbedingt nothwendig ist. Die übrigen Auslegungen werde ich da zur Sprache bringen, wo ich die Literatur über die zur Begründung unseres Gerichtsstandes nöthigen Handlungen der Parthieen anführen werde.

Während nämlich meiner Ansicht nach in dieser Stelle ausgesprochen ist, dafs von dem Unterwerfungsvertrag jeder Theil einseitig bis zur aditio des Richters zurücktreten kann, behaupten mehrere Juristen, der Unterwerfungsvertrag binde beide Theile rechtlich, und diese Stelle spreche aus, dafs vor der aditio des Richters ein Rücktritt der Parthieen mit beiderseitiger Einwilligung möglich sei. Ich bin alsdann angesichts dieser Stelle zu der Behauptung genöthigt, dafs nach der aditio des Richters ein einseitiger Rücktritt nicht statthaft sei, jene aber müssen behaupten, dafs nach der aditio ein beiderseitiger Rücktritt vom Vertrag und von dem angegangenen Richter rechtlich nicht möglich sei.

Die Juristen, welche der von mir nicht gebilligten Ansicht huldigen, sind Noodt, Schulting, Böhmer und Bethmann-Hollweg.

Noodt (1) gibt nach Vorausschickung unserer Stelle folgende Erklärung : En, inter duos convenit, ut alius pro alio Praetor adiretur : ait Africanus, neminem compelli, isti conventioni stare; si voluntas mutata sit, antequam adiretur Praetor. quid ita? — hoc opinor, quod inter duos quidem convenit de proroganda jurisdictione, sed ea conventio deinde utriusque contraria voluntate rursus sublata est. Ita mihi placet : nec dubito, quin convenienter his verbis, si convenit, id est, si inter duos convenit : item illis, Mutata voluntas fuerit, id est, utriusque voluntas mutata fuerit contrario pacto : tum hoc exigunt

(1) de jurisd. l. II. c. 12.

ista, Procul dubio nemo compelletur : quae non alterutrum litigatorem, sed utrumque, indicant. adeo sensus est : Procul dubio neuter eorum compelletur. Sit ita : at quae dubitatio est in illa specie? probabilis et justa : scilicet, an jurisdictio privata litigatorum pactione possit aut prorogari, aut prorogata tolli, priusquam adiretur Praetor : adeo antequam impetraretur consensus ejus cujus praejudicium videtur verti. Haec quaerendi causa : ad quam, nescio, an alludant haec Africani verba, Et priusquam adiretur. Ulpianus certe eam difficultatem et movet et definit. l. 2 §. 1. de jud.

Schulting (2) äufsert sich so : Utraque pars si voluntatem mutaverit, magistratus eas non poterit cogere, ut pacto stent; illi enim nullum hic jus largitur lex, quae privatorum arbitrio hoc totum permittit. ac tali de specie commodissime accipi potest Africanus l. 18. h. t.

Böhmer (3) gibt an : Ad conventionalem requiritur consensus litigantium, vel expressus, l. 18. h. t. nudo pacto declaratus, a quo tamen mutuo dissensu, antequam incompetens adiretur, recedere poterant : l. 18. cit.

Bethmann-Hollweg (4) erklärt : Die l. 18. de jurisdict. beziehe ich mit anderen Interpreten auf den Fall des beiderseitigen Rücktritts.

Was ist unter mutata voluntas fuerit zu verstehen?

Nach einer grammatischen Auslegung unserer Stelle möchte allerdings die Meinung, dafs hier von einem

(2) Comment. acad. Vol. III. de jurisd. l. 2. t. 1. N. 14.

(3) Introductio in jus Digest. de jurisd. l. 2. t. 1. N. 21.

(4) Versuche über einzelne Theile der Theorie des Civilprozesses. S. 12. N. 31 a. E.

beiderseitigen Rücktritte die Rede sei, den Vorzug verdienen. Denn

1) so gut die Singulare convenerit und adiretur von einem gemeinschaftlichen Handeln beider Theile verstanden werden, ebenso gut kann man den Singular mutata voluntas fuerit von einer gemeinschaftlichen Willensänderung, von einem beiderseitigen Rücktritte verstehen. Was

2) den Ausdruck nemo compelletur anlangt, so gibt er uns keinen sicheren Aufschlufs darüber, ob der Jurist sagen wollte : Derjenige, der vom Vertrag einseitig zurückgetreten ist, kann, wenn der andere Contrahent auf Erfüllung klagt, nicht gezwungen werden, den Vertrag zu erfüllen, — oder ob der Jurist zu sagen beabsichtigte : Wenn beide Theile vom Vertrag zurückgetreten sind, und nun ihre Sache an den gesetzlich competenten Magistrat bringen, so kann dieser sie nicht zwingen, ihren Vertrag zu erfüllen, d. h. den Richter anzugehen, den anzugehen sie sich vertragsmäfsig verpflichtet haben.

3) Untersuchen wir ferner, ob nach dem Sprachgebrauch unserer Quellen die Ausdrücke mutata voluntas und mutare voluntatem in Anwendung auf Verträge von einem einseitigen oder beiderseitigen Rücktritt der Parthieen gebraucht werden.

Wir finden in einer Reihe von Stellen diese Ausdrücke, jedoch mit ausdrücklicher Hinzufügung des den Willen ändernden Subjects, von einer einseitigen Willensänderung verstanden.

L. 65. in f. de procur. (3. 3).

Itaque et si postea, mutata voluntate, procuratorem esse noluerit —

l. 21 §. 6. de act. emt. vend. (19. 1).

Qui domum vendebat, excepit sibi habitationem, donec viveret, aut in singulos annos decem, emtor primo anno maluit decem praestare, secundo anno habitationem praestare; Trebatius ait, mutandae voluntatis potestatem eum habere, singulisque annis alterutrum praestare posse —

l. 7. de divort. (24. 2).

Si poenituit eum, qui libellum tradendum divortii dedit, isque per ignorantiam mutatae voluntatis oblatus est,

l. 22 §. 5. sol. matr. (24. 3).

— si filia dicat se patri consentire, et ante litis contestationem mutaverit voluntatem —

l. 22. in f. de leg. 2.

— mutatam esse defuncti voluntatem —

l. 37 §. 1. de leg. 3.

— quia mutavit voluntatem de ea epistola testator —

l. 1 §. 3. de dot. prael. (33. 4).

— si modo voluntatem non mutavit testator—

l. 8 §. 2. de opt. vel elect. leg. (33. 5).

— si non mutassem voluntatem —

l. 20. eod.

— ita legatum est : vestimenta, quae volet, triclinaria sumito, sibique habeto, si is dixisset, quae vellet, deinde, antequam ea sumeret, alia se velle dixisset, mutare voluntatem eum non posse —

l. 34 §. 1. de aur. arg. leg. (34. 2).

— mutata voluntas defuncti —

l. 16 §. 2. de his, quae ut indign. (34. 9).

— mutata voluntate paterfamilias —

l. 19. eod.

— testator aliud testamentum mutata voluntate facere voluit —

l. 32. de donat. (39. 5).

— heredes ejus posse mutare voluntatem.

L. 13 §. 1. de mort. caus. don. (39. 6).

Marcellus notat : in mortis causa donationibus etiam facti quaestiones sunt; nam et sic potest donari, ut omnimodo ex ea valetudine donatore mortuo res non reddatur, et ut reddatur, etiamsi prior ex eadem valetudine donator decesserit, si jam mutata voluntate restitui sibi voluerit.

L. 4 pr. de manum. vind. (40. 2).

— quum non appareat, mutata esse domini voluntas. — durare oportet patris voluntatem, nam si mutata fuerit —

l. 1. qui sine manum. (40. 8).

Sed etsi mutaverit venditor voluntatem —

l. 15 §. 1. qui et a quib. manum. (40. 9).

Julianus ait, si, posteaquam filio permisit pater manumittere, filius ignorans patrem decessisse, manumisit vindicta, non fieri eum liberum; sed etsi vivit pater, et voluntas mutata erit, non videri volente patre filium manumisisse.

L. 112 pr. V. O. (45. 1).

Si quis stipulatus sit Stichum, aut Pamphilum, utrum ipse vellet, quem elegerit, petet, et is erit solus in obligatione; an autem mutare voluntatem possit, et ad alterius petitionem transire, quaerentibus respiciendus erit sermo stipulationis, utrumne talis sit : quem voluero, an : quem volam; nam si talis fuerit : quem voluero, quum semel elegerit, mutare voluntatem non poterit; si vero tractum habeat sermo illius, et si talis : quem volam, donec judicium dictet, mutandi potestatem habebit.

L. 51. de solut. (46. 3).

— ex voluntate enim domini solvetur : quam si nescit mutatam, qui solvit, liberatur.

L. 3. C. de leg. (6. 37).

Qui post testamentum factum praedia, quae legavit, pignori vel hypothecae dedit, mutasse voluntatem circa legatariorum persona non videtur.

Allein alle diese Stellen, obwohl die in ihnen enthaltenen Ausdrücke mutata voluntas, mutare voluntatem von einer einseitigen Willensänderung zu verstehen sind, können uns doch, abgesehen davon, dafs sie nicht von einem **Rücktritt** von zweiseitigen Verträgen reden, schon aus dem Grunde keinen Beweis von der Existenz des hier fraglichen Sprachgebrauchs geben, weil in allen Stellen den Ausdrücken mutata voluntas u. s. w. das den Willen ändernde Subject ausdrücklich beigefügt ist. Unsere Aufgabe aber mufs gerichtet werden auf den Nachweis des Sprachgebrauchs, dafs unter den Ausdrücken mutata voluntas u. s. w. in solchen Stellen, in welchen nach einer grammatischen Auslegung es zweifelhaft bleibt, ob eine einseitige oder beiderseitige Willensänderung gemeint sei, ein einseitiger bezw. beiderseitiger Rücktritt von zweiseitigen Verträgen zu verstehen ist. Meines Wissens enthalten aber die Quellen kein einziges Beispiel, geschweige denn einen Sprachgebrauch.

Allein wir finden in den Gesetzen Ausdrücke, die ganz dieselbe Bedeutung wie mutata voluntas haben, und die ferner nach einer grammatischen Auslegung ebensowohl von einem einseitigen wie von einem beiderseitigen Rücktritte verstanden werden können, nach einer logischen

Auslegung aber von einem beiderseitigen Rücktritt verstanden werden müssen, so dafs die Annahme, der fragliche Ausdruck unserer Stelle bedeute eine übereinstimmende Willensänderung, allerdings den Vorzug verdient, oder doch wenigstens einigermafsen gestützt wird. Ein solcher Ausdruck ist contraria voluntas.

§ 4. J. quib. mod. toll. obl. (3. 29).

Hoc amplius, eae obligationes, quae consensu contrahuntur, contraria voluntate dissolvuntur. Nam si Titius et Sejus inter se consenserint, ut fundum Tusculanum emtum Sejus haberet centum aureorum, deinde, re nondum secuta, id est neque pretio soluto neque fundo tradito, placuerit inter eos, ut discederetur ab ea emtione et venditione, invicem liberantur. Idem est in conductione et locatione et in omnibus contractibus, qui ex consensu descendunt, sicut jam dictum est.

L. 1. C. quand. lic. ab emt. (4. 45).

— Etenim quod consensu contractum est, contrariae voluntatis adminiculo dissolvitur.

Auch in l. 3. de resc. vend. (18. 5) findet sich ein ähnlicher Ausdruck für eine beiderseitige Willensänderung. Ideoque quaesitum est, si emtor fidejussorem acceperit, vel venditor stipulatus fuerit, an nuda voluntate resolvatur obligatio.

Aehnliches ist der Fall in

l. 7 §. 6. de pact. (2. 14).

— constet in emtione ceterisque bonae fidei judiciis, re nondum secuta, posse abiri ab emtione.

Vultejus, Glück, Wetzell und Andere haben der Ansicht, dafs l. 18. de jurisd. den streitenden Theilen das Recht einräume, vor der aditio des Richters mit beiderseitiger Einwilligung vom Unterwerfungsvertrag zurückzutreten, vorgeworfen, daſs nach ihr das Gesetz etwas ganz Zweifelloses und Unbedeutendes sage (5). Dieser Vorwurf würde in gleichem, vielleicht in noch erhöhterem Maſse die an vielen Orten wiederholte Bemerkung unserer Gesetze, ein consensu geschlossener Vertrag und somit die daraus entstandene Obligation könne durch eine entgegengesetzte Uebereinkunft, mutuo dissensu contraria voluntate, contrario consensu wieder aufgehoben werden (6), treffen. Allein diese Bemerkung wird m. W. von keinem Schriftsteller eine unbedeutende genannt, und ist auch keineswegs eine unbedeutende. Denn die Wirkung einer solchen nachfolgenden Uebereinkunft ist, wenn der Vertrag noch auf dem bloſsen Consense stand (7), die, daſs er so aufgehoben wird, wie wenn er niemals bestanden hätte (8). Stand aber der Vertrag nicht mehr auf dem

(5) Vultejus, Comment. ad tit. C. de jurisd. N. 149. „Nemo enim dubitavit unquam, quin a pacto ejusmodi recedi possit volente utroque litigatore.“ Glück, Comment. Th. III. §. 203. S. 218. „— wenn man Noodt's Erklärung annehmen wollte, wie in aller Welt hätte Zweifel darüber entstehen können, ob ein Vertrag mit beyder Theile Einwilligung aufgehoben werden könne, so lange ihn die Partheyen noch nicht durch wirkliche Angehung des unstatthaften Richters realisirt hatten?“ Wetzell, System, §. 39. N. 31. „Die Worte „mutata voluntas“ in l. 18. cit. können, wenn nicht etwas ganz Unbedeutendes gesagt sein soll, nur vom einseitigen Rücktritt verstanden werden.“

(6) §. ult. J. quib. mod. toll. obl. (3. 29). l. 7 §. 6. l. 58. de pact. (2. 14). l. 2. 3. 5 §. 1. de resc. vend. (18. 5). l. 95 §. ult. de solut. (46. 3). l. 35. R. J. (50. 17).

(7) Re nondum secuta, id est, neque pretio soluto, neque fundo tradito — integris omnibus — res integra — priusquam aliquid ex alterutra parte solveretur —

(8) L. 2. de resc. vend. — potest enim, dum res integra est, conventione nostra infecta fieri emtio, atque ita consistit posterior emtio, quasi nulla praecesserit.

blofsen Consense, sondern ist z. B. eine Leistung von einer oder beiden Seiten hinzugekommen, so kann der nachfolgenden Uebereinkunft die Wirkung der niemaligen Existenz des ersten Vertrags nicht beigelegt werden (9).

Nun wäre es immerhin möglich, dafs African diese Grundsätze auf den Unterwerfungsvertrag hätte anwenden wollen. Er hätte alsdann behauptet:

1) So lange der Unterwerfungsvertrag noch von keiner Seite erfüllt ist, d. h. so lange der Richter noch von keiner Seite um Rechtshülfe angegangen worden ist, können beide Theile durch Uebereinkunft (mutata voluntas) vom Unterwerfungsvertrag zurücktreten. Der Unterwerfungsvertrag wird als niemals geschlossen angesehen.

2) Ist aber der Vertrag erfüllt worden, d. h. haben beide Theile den Richter um Rechtshülfe angegangen, dann sind sie verpflichtet, den Vertrag und seine rechtlichen Wirkungen anzuerkennen (compellentur ejusmodi conventioni stare), und eine nachherige Uebereinkunft (mutata voluntas) kann sie von dieser Verpflichtung nicht befreien. Warum nicht?

Ein Vertrag, der von einer oder von beiden Seiten erfüllt ist, kann durch eine nachfolgende Uebereinkunft nicht ungeschehen gemacht werden. Ist der Unterwerfungsvertrag durch aditio des Richters erfüllt worden, so kann weder er noch die aditio durch eine nachfolgende Uebereinkunft ungeschehen gemacht werden. Kann aber die aditio nicht ungeschehen gemacht werden, dann ist auch ein Unge-

(9) Ib. Sed non poterimus eadem ratione uti post pretium solutum emtione repetita, quum post pretium solutum infectam emtionem facere non possumus.

schehenmachen ihrer rechtlichen Folgen unmöglich. Die rechtliche Folge der wissentlichen aditio eines gesetzlich incompetenten Richters ist aber die Competenz dieses Richters, und die rechtliche Folge der aditio eines competenten Richters ist dessen ausschliefsliche Competenz. Diese ausschliefsliche Competenz ist nicht etwa blofs eine relative, d. h. wenn eins von mehreren concurrirenden Gerichten angegangen worden ist, und der Kläger stellt nachher bei einem anderen concurrirenden Gerichte dieselbe Klage an, so hat der Beklagte die Incompetenzeinrede, exceptio litis pendentis; sondern sie ist eine absolute, d. h. mit der Anhängigmachung eines Processes an einem von mehreren concurrirenden Gerichten verlieren alle die concurrirenden, nicht angegangenen Gerichte ihre Competenz; sie sind zur Leistung der Rechtshülfe nicht mehr verpflichtet.

Dieses der gemeinen Ansicht widersprechende Resultat gewinnen wir aus folgender Betrachtung.

Die mehreren in einer Sache competenten, also die concurrirenden Gerichte erscheinen dem Kläger gegenüber als Schuldner. Zwischen diesen Obligationen besteht ein Zusammenhang, der in dem Gegenstand der Obligation liegt. Gegenstand der Obligation ist: Leistung der Rechtshülfe. Jedes Gericht mufs Rechtshülfe leisten. Ist aber die Rechtshülfe einmal geleistet, dann sind sämmtliche Obligationen erloschen, kein Gericht ist fernerhin verpflichtet. Die Leistung der Rechtshülfe besteht aus mehreren processualischen Handlungen des Richters, deren erste die Annahme der Klage, deren letzte die Realisirung des klägerischen Rechts oder die Abweisung der Klage ist. Die Rechtshülfe ist somit erst dann geleistet, wenn die letzte richterliche Handlung vorgenommen ist. Erst mit ihrer Vornahme würde also die Competenz der concurrirenden Gerichte erlöschen. Nun beginnt aber jeder Procefs mit der Erhebung und Annahme der Klage (10); ein anderer Beginn ist nicht denkbar. Wenn nun ein Kläger an einem der concurrirenden Gerichte Klage erhoben, und das Gericht die Klage angenommen hat, so kann der Kläger in derselben Sache ein anderes der concurrirenden Gerichte um Rechtshülfe nicht mehr angehen, denn eine reine Fortsetzung und Verpflanzung der Sache in der Lage, in der sie sich zuletzt am ersten Gerichte befand, an ein anderes Gericht ist nicht möglich; die Klage müfste an diesem Gericht von Neuem erhoben und angenommen werden. Zu einer neuen Annahme der Klage ist aber das Gericht nicht verpflichtet, weil derselbe Gegenstand bereits von einem anderen Solidarschuldner geleistet worden war, die Verbindlichkeit zur Annahme mithin bereits erloschen ist.

Hieraus ergibt sich also die Richtigkeit der oben aufgestellten Behauptung, dafs mit der Anhängigmachung eines Processes an einem von mehreren concurrirenden Gerichten die übrigen concurrirenden Gerichte ihre Competenz verlieren. Wenn nun mit der wissentlichen aditio eines gesetzlich incompetenten Richters die gesetzliche Competenz der übrigen Gerichte erlischt, so kann man in dieser Hinsicht allerdings von den Parthieen behaupten: dafs sie trotz einer nach der aditio des Richters geschlossenen Uebereinkunft compellentur, ejusmodi conventioni stare.

Allein wenngleich mit der aditio des Richters die

(10) Die Annahme der Klage manifestirt sich erst in der Mittheilung derselben an den Beklagten.

gesetzliche Competenz der concurrirenden Gerichte erlischt, so steht es doch, und ich wende mich nun zur Führung des Beweises, dafs l. 18. cit. nicht von einem beiderseitigen, sondern vom einseitigen Rücktritt redet, den Parthieen frei, auch nach der aditio einen neuen Unterwerfungsvertrag zu schliefsen, und einen neuen Gerichtsstand der freiwilligen Unterwerfung zu begründen, so dafs ein ehemals gesetzlich competentes Gericht Gerichtsstand der freiwilligen Unterwerfung werden kann. Ist dieses aber möglich, — und was sollte dem im Wege stehen — dann sind die Parthieen nicht genöthigt, ihren erstem Unterwerfungsvertrage nachzuleben, und ihren Rechtsstreit bei dem einmal angegangenen Richter fortzusetzen. Da aber l. 18. cit. eine Willensänderung vor der aditio für zulässig, nach der aditio für unzulässig erklärt, so sind wir auf die Annahme, unsere Stelle verstehe unter dem Ausdruck mutata voluntas eine einseitige Willensänderung, hingewiesen. So lange aber eine Parthie ihren Willen einseitig zu ändern befugt ist, so lange liegt kein gültiger Vertrag vor.

Unter der aditio des Richters ist natürlicherweise nicht das blose Erscheinen der Parthieen vor dem Magistrate, sondern dasselbe verstanden, was wir mit dem Ausdruck „Angehung des Richters“ zu bezeichnen pflegen, nämlich die an den Richter gestellte Bitte um Rechtshülfe, der dem Richter gegenüber erklärte Wille einer Parthie, dafs er ihren Rechtsstreit entscheide (11). Aditio ist demnach gleichbedeutend mit dem von den Gesetzen zur Begründung unseres Gerichtsstandes geforderten consensus, oder mit der subjectio.

(11) Ich erinnere an die Bedeutung der Ausdrücke : Aditio hereditatis und aditus arbiter. l. 21 §. 7. de recept. (4. 8).

Es bleibt uns jetzt noch die Beantwortung der Frage übrig, warum der Unterwerfungsvertrag nach älterem römischen Recht ungültig war. Diese Frage fällt mit der zusammen, warum die Unterwerfung der Parthieen unter den gesetzlich incompetenten Magistrat eine freiwillige sein mufste.

Eine Person steht zu dem competenten Magistrate in einem Unterthanenverhältnisse; ihre staatsbürgerliche Freiheit ist insofern beschränkt, als sie von diesem Magistrat Recht nehmen mufs. So viel competente Magistrate, so viele Unterthanenverhältnisse und Beschränkungen der staatsbürgerlichen Freiheit einer Person. Zu den incompetenten Magistraten steht sie in keinem Unterthanenverhältnisse; es ist daher eine Verletzung ihrer staatsbürgerlichen Freiheit, wenn ein gesetzlich incompetenter Magistrat sie gegen ihren Willen seinem Richterspruch unterwirft. Allein sie kann sich freiwillig dem incompetenten Magistrate unterwerfen, freiwillig ein Unterthanenverhältnifs begründen, und somit sich selbst eine Beschränkung ihrer staatsbürgerlichen Freiheit auflegen. Das ist z. B. dann der Fall, wenn sie an einem anderen Orte ihren Wohnsitz nimmt, indem mit der Gründung des Wohnsitzes verschiedene öffentliche Pflichten entstehen. Verträge jedoch, oder testamentarische Bestimmungen, welche eine Beschränkung der staatsbürgerlichen Freiheit der Personen bezwecken, sind ungültig (12). Dies wird uns ausdrücklich bezeugt:

l. 71 §. 2. de condit. (35. 1). Papinianus. l. 17. Quaest.

Titio centum relicta sunt ita: ut a monumento meo non recedat, vel: uti in illa civitate domicilium

(12) S. auch Savigny, System. VIII, S. 61.

habeat; potest dici, non esse locum cautioni, per quam jus libertatis infringitur; —

Das Vermögensinteresse, welches der zukünftige Kläger an der Existenz des Unterwerfungsvertrags hat, mufs nach älterem römischen Recht dem Interesse des Staates weichen.

B. Späteres römisches Recht.

Fortsetzung. — Gültigkeit des Unterwerfungsvertrags. — Grund der Gültigkeit desselben.

§. 13.

Justinian hat das ältere Recht geändert. Seine Aenderung besteht in der Erklärung der Gültigkeit des Unterwerfungsvertrags. Sie ist enthalten in :

1) l. 29. C. de pactis. (2. 3). Justinianus. (531).

Si quis in conscribendo instrumento sese confessus fuerit, non usurum fori praescriptione propter cingulum militiae suae, vel dignitatis, vel etiam sacerdotii praerogativam, licet antea dubitabatur : si oporteret eandem scripturam tenere : et eum, qui hoc pactus est, non debere adversus suam conventionem venire : vel licentiam ei praestare, discedere quidem ab scriptura, suo autem jure uti : sancimus, nemini licere adversus pacta sua venire, et contrahentes decipere. Si enim et ipso Praetoris Edicto, Pacta conventa, quae neque contra leges, neque dolo malo inita sunt, omnimodo observanda sunt : quare et in hac causa pacta non valeant : cum alia sit regula juris antiqui, omnes licentiam habere, his, quae pro se introducta sunt, renuntiare? Omnes itaque judices nostri hoc in litibus observent, et hujusmodi observatio, et ad pedaneos judices, et ad compromissarios, et arbitros electos perveniat, scituri, quod si neglexerint, etiam litem suam facere intelliguntur.

l. 51. C. de episc. et cler. (1. 3). Justinianus. (532).

Si quis in conscribendo instrumento sese confessus fuerit, non usurum fori praescriptione propter sacerdotii praerogativam : sancimus non licere ei adversus sua pacta venire, et contrahentes decipere : cum regula sit juris antiqui : omnes licentiam habere, his, quae pro se indulta sunt, renuntiare. Quam generalem legem in omnibus casibus obtinere sancimus, qui necdum per judicialem sententiam vel amicabilem conventionem sopiti sunt.

Mit voller Klarheit geht aus diesen Stellen hervor, dafs der Kaiser den aufsergerichtlichen Verzicht einer Parthie auf ihren privilegirten Gerichtsstand für gültig erklärte. Dies wird auch von Niemanden bestritten. Allein man verkannte die Absicht des Kaisers, das ältere Recht zu reformiren, und stellte als Regel des römischen Rechts die hin : der Vertrag, wodurch zwei Parthieen einen gesetzlich incompetenten Richter anzugehen sich verpflichten, ist ungültig (l. 18. de jurisd.); ein aufsergerichtlicher Verzicht auf einen privilegirten Gerichtsstand dagegen ist gültig (l. 29. C. de pact. l. 51. C. de episc. et cler.). Hiermit behauptet man denn eine innere Verschiedenheit beider Verträge.

Eine solche innere Verschiedenheit beider Verträge besteht aber in Wahrheit nicht, denn der aufsergerichtliche Verzicht auf den privilegirten Gerichtsstand ist nichts Anderes, als der Unterwerfungsvertrag, d. h. das acceptirte Versprechen einer Parthie, einem gesetzlich incompetenten Gerichte sich zu unterwerfen. Beweis : der privilegirte Gerichtsstand ist dasjenige Gericht, welches an die Stelle des gemeinen Gerichts tritt (1). Die gemeinen Gerichte, welche, wenn die Parthie nicht privilegirt wäre, competent sein würden, haben folglich gar keine Competenz über sie, nicht einmal eine blofs ruhende, vorläufig in ihrer Wirksamkeit unterdrückte, eventuelle. Das Privileg ist nicht etwa ein solches, welches dem Privilegirten blofs gestattet, sich dem gemeinen Richter zu entziehen (2). Wenn nun eine privilegirte Person auf ihren Gerichtsstand aufsergerichtlich verzichtet, so ist ihre

(1) Dies ist auch allgemein anerkannt. Linde, Lehrbuch. §. 97. „Der befreite Gerichtsstand der Personen tritt an die Stelle des allgemeinen Gerichtsstandes des Wohnsitzes." Bayer, Vorträge. §. 73. „Der gefreite Gerichtsstand einer Person vertritt für diese die Stelle des Gerichtsstandes des Wohnortes." Osterloh, Lehrbuch. §. 78. „Die befreiten Gerichtsstände schliefsen den die Regel bildenden gemeinen Gerichtsstand des Wohnorts aus und dienen also zu Ausfüllung der Lücken dieses Gerichtsstandes und zur Ergänzung des generellen Gerichtsstandes überhaupt." Grolman, Theorie. §. 43. „Diejenigen Klassen von Personen, welche man durch Befreiungen dem gewöhnlichen Richter entzogen, und einem besonderen Gerichte — unterworfen hat, u. s. w." U. A. m.

(2) Wäre es ein solches, dann könnte und müfste der Kläger den Beklagten immer zuerst vor den gemeinen Richter citiren, und der Beklagte müfste hier die Erklärung abgeben, ob er vor dem gemeinen oder dem privilegirten Gerichtsstand belangt werden wolle. Wäre es ein solches, dann könnte ferner der privilegirte Beklagte, an seinem privilegirten Gerichtsstande belangt, nicht genöthigt werden, denselben anzuerkennen; man müfste ihm vielmehr das Recht einräumen, die Verhandlung der Sache vor dem gemeinen Richter zu verlangen, da die Ausübung eines Rechts Niemanden zur Pflicht gemacht ist. Nach den im gemeinen Civilprocefs geltenden Grundsätzen aber kann, ja mufs der Kläger den privilegirten Gerichtsstand des Beklagten sofort angehen, und der privilegirte, an seinem privilegirten Gerichtsstand belangte Beklagte mufs sich daselbst einlassen; sein Privileg ist dem Kläger gegenüber demnach nicht allein Recht, sondern auch Pflicht.

Absicht darauf gerichtet, einem gemeinen gesetzlich incompetenten Gerichte sich zu unterwerfen. Diese Absicht kann ausdrücklich erklärt, und das Gericht, das den Rechtsstreit entscheiden soll, genannt werden. Wenn aber die Parthie lediglich „auf ihren privilegirten Gerichtsstand verzichtet" hat, dann müssen wir annehmen, sie habe sich denjenigen Gerichten unterworfen, die competent sein würden, wenn sie keine privilegirte Person wäre. Denn wir haben die Wahl nur zwischen dieser und der Annahme, die Parthieen beabsichtigten, den privilegirten Gerichtsstand in der Weise aufzuheben, dafs kein anderer an seine Stelle trete, oder jedes Gericht für competent zu erklären. Die zweite Absicht dürfen und werden die Parthieen nicht haben. Die dritte Absicht den Parthieen unterzuschieben, dazu sind wir nicht berechtigt, da die Lage des demnächstigen Beklagten, der an jedem beliebigen Gerichte dem Kläger zu Recht stehen müfste, doch eine allzuharte wäre, und nach allgemeinen von der Interpretation der Verträge geltenden Grundsätzen im Zweifel das Minimum als Absicht der Parthieen angenommen werden mufs. Es bleibt uns daher nur die erste Annahme übrig.

Der aufsergerichtliche Verzicht einer Parthie auf ihren privilegirten Gerichtsstand ist demnach das Versprechen einer Parthie, einem gesetzlich incompetenten Gerichte sich zu unterwerfen, ist der Unterwerfungsvertrag. Eine practisch wichtige Folge hiervon ist die, dafs nach erklärtem Verzichte nicht etwa die gesetzliche Competenz des betreffenden Gerichts wieder auflebt, sondern dafs dieses Gericht als Gerichtsstand der freiwilligen Unterwerfung erscheint.

Der Gang unserer Untersuchung mufs auf einige Zeit unterbrochen werden.

Ich habe nämlich oben behauptet, dafs Justinian das ältere Recht geändert, und erst er die Gültigkeit eines aufsergerichtlichen Verzichts auf den privilegirten Gerichtsstand ausgesprochen hat. Es scheint aber diese Behauptung unrichtig zu sein, wenn man zwei Stellen des älteren Rechts betrachtet.

L. 1. Si quis in jus voc. (2. 5). Ulpianus. l. 1. ad Edictum.

Si quis in jus vocatus fideijussorem dederit in judicio sistendi causa, non suppositum jurisdictioni illius ad quem vocatur : pro non dato fideijussor habetur : nisi suo privilegio specialiter renunciaverit.

L. 7 pr. qui satisdare non cog. (2. 8). Ulpianus. l. 14. ad Edictum.

Si fideijussor non negetur idoneus, sed dicatur habere fori praescriptionem, et metuat petitor, ne jure fori utatur : videndum, quid juris sit? et Divus Pius (ut et Pomponius libro epistolarum refert, et Marcellus libro 3. Digestorum, et Papinianus lib. 3. Quaestionum) Cornelio Proculo rescripsit, merito petitorem recusare talem fideijussorem : sed, si alias caveri non possit, praedicendum ei, non usurum eum privilegio, si conveniatur.

In beiden Stellen ist vom Gerichtsstande, von einem Privileg und von einem Verzicht auf dieses Privileg, nicht aber vom Verzicht auf den privilegirten Gerichtsstand die Rede. Betrachten wir den von diesen Stellen behandelten Fall etwas genauer.

Der in jus vocatus war der Nothwendigkeit, sofort Folge zu leisten, überhoben, wenn er versprach, an einem bestimmten Tage vor dem Prätor zu erscheinen, und diese Verbindlichkeit durch die Stellung eines Bürgen bekräftigte. Der Kläger aber mufste sich in der Regel nicht mit jedwedem Bürgen begnügen, sondern konnte einen solchen verlangen, der pro rei qualitate locuples (3) war, unter welchem man den verstand, der nicht blofs Sicherheit gewährte, sondern auch ohne Schwierigkeiten und Unbequemlichkeiten belangt werden konnte (4). Als locuples konnte mithin derjenige Bürge nicht angesehen werden, welcher vor dem Prätor, bei welchem der Hauptstreit verhandelt werden sollte, sich nicht belangen zu lassen brauchte. Dies war der Fall, wenn daselbst weder das forum originis, noch das forum domicilii, noch das forum contractus begründet war. Von einem Bürgen, der dem Prätor wegen Mangels eines Competenzgrundes nicht unterworfen war, reden unsere Stellen nicht; sie reden vielmehr von einem Bürgen, der kraft eines ihm zustehenden Privilegs den gesetzlich competenten Prätor anzuerkennen nicht verpflichtet war. Ein solches Privileg hatten zu Ulpians Zeiten die legati und andere Personen, die alterius negotii causa (5) nach Rom kamen, und sich dort zur Besorgung ihrer Geschäfte aufhielten. Zwar wird uns bezeugt, selbst von Ulpian, dafs diese privilegirten Personen, wenn sie während ihres Aufenthaltes in Rom contrahirt hatten (6),

(3) L. 1. in jus voc. ut eant. (1. 6).

(4) l. 2 pr. qui satisd. cog. (1. 8). Ulpianus. Fidejussor in judicio sistendi causa locuples videtur dari, non tantum ex facultatibus, sed etiam ex conveniendi facilitate.

(5) testimonii causa evocati — judicandi causa arcessiti, — qui provocavit, quoniam ob aliam causam venerit — tutelae reddendae causa — legationis causa. l. 2 §. 3. 4. de jud.

(6) L. 2 §. 4. de jud. Omnes autem isti domum revocant, si non ibi contraxerunt, ubi conveniuntur. Ceterum si contraxerunt ibi, revocandi jus non habent, exceptis legatis, qui, licet ibi contraxerunt, dummodo ante legationem contraxerunt, non compelluntur se Romae defendere, quamdiu legationis causa hic demorantur.

ihres Privilegs verlustig wurden. Sie verloren es folglich und mufsten das forum originis commune anerkennen, wenn sie sich in Rom verbürgten. Auch sagt uns dies ein anderer Jurist, der die rechtliche Nothwendigkeit der Anerkennung des forum originis auf den angegebenen Grund zurückführt :

l. 39 §. 1. de jud. Papinianus. l. 3. Quaestionum.

Qui legationis causa Romam venit, ex qualibet causa fideijubere potest : cum privilegio suo, cum sit in Italia contractum, uti non potest.

Allein Ulpian scheint diese fideijussio nicht in den Kreis der obligatorischen Geschäfte gezogen zu haben, deren rechtliche Folge die Verpflichtung zur Anerkennung des forum originis war. Vermuthlich meint er nur die Geschäfte, welche sich auf den Aufenthalt des Legaten beziehen, wie z. B. die über Speise, Trank, Wohnung u. s. w. eingegangenen Geschäfte. Die fideijussio aber stand aufser allem Zusammenhang mit dem Aufenthalt des Legaten in Rom (legationis causa).

Worin bestand nun das Privileg dieser Personen? Jeder römische Bürger, der in den Provinzen seine Heimath und seinen Wohnsitz hatte, und in Rom sich aufhielt, hatte möglicherweise 3 Arten von allgemeinen Gerichtsständen : an dem Orte seiner Heimath, wo er Bürger war (forum originis proprium), an dem Wohnorte (forum domicilii), und in Rom (forum originis commune). Sollte er verklagt werden, so hatte der Kläger die Wahl, an welchem Gerichtsstande er seine Klage anbringen wollte, und hatte er an einem die Klage angebracht, so mufste sich der Beklagte daselbst einlassen; der Beklagte konnte nicht verlangen, dafs der Kläger an einen anderen Gerichtsstand verwiesen werde; mit einem Worte, nicht dem

Beklagten, sondern dem Kläger stand das Wahlrecht unter den mehreren competenten Gerichten zu, wie auch noch h. z. T. der Kläger das Recht der Wahl zwischen dem forum domicilii und rei sitae oder contractus u. s. w. hat. Anders gestaltet sich die Sache, wenn der in Rom, im Bezirk des forum originis commune sich aufhaltende Beklagte ein Legat, oder eine andere oben näher bestimmte Person war. Wenn sie vor dem Prätor, der Competenz über sie hatte, klagend belangt wurde, so hatte sie das Recht, zu verlangen, daſs ihr Rechtsstreit nicht hier, sondern in ihrer Heimath, oder an ihrem Wohnorte verhandelt werde. Das ist das jus revocandi domum. Hiermit ist aber das Wahlrecht, das ordentlicher Weise dem Kläger gebührt, vom Gesetz dem Beklagten eingeräumt worden, und dieses macht den Inhalt des Privilegs aus.

Sehen wir uns, zum besseren Verständniſs des Gesagten, nach einem gleichen Privileg anderer Personen um.

Nach der Constantinischen Gerichtsverfassung konnte ein Kläger den Beklagten, statt ihn vor einem ordentlichen competenten Gerichte zu belangen, sofort und unmittelbar vor den Kaiser selber ziehen, der die Verhandlung der Sache besonders dann, wenn Gründe gegen die Verhandlung der Sache beim ordentlichen Richter vorhanden waren, übernahm. Für jeden Beklagten bestand also neben dem ordentlichen gesetzlichen Gerichtsstande auch noch ein gesetzlicher Gerichtsstand bei dem Kaiser. Der Kläger hatte die Wahl, welches von den competenten Gerichten er angehen wollte. Dieses Wahlrecht wurde aber dem Kläger entzogen und dem Beklagten eingeräumt, wenn dieser unmündig, eine Wittwe oder eine gebrechliche oder an langwieriger Krankheit leidende, eine s. g. mitleidswürdige Person war. Wurde sie am ordentlichen

Gerichte belangt, so hatte sie das Recht, die Entscheidung der Sache von dem Kaiser zu verlangen, und wenn sie anfangs vor diesem belangt worden war, so hatte sie, um mich des im früheren Rechte gangbaren Ausdrucks zu bedienen, das jus revocandi domum (7).

Wenn nun der als Bürge dargebotene Legat in Rom auf sein Privilegium verzichtet, so verzichtet er damit auf sein Wahlrecht; er räumt es wieder dem Kläger ein, und verspricht dadurch, den gesetzlich competenten Magistrat anzuerkennen, während der mit einem privilegirten Gerichtsstande versehene Beklagte, wenn er den gemeinen Richter anerkennen will, einem gesetzlich incompetenten Richter sich zu unterwerfen verspricht. Unsere beiden Stellen reden also nicht von einem aufsergerichtlichen Verzicht auf den privilegirten Gerichtsstand.

Wir haben bis jetzt nachgewiesen, dafs wir aus dem älteren Recht keine Zeugnisse über die Gültigkeit eines aufsergerichtlichen Verzichts auf den privilegirten Gerichtsstand besitzen, dafs das ältere Recht den Unterwerfungsvertrag für ungültig, dafs Justinian den aufsergerichtlichen Verzicht auf den privilegirten Gerichtsstand dagegen für gültig erklärte, und schliefslich, dafs dieser Verzicht nichts Anderes als der Unterwerfungsvertrag ist. Hiermit haben wir denn auch bewiesen, dafs das ältere Recht durch Justinian geändert, und nun der Vertrag der Parthieen, wodurch sie sich verpflichten, ihre Sache an einen anderen, als den gesetzlich competenten Richter zur Entscheidung zu bringen, vollkommen gültig ist.

Gehen wir nun zu mehrerer Bestärkung dieser unserer

(7) L. un. C. quando imp. inter pup. (3. 14). Constantinus.

Ansicht auf die beiden Stellen, welche die fragliche Umwandlung bewirkt haben, soweit es unser Zweck erfordert, näher ein.

Was in l. 51. C. de episc. et cler. gesagt ist, ist in der umfangreicheren l. 29. C. de pact. enthalten, weshalb uns lediglich diese als Gegenstand unserer Betrachtung dienen kann.

Zunächst kündigen uns die Worte : licet antea dubitabatur an, dafs man in früherer Zeit an der Gültigkeit eines aufsergerichtlichen Verzichts auf den privilegirten Gerichtsstand gezweifelt habe. Diese Worte scheinen mir aber nicht andeuten zu sollen, dafs unter den früheren Juristen die Ansicht von der Gültigkeit eines solchen Verzichts die bei weitem herrschende gewesen sei, und es nur einige Zweifler gegeben habe; nein, sie scheinen mir zu sagen, man habe an der Gültigkeit dieses Verzichts allgemein gezweifelt, d. h. man habe allmein die Gültigkeit dieses Verzichts in früherer Zeit in Abrede gestellt.

Warum bedient sich aber Justinian des Ausdrucks „dubitabatur", und nicht eines unserem „in Abrede stellen, verneinen" entsprechenden Ausdrucks?

Ich glaube, der Grund hiervon liegt darin, dafs Justinian zwischen dem „in Abrede stellen, verneinen" und dem „bezweifeln" einen Unterschied machte, und unter den ersteren Worten das auf eine sorgfältige Prüfung der einschlagenden Verhältnisse und Rechtssätze gegründete Leugnen, unter dem „bezweifeln" aber ein Leugnen versteht, dem jene sorgfältige Prüfung nicht vorausging. Nun war der Kaiser so sehr von der Richtigkeit seiner Ansicht überzeugt, dafs er nicht allein einen gegründeten Widerspruch für unmöglich, sondern auch jeden Widerspruch für die Folge einer gänzlichen Nichtberücksichtigung der einfachsten und bekanntesten Rechtssätze hielt. Mit den Worten licet antea dubitabatur will er also den früheren Juristen den Vorwurf machen, sie hätten ohne sorgfältige Prüfung, ohne Berücksichtigung ganz nahe liegender Rechtssätze die Gültigkeit eines (aufsergerichtlichen) Verzichts auf den privilegirten Gerichtsstand geleugnet. Als solche ganz nahe liegende, zur Gültigkeit jenes Verzichts führende Rechtssätze erscheinen ihm die Sätze des älteren Rechts: Pacta conventa, quae neque contra leges, neque dolo malo inita sunt, omnimodo observanda sunt, und omnes licentiam habere, his, quae pro se introducta sunt, renuntiare.

Allerdings kannte das ältere römische Recht diese Rechtssätze, und was insbesondere den letzteren betrifft, so haben ihn die früheren Juristen durchaus nicht ignorirt, wie Justinian annimmt; sie anerkannten sehr wohl die Gültigkeit eines Verzichts auf den privilegirten oder auf den gesetzlichen Gerichtsstand. Allein welcher Verzicht ist da gemeint? Nicht der aufsergerichtliche, vertragsmäfsige, sondern der Verzicht, der die Folge der Anerkennung (subjectio, aditio) eines gemeinen bezw. gesetzlich incompetenten Richters ist.

Indem Justinian den älteren Juristen, wenngleich in leisem Tone, den Vorwurf der Leichtfertigkeit machte, übersah er den staatsrechtlichen Grundsatz, der diese zur Erklärung der Ungültigkeit eines aufsergerichtlichen Verzichts auf den privilegirten Gerichtsstand bezw. des Unterwerfungsvertrags nöthigte, den Grundsatz nämlich, dafs eine Beschränkung der staatsbürgerlichen Freiheit durch Privatverträge unzulässig sei. Dieser Vorwurf und die Erklärung der Gültigkeit jenes Verzichts bezw. des Unterwerfungsvertrags liefern uns aber den Beweis, dafs zu Justinians Zeit die staatsbürgerliche Freiheit im Allgemeinen nicht mehr eine solche war, hinter welche im Falle der Collision das Privat- oder Vermögensinteresse zurücktreten mufste.

Der aufsergerichtliche Verzicht auf den privilegirten Gerichtsstand ist also von Justinian für gültig erklärt worden. Lag es nun auch in des Kaisers Absicht, den Unterwerfungsvertrag für gültig zu erklären, oder sollte dieser nach wie vor ungültig sein?

Sehen wir auch hier von dem Umstande ab, dafs der aufsergerichtliche Verzicht auf den privilegirten Gerichtsstand nichts Anderes als der Unterwerfungsvertrag ist, und dafs folglich mit der Erklärung der Gültigkeit jenes auch dieser für gültig erklärt worden ist, so kann doch die Antwort auf die gestellte Frage nicht zweifelhaft sein, wenn man des Kaisers Ausspruch und Motive: sancimus, nemini licere adversus pacta sua venire, et contrahentes decipere, wie es sich gebührt, würdigt.

Zur Bekräftigung der vorher aufgestellten Behauptung, dafs zu Justinians Zeit die staatsbürgerliche Freiheit im Allgemeinen nicht mehr eine solche war, hinter welche im Fall der Collision das Privat- oder Vermögensinteresse zurücktreten mufste, will ich ein anderes, ebenfalls in l. 29. C. de pactis enthaltenes Beispiel anführen.

Der Vertrag (8) der Parthieen, ihre Sache von einem Schiedsrichter entscheiden zu lassen, wird hier für gültig erklärt, und der Schiedsrichter angewiesen, den Theil,

(8) Zwar nicht der einfache, sondern der schriftlich geschlossene, eidlich bestärkte Vertrag, l. 4. C. de rec. arb. (2. 56), immerhin aber der Vertrag.

der sich auf die Unverbindlichkeit eines Compromissum beruft, zum Gehorsam anzuhalten:

Omnes itaque judices nostri hoc (sancimus, nemini licere adversus pacta sua venire, et contrahentes decipere) in litibus observent, et hujusmodi observatio, et ad pedaneos judices, et ad compromissarios, et arbitros electos perveniat, scituri, quod si neglexerint, etiam litem suam facere intelligantur.

Nach älterem römischen Rechte erzeugte nämlich der Compromifsvertrag keine Verbindlichkeit. Jeder Theil konnte einseitig zurücktreten, und den Rechtsstreit vor den Magistrat bringen.

L. 2. de recept., qui arb. (4. 8).

Ex compromisso placet exceptionem non nasci, sed poenae petitionem.

L. 30. eod.

Si quis rem, de qua compromissum sit, in judicium deducat: quidam dicunt, Praetorem non intervenire ad cogendum arbitrum sententiam dicere: quia jam poena non potest esse, atque si solutum est compromissum. Sed si hoc obtinuerit: futurum est, ut in potestate ejus, quem poenitet compromisisse, sit, compromissum eludere. Ergo adversus eum poena committenda est: lite apud judicem suo ordine peragenda.

Um die Parthieen zur Erfüllung ihres Versprechens anzuhalten, pflegte man der Uebereinkunft das Versprechen einer poena für den Fall der Nichterfüllung beizufügen. Der Grund der Ungültigkeit des compromissum war aber wohl kein anderer als der, dafs es das Versprechen des Verzichts auf die von den Organen des Staats zu leistende Rechtshülfe, auf ein öffentlich-rechtliches, jedem Römer zustehendes Recht, mithin eine Beschränkung der staatsbürgerlichen Freiheit enthält.

Das heutige Recht kennt vielfache Beschränkungen der staatsbürgerlichen Freiheit durch Privatverträge.

Ich will mich auf die Anführung zweier beschränken.

In den deutschen Verfassungsgesetzen ist dem Staatsbürger das Recht ertheilt, innerhalb des Staatsterritoriums nach Gefallen sich niederzulassen. Auf dieses öffentliche Recht kann man einem Dritten gegenüber verzichten, wenn dieser ein erlaubtes Vermögensinteresse daran hat, dafs man seinen einmal gewählten Wohnsitz nicht verlasse. Z. B. A schliefst mit B einen Vertrag, wodurch er sich auf längere Zeit zu den Geschäften eines Fabrikvorstehers verpflichtet. B findet es in seinem Interesse, dafs A in dem Fabrikgebäude wohne, und sich stets daselbst aufhalte, weil ihm nur dieser ständige Aufenthalt des A im Fabrikgebäude eine Garantie für die pünktliche und sorgfältige Vollziehung der Fabrikgeschäfte zu bieten scheint. Das Versprechen des A, während der ganzen Vertragszeit in jenem Gebäude zu wohnen, bezw. den Wohnsitz nicht zu ändern, halte ich für gültig, und wenn A vertragswidrig handelt, und sich in einem anderen Bezirke einen Wohnsitz gründet, so glaube ich, dafs er auf das Wohnen im rechtswidrig verlassenen Bezirke verurtheilt, und hierauf die Execution gerichtet werden kann.

Die Gewerbefreiheit ist dem Staatsbürger in deutschen Verfassungen ebenfalls garantirt. Man versteht darunter das öffentliche Recht des Staatsbürgers, ein Gewerbe zu betreiben. Allein es kommt häufig vor, dafs Fabrikeigenthümer, insbesondere, wenn die Art und Weise der Fabrikation eines Gegenstandes Geheimnifs jener ist, von denjenigen, die sie in ihren Dienst aufnehmen, sich versprechen lassen, dafs sie entweder nirgends oder doch nicht innerhalb eines gewissen Landes ein gleiches Geschäft errichten wollten. Auch diese Verträge halte ich für gültig, und die Gerichte tragen kein Bedenken, den vertragswidrig Handelnden auf Unterdrückung der errichteten Geschäfte zu verurtheilen.

Entgegenstehende Ansichten. — Widerlegung derselben.

§. 14.

Die Glosse fordert zur Begründung unseres Gerichtsstandes die Erklärung des Consenses der Parthieen in Gegenwart des Richters und zur Zeit der Litiscontestation (1). Vom Unterwerfungsvertrag kann, wenn die Litiscontestation noch nicht erfolgt ist, jeder Theil einseitig zurücktreten (2).

Das der Parthie bis zu diesem Zeitpunkt zustehende Recht der Willensänderung entnimmt die Glosse aus

l. 22 §. 5. sol. matr. (24. 3).

Eo autem tempore consentire patri filiam oportet, quo lis contestatur. Secundum hoc, si filia dicat, si patri consentire, et ante litiscontestationem mutaverit voluntatem, vel etiam emancipata sit : frustra pater aget (3).

In dieser Stelle findet sie den Satz : Quis potest poenitere ante litiscontestationem — angewendet, der ihr

(1) gl. Et consentiant. l. 1. de jud.

(2) ib. — gl. Adiretur. l. 18. de jurisd. Casus h. l.

(3) gl. Et consentiant. l. 1. de jud. — gl. Adiretur. l. 18. de jurisd.

ein allgemeiner und von den Gesetzen öfters ausgesprochener zu sein scheint (4), z. B. l. 25. de rei vind. (6. 1).

Is qui se obtulit rei defensioni sine causa, cum non possideret, nec dolo fecisset, quominus possideret : si actor ignoret, non est absolvendus : ut Marcellus ait. quae sententia vera est. Sed hoc post litem contestatam. Caeterum ante judicium acceptum non decipit actorem, qui se negat possidere : cum vere non possideat. nec videtur se liti obtulisse, qui discessit.

L. 112 pr. V. O.

Si quis stipulatus sit Stichum aut Pamphilum, utrum ipse vellet, quem elegerit, petet, et is erit solus in obligatione; an autem mutare voluntatem possit, et ad alterius petitionem transire, quaerentibus respiciendus erit sermo stipulationis, utrumne talis sit : quem voluero, an : quem volam; nam si talis fuerit : quem voluero, quum semel elegerit, mutare voluntatem non poterit; si vero tractum habeat sermo illius, et sit talis : quem volam, donec judicium dictet, mutandi potestatem habebit.

Der Grund, warum grade die Litiscontestation die zeitliche Grenze des Reuerechts bildet, soll darin liegen, dafs bis zu diesem Augenblicke die res noch integra sei, und re integra revocatur mandatum.

§. 9. J. de mand. (3. 26).

Recte quoque mandatum contractum, si, dum adhuc integra res sit, revocatum fuerit, evanescit.

L. 16. de procur. (3. 3).

Ante litem contestatam libera potestas est vel mutandi procuratoris, vel ipsi domino judicium accipiendi.

Angesichts der l. 2 §. 1. de jud., welche so entschie-

(4) gl. Mutaverit. l. 22 §. 5. cit.

den weiter nichts als den Consens der Parthieen zur Begründung unseres Gerichtsstandes fordert, erhebt die Glosse Zweifel gegen die Richtigkeit ihrer bisher dargestellten Ansicht.

Die auf Grund des Textes der Lex Julia : Quominus inter privatos conveniat gegebene Entscheidung Ulpians : sufficit ergo privatorum consensus — begleitet sie mit der Bemerkung : Etsi praetor non est praesens, patitur tamen post ante se litem contestari (5),
und ist der Ansicht, dafs der Jurist die Litiscontestation als geschehen unterstelle (6).

Was das Verhältnifs der l. 29. C. de pact. zur l. 18. de jurisd. anlangt, so glaubt die Glosse, dafs diese Stellen von zwei verschiedenen Verträgen handelten. Sie spricht sich über dieses Verhältnifs folgendermafsen aus :

Dic ergo, quod hic fuit pactum, quod fieret judex, qui non erat : quod erat grave. ibi autem ut non esset, qui erat : quod erat levius : ut in scholaribus patet, qui plures habent judices : et uni eorum renunciare possunt. et ut sub praeside sint, consentire : quia et eorum judex ipse est (7).

Gulielmus verstand unter der aditio des Richters das Erscheinen (repraesentare) der Parthieen vor dem Richter (8), oder die Ueberreichung des Klaglibells (9), und forderte daher den Consens der Parthieen zu dieser Zeit. Seine Ansicht wird aber von der Glosse verworfen (10).

(5) gl. Privatorum. l. 2 §. 1. de jud.

(6) gl. Jurisdictionem. ib. Hic est argumentum, quod etiam ante lit. cont. est jurisdictio. Sed dic, hic forte lite contestata.

(7) gl. Stare. l. 18. de jurisd.

(8) gl. Adiretur. ib.

(9) gl. Detegit. §. Tertium. l. 15. eod.

(10) ib. §. ult.

Einige Glossatoren hatten ganz richtig erkannt, dafs l. 18. de jurisd. denselben Vertrag im Auge habe, wie l. 29. C. de pact. bezw. dafs zwischen dem Unterwerfungsvertrag und dem aufsergerichtlichen Verzicht auf den privilegirten Gerichtsstand keine innere Verschiedenheit obwalte. Sie verkannten aber Alle, dafs l. 29. C. ein reformirendes Gesetz sei, und suchten daher den Widerspruch beider Stellen auf andere Weise aufzuheben.

So glaubte man, der Unterwerfungsvertrag in l. 29. C. sei gültig, der in l. 18. ungültig, weil jener schriftlich, dieser mündlich abgeschlossen worden sei (11). Die Glosse legte aber auf das Moment der Schriftlichkeit keinen Werth, gemäfs

l. 17. C. de pact.

Pactum quod bona fide interpositum docebitur, etsi scriptura non existente, tamen, si aliis probationibus rei gestae veritas comprobari potest, praeses provinciae secundum jus custodiri efficiet (12).

Andere glaubten, l. 29. C. spreche aus, dafs der Beklagte nicht zurücktreten könne, und in l. 18. sei dem Kläger das Rücktrittsrecht eingeräumt (13). Dieser Ansicht wird jedoch von der Glosse (14) die Rechtsregel : Non debet actori licere, quod reo non permittitur (15) entgegengehalten.

Ich wende mich nun zur Widerlegung der von der Glosse und ihren Vorgängern aufgestellten Ansichten.

(11) gl. Stare l. 18. de jurisd.

(12) ib.

(13) ib. So verstehe ich die Worte : Alii, illud in reo : hoc in actore.

(14) ib.

(15) l. 41 pr. R. J.

Was zunächst die Ansicht, dafs zur Begründung unseres Gerichtsstandes die Erklärung des Consenses der Parthieen in Gegenwart des Richters und zur Zeit der Litiscontestation, und folglich die Behauptung, dafs bis zur Litiscontestation jeder Theil einseitig seine einmal gegebene Einwilligung widerrufen könne, betrifft, so ist es nicht schwer, ihre Entstehung nachzuweisen. Der Gang, den die Glosse zur Erreichung dieses Resultats eingeschlagen hat, ist ein rein äufserlicher, nur durch Worte fixirter, jeder inneren Erkennung concurrirender Rechtsverhältnisse sich entschlagender.

Die Erklärung des Consenses der Parthieen in Gegenwart des Richters wird nämlich gefordert, weil es, nach einer unzweifelhaft richtigen Lesart, in l. 15. de jurisd. heifst : consensisse eos in praesentem.

Das „convenire" ist gleichbedeutend mit „consentire", nach den Worten der l. 2 §. 1. de jud. : Quominus inter privatos conveniat. Sufficit ergo privatorum consensus. War der Consens einmal erklärt (Si convenerit, ut alius praetor, quam cui jurisdictio esset, jus diceret), so findet ein Widerruf desselben bis zur aditio des Richters statt (Et priusquam adiretur, mutata voluntas fuerit : proculdubio nemo compelletur, ejusmodi conventioni stare). Es wird sonach die Erklärung des Consenses zur Zeit der aditio gefordert. Welcher Zeitpunkt, bezw. welche processualische Handlung ist aber unter dieser aditio zu verstehen? Diese Frage fällt mit der allgemeinen zusammen : Bis zu welchem Zeitpunkt kann eine Parthie, deren Consens im Processe gefordert wird, ihren einmal gegebenen Consens ändern, widerrufen? Um diese Frage zu beantworten, sah sich die Glosse nach Stellen um, in welchen, wie in l. 18. de jurisd. der Consens (consentire) einer

Parthie gefordert, eine mutatio voluntatis gestattet, und der Zeitpunkt, bis zu welchem diese Willensänderung zulässig sei, bestimmt wird. Sie fand l. 22 §. 5. sol. matr. Hier ist der fragliche Zeitpunkt die Zeit der Litiscontestation. Unter der aditio des Richters ist demnach die Litiscontestation zu verstehen. Folglich findet bei unserem Gerichtsstand ein Widerruf des einmal gegebenen Consenses bis zur Litiscontestation statt, bezw. zur Begründung unseres Gerichtsstandes wird der Consens der Parthieen zur Zeit der Litiscontestation gefordert.

Dieses rein äufserlich gewonnene Resultat sucht nun die Glosse, mit Berufung auf einige Stellen, durch den Satz : Quis potest poenitere ante litiscontestationem, d. h. so lange res integra ist, innerlich zu begründen. Dafs in den von der Glosse citirten Stellen und in den daselbst aufgeführten Fällen eine Willensänderung bis zur Litiscontestation für zulässig erklärt worden sei, kann sowenig bestritten, wie die Richtigkeit jenes Satzes in seiner Allgemeinheit behauptet werden. Der Grund, warum bis zur Litiscontestation das mandatum revocirt, die Erklärung des Beklagten, dafs er nicht besitze, abgegeben, bei alternativen Forderungen die Wahl geändert werden konnte, ist der, dafs erst mit der Ertheilung der formula das zwischen den Parthieen bestehende streitige Rechtsverhältnifs processualisch festgestellt war. Der Gerichtsstand ist aber kein Rechtsverhältnifs zwischen den Parthieen, sondern ein Rechtsverhältnifs zwischen jeder Parthie und dem Magistrat, und unterliegt sonach nicht den über jenes geltenden Grundsätzen.

Was ferner die Behauptung der Glosse, dafs der Consens der Parthieen in Gegenwart des Richters erklärt werden müsse, betrifft, so stimme ich derselben wohl bei, — ich behauptete sogar, der Consens müsse dem Richter gegenüber erklärt werden — bestreite jedoch, dafs jene Behauptung in den Worten: consensisse eos in praesentem der l. 15. de jurisd. eine Stütze findet. Die Frage nämlich, welche in dieser Stelle zur Entscheidung gebracht werden soll, ist die: ob zur Begründung des Gerichtsstandes der freiwilligen Unterwerfung der Consens im weiteren oder engeren Sinne gefordert werde, d. h. ob der Wille, dafs ein gewisser Magistrat die Sache entscheide, hinreiche, oder ein mit diesem Willen verbundenes Wissen, dafs dieser Magistrat gesetzlich incompetent sei, nöthig wäre. Vergleichen wir den Magistrat mit einer Sache, welche Gegenstand eines Kaufgeschäfts ist, so würde die Frage entstehen, ob der Consens der Parthieen blos über das corpus oder auch über die substantia vorhanden sein müsse (16). Das corpus ist die Person des Magistrats; die substantia ihre Eigenschaft als praetor urbanus oder peregrinus. Statt des Ausdrucks corpus bediente sich unsere Stelle des Ausdrucks praetor praesens, und dann gewinnen die Worte: consensisse eos in praesentem die Bedeutung: Beide haben gewollt, dafs der Magistrat ihre Sache entscheide, den sie im Auge haben, in dessen Ge-

(16) l. 9 §. 2. de contr. emt. (18. 1). Inde quaeritur, si in ipso corpore non erratur, sed in substantia error sit, ut puta, si acetum pro vino veneat, aes pro auro, vel plumbum pro argento, vel quid aliud argento simile, an emptio et venditio sit? Marcellus scripsit libro sexto Digestorum, emptionem esse et venditionem, quia in corpus consensum est, etsi in materia sit erratum. Ego in vino quidem consentio, quia eadem prope οὐσία, id est, substantia est: si modo vinum acuit: caeterum si vinum non acuit, sed ab initio acetum fuit, ut embamma, id est intinctus, aliud pro alio venisse videtur. In caeteris autem nullam esse venditionem puto, quoties in materia erratur.

genwart sie sich befinden. Hätte der Jurist zu sagen beabsichtigt: die Parthieen haben in Gegenwart des Prätors ihren Consens erklärt, so hätte er nicht sagen dürfen: consensisse eos in praesentem, sondern consensisse eos praetore praesente.

Die Ansicht der Glosse über das Verhältnifs der l. 18. de jurisd. zur l. 29. C. de pact. kann ich übergehen; ebenso die Ansicht des Gulielmus über das Erfordernifs des Consenses, und die Behauptung einiger Glossatoren, der Unterwerfungsvertrag binde nur den künftigen Beklagten, den Kläger dagegen nicht.

Fortsetzung. Schriftliche Abfassung des Unterwerfungsvertrags.

§. 15.

Zu berücksichtigen ist aber die Meinung einiger Glossatoren, dafs nur der schriftlich abgefafste Unterwerfungsvertrag gültig sei.

Diese Meinung hat allerdings und zunächst für sich, dafs in den beiden Stellen, aus welchen wir die Gültigkeit des Unterwerfungsvertrags im neueren Recht entnommen haben, von einem schriftlich abgefafsten Unterwerfungsvertrag die Rede ist (Si quis in conscribendo instrumento sese confessus fuerit, non usurum fori praescriptionem — licet antea dubitabatur: si oporteret eandem scripturam tenere — vel licentiam ei praestare, discedere quidem ab scriptura). Der Beweis, dafs Justinian jeden, auch den mündlich geschlossenen Unterwerfungsvertrag gemeint habe, liegt demnach nicht denjenigen Juristen ob, welche die Justinianeische Neuerung nur auf eine species der Unterwerfungsverträge, auf den schriftlich geschlossenen, beziehen, sondern uns, die wir die Erstreckung dieser Neuerung auf das genus der Unterwerfungsverträge behaupten. Allerdings liefert die allgemeine Regel der von der Glosse angeführten l. 17. C. de pact., wonach, was die Gültigkeit der Verträge anlangt, der schriftliche Abschlufs nicht nöthig ist, einigen Beweis für die Richtigkeit unserer Behauptung. Allein Justinian könnte für unsern Vertrag eine Ausnahme von der allgemeinen Regel statuirt, und nur vergessen haben, die Schriftlichkeit ausdrücklich zu fordern, im Glauben, mit den über die Schriftlichkeit in den genannten Gesetzen gethanen Aeufserungen sich begnügen zu können. Um darüber keinen Zweifel obwalten zu lassen, wollen wir uns der Untersuchung der angeregten Frage des Weiteren unterziehen.

Für das Erfordernifs der Schriftlichkeit spricht die Analogie des Compromifsvertrags, der zu seiner Gültigkeit einer schriftlichen Abfassung bedarf (1). Er erzeugte nach früherem Rechte keine Verbindlichkeit der Contrahenten, ihre Streitsache vor den Schiedsrichter zur Verhandlung und Entscheidung zu bringen, weil sonst die staatsbürgerliche Freiheit des römischen Bürgers, dessen öffentliches Recht, von den Gerichten des Staats Rechtshülfe zu verlangen, verletzt worden wäre. Justinian erklärte ihn, wenn er schriftlich geschlossen, für gültig. Unser Unterwerfungsvertrag war wegen der in ihm enthaltenen Beschränkung der staatsbürgerlichen Freiheit der Contrahenten ebenfalls ungültig. Auch ihn erklärte der Kaiser, wenn er schriftlich geschlossen war, für gültig. Nun könnte man annehmen, der Grund, warum beide

(1) l. 4. C. de recept. arbitr. (2. 56).

Verträge nur für den Fall ihrer Schriftlichkeit für gültig erklärt worden seien, wäre der, dafs Justinian nur für diesen Fall eine Beschränkung der staatsbürgerlichen Freiheit zulassen wollte. Für diese letztere Annahme kann ich keinen Grund finden, halte sie auch für unwahrscheinlich, da, wie ich oben dargethan zu haben glaube, der Kaiser auch nicht die leiseste Ahnung davon hatte, dafs die rechtliche Unmöglichkeit einer Beschränkung der staatsbürgerlichen Freiheit durch Privatverträge der die rechtliche Existenz des Unterwerfungsvertrags hindernde Grund gewesen war.

Forschen wir nach dem Grunde, welcher den Kaiser bewogen hat, die Perfection des Compromifsvertrags an die schriftliche Form zu knüpfen, und untersuchen dann, ob der hier gefundene Grund auch als Grund des Erfordernisses der schriftlichen Abfassung des Unterwerfungsvertrags gelten kann.

Justinian selbst gibt uns jenen Grund an.

L. 4 §. 5. C. de recept. arbitr. (2. 56).

Sin autem in scriptura quidem aut depositione nihil tale apparuerit, una autem pars dicat, juramentum esse praestitum, quatenus arbitrali stetur sententiae : hujusmodi litigatorum, vel solius arbitri sermones minime esse credendos : cum et si quis juramentum datum esse non judice supposito, nec hoc scriptura partium testante concesserit : incerti certaminis compositio (quae inter homines imperitos saepe accidit) non aliquid vigoris rebus judicatis inferat, sed in hujusmodi casu haec obtineant, quae Veteres super arbitris eligendis sanxerunt.

Zur Perfection des Compromifsvertrags gehörten nach Justinianeischem Rechte Eid und Schrift. Die Parthieen beschworen, dem Ausspruch des Schiedsrichters sich zu unterwerfen (2). Kamen die Parthieen überein, dafs auch der Schiedsrichter eidlich versprechen sollte, den Rechtsstreit nach bestem Wissen und Gewissen zu entscheiden (3), so waren zwar die Parthieen an diese Uebereinkunft vorerst gebunden, allein perfect war sie doch erst, wenn der Schiedsrichter den Eid geleistet hatte (4). Der Eid der Parthieen und bezw. des Richters war jedoch nicht genügend. Es mufste noch hinzukommen die in einer Privat- oder öffentlichen Urkunde, oder bei den Acten des Schiedsrichters abgegebene Erklärung der Parthieen (5), dafs sie beschworen hätten, ihren Rechtsstreit an einen gewissen Schiedsrichter zur Entscheidung zu bringen. Erst hiermit war der Compromifsvertrag perfect.

Bis zu Justinian galt der Grundsatz des älteren Rechts, dafs der Compromifsvertrag, er mochte in einer Form abgeschlossen sein, in welcher er wollte, für die Parthieen die Verbindlichkeit, dem Schiedsrichter sich zu unterwerfen, nicht erzeugte. Justinian schrieb dem eidlich bestärkten diese Wirkung zu. Nicht dem einfachen Compromifsvertrag, — für den vielmehr die Regel des alten Rechts fortbestehen blieb, — offenbar wegen der Gefahr, die mit einer solchen Satzung verbunden ist. Wie leicht kann es nämlich vorkommen, dafs zwei streitende Theile, von denen jeder im Recht zu sein behauptet, im Eifer des Gesprächs sich an einen unbetheiligten Dritten mit dem Wunsche, dafs er seine Meinung über den Rechts-

(2) l. 4 §. 2. eod. — ut arbitri sententiae stetur, et in praesenti casu omnimodo definitionem arbitri immutatam servari.

(3) l. 4 §. 1. eod. — quod et ipse arbiter juramentum praestiterit super lite cum omni veritate dirimenda.

(4) ib.

(5) ib. §. 2. eod.

streit sage, zu wenden versprechen. Es wird in den meisten Fällen unmöglich sein, zu erforschen, ob die Absicht der streitenden Theile auf Bestellung eines Schiedsrichters und darauf gerichtet gewesen, sich dem Urtheil desselben zu unterwerfen, oder darauf, das Urtheil eines unbefangenen Dritten zur Rechtfertigung des Anspruchs gegenüber dem Gegner zu benutzen. Der Parthieeneid bot sich als eine Garantie für die ernstliche Absicht der Constituirung eines Schiedsgerichts dar. Des Eides hätte es übrigens nicht bedurft, sondern nur einer andern Form, wie Schriftlichkeit oder Zuziehung von Zeugen. Allein der Kaiser konnte sich noch nicht losmachen von der Idee, dafs der Vertrag eine Verbindlichkeit der Parthieen, dem Ausspruch des Schiedsrichters sich zu unterwerfen, nicht erzeuge. Da griff er denn zum Eide, der das Unmögliche möglich machen sollte.

Warum bedurfte es aber zur Gültigkeit des Compromifsvertrags noch jener oben genannten Urkunde, in welcher die Erklärung der Parthieen, dafs sie den Compromifsvertrag beschworen, bezw. der Schiedsrichter seine Pflichten eidlich erhärtet habe, enthalten war?

Der Schiedsrichter ist berechtigt und verpflichtet zur Verhandlung und Entscheidung nur derjenigen Sachen, welche ihm von beiden Parthieen angetragen worden sind, und die er angenommen hat. Jede Ueberschreitung der von dem gemeinsamen Willen der Compromittirenden seiner Thätigkeit gezogenen Grenzen ist nichtig (6).

(6) l. 32 §. 15. de recept. arbitr. (4. 8). De officio arbitri tractantibus sciendum est, omnem tractatum ex ipso compromisso sumendum: nec enim aliud illi licebit, quam quod ibi, ut efficere possit, cautum est. Non ergo quodlibet statuere arbiter poterit, nec in qua re libet, nisi de qua re compromissum est, et quatenus com-

Selbst über diejenigen Punkte und Sachen, die mit der Hauptsache in Verbindung stehen, und welche der Richter des Staats seiner Beurtheilung unterziehen würde, darf der Schiedsrichter nicht urtheilen, wenn sich nicht mit voller Bestimmtheit der zustimmende Wille der Parthieen ergeben sollte. Sed est tutius, si quis de certa re compromissum facturus sit, de ea sola exprimi re in compromisso. l. 21 §. 6 in f. de recept. arbitr. Der Richter des Staats darf und mufs die Frage, ob er in der an ihn gebrachten Rechtssache competent sei, beurtheilen; der Schiedsrichter, der zur Behandlung und Entscheidung einer bestimmten Sache eingesetzt ist, darf aus dem angeführten Grunde die Frage nach seiner Competenz nicht untersuchen. Und da in der Frage nach seiner Competenz die Frage, ob der Compromifsvertrag gültig sei, enthalten ist, so darf er über die Gültigkeit oder Ungültigkeit des Compromifsvertrags keine Verhandlungen einleiten und Entscheidungen treffen. Diefs heifst aber nur soviel als: die vor den Schiedsrichter gezogene, die Ungültigkeit des Compromifsvertrags behauptende Parthie ist nicht schuldig, das ihrige zur Aufklärung des Competenzverhältnisses beizutragen. Wohl aber kann der Schiedsrichter, wenn er den Compromifsvertrag und das receptum für gültig und wirksam zu halten Gründe hat, seine aus dem receptum entstandenen Forderungen gegen den die Nichtentstehung der fraglichen Verträge behauptenden bezw. den

promissum est. §. 21. Arbiter nihil extra compromissum facere potest. l. 21 §. 6 in f. eod.

die Ungültigkeit oder Nichtmehrexistenz jener Verträge excipirenden Theil geltend machen, wenn der andere Theil auf Erfüllung der schiedsrichterlichen Pflichten dringt. Der Procefs darf durch die fraglichen Einwände des einen der Compromittirenden keinen Verzug erleiden. Nimmt dieser dennoch Theil am Verfahren, so kann er den später folgenden Schiedsspruch wegen Nichtigkeit anfechten. Nimmt er aber keinen Antheil am Processe, so verliert er seine Einreden, Beweise u. s. w., und kommt zu Schaden, wenn sich nach Beendigung des schiedsrichterlichen Verfahrens die Gültigkeit der fraglichen Verträge vor dem Richter des Staats herausstellt.

Ich darf hierbei nicht unerwähnt lassen eine theilweise entgegenstehende Ansicht zweier oberster Gerichte in Deutschland. Das Obertribunal zu Berlin erkannte (7): der Schiedsrichter ist nicht befugt, über die Einrede der

(7) Erkenntnifs vom 17. Juni 1856. Seufferts Archiv Bd. 12. Heft 1. N. 81. Ich mufs diese Ausführung, ihrer Gröfse wegen, in den Text aufnehmen. Das O. A. G. zu München sprach sich in einem Erkenntnifs vom 28. Januar 1848 dahin aus: Jedes Compromifs setzt vor allem einen rechtsbeständigen Vertrag zwischen denjenigen voraus, welche sich ihm freiwillig unterwerfen; entsteht aber die Frage über den Rechtsbestand des Compromifsvertrages selbst, so kann hierüber schon nach allgemeinen Grundsätzen nicht das Schiedsgericht, sondern es mufs der ordentliche Richter entscheiden. — Es wäre an sich unnatürlich und eine sich im Kreise bewegende Verkettung von Einrichtungen, wenn ein Schiedsgericht durch Vertrag oder vertragsmäfsigen Willensact geschaffen und ihm zugleich die Wirkung beigelegt werden sollte, über die Regelmäfsigkeit und verbindliche Kraft der Erlasse, denen es seine eigne Schöpfung verdankt, selbst wieder zu urtheilen. (Bl. für Rechtsanwendung Bd. 13. S. 414—415.) Seufferts Arch. a. a. O.

Ungültigkeit des Compromisses zu entscheiden, die Entscheidung darüber gebührt vielmehr ausschliefslich dem ordentlichen Richter. Rechtfertigung: die Richtigkeit jenes Grundsatzes folgt aus der Natur des Compromisses. Der Schiedsrichter erhält seine Berechtigung, den Streit der Parthieen zu entscheiden, nicht wie der ordentliche Richter, vermöge einer kraft Bestallung auszuübenden, öffentlichen Function, sondern auf Grund des Vertrages, also des übereinstimmenden Willens der Parthieen. Die Existenz dieses Vertrages mufs feststehen, ehe der Schiedsrichter überhaupt die Befugnifs hat, eine Entscheidung der Sache auszusprechen. Die Existenz des Vertrages ist nicht blos davon abhängig, dafs in einer formell gültigen Urkunde der Schiedsrichter als solcher von den Parthieen constituirt worden; sondern die Rechtsgültigkeit dieser Constituirung wird nicht minder erfordert, um die rechtliche Existenz des Compromisses, welche die Competenz des Schiedsrichters bedingt, zu constatiren. Liegen z. B. Mängel in der persönlichen Fähigkeit der contrahirenden Theile, Hindernisse in der Person des gewählten Schiedsrichters vor, fällt der klagend geltend gemachte Anspruch nicht unter den vertragsmäfsigen Kreis seiner Wirksamkeit, so wird hierdurch seine Cognition ebensogut ausgeschlossen, als wenn ein Compromifsvertrag gar nicht abgeschlossen wäre. Ob ein Grund der Ungültigkeit des Compromisses wirklich vorhanden, ist eine Frage, welche, wenn sie unter den Parthieen streitig wird, nicht anders als durch richterliche Entscheidung beantwortet werden kann. Diese Entscheidung aber zu geben, dazu ermächtigt das Compromifs den Schiedsrichter nicht; — bis hierher bin ich mit der Ausführung in der Sache einverstanden. Das Obertribunal fährt aber fort: — er würde sich in einem Cirkel bewegen, wollte er selbst die Bedingung als vorhanden feststellen, von der allein sein Recht, überhaupt irgend etwas unter den Parthieen festzustellen, abhängig ist; mithin darf, sobald eine Parthie den Einwand der Ungültigkeit des Compromisses aufstellt, der Schiedsrichter nicht über diesen Einwand erkennen, sondern er mufs sich des weiteren Verfahrens in der Sache enthalten, bis die Vorfrage selbst durch richterliche Entscheidung beantwortet worden ist. Die Uneinigkeit der Parthieen über die Frage der Existenz eines gültigen Compromifsvertrages hemmt jede weitere Function des Schiedsrichters, dessen Competenz als Richter eben durch den Vertrag, d. h. durch die unzweideutige Uebereinstimmung der Parthieen bedingt ist. Wenn daher auch Schiedsrichter zufolge gesetzlicher Bestimmung bei der Erörterung und Entscheidung der Sache die Vorschriften der Landesgesetze befolgen sollen, so kann doch diejenige Vorschrift, nach welcher ein ordentlicher Richter über seine Competenz zu erkennen hat, nicht als hierunter mitbegriffen angesehen werden. Diese Vorschrift bezieht sich ihrer Natur nach eben nur auf den ordentlichen Richter und dessen Befugnifs, welche eine Folge seiner staatlichen Stellung, seiner allgemeinen Berechtigung, bei ihm angebrachte Klagen unter Vorbehalt des Instanzenzuges zu entscheiden, ist. Das Gesetz räumt ihm das Recht ein, selbst zunächst darüber zu befinden, ob seine im allgemeinen vorhandene Berechtigung zum Urtheilen auch in dem concreten Falle Platz greife. Dem Schiedsrichter fehlt die staatliche Stellung, die allgemeine Berechtigung zum Urtheilen; sie mufs bei ihm erst vermöge eines gültigen Compromifsvertrages festgestellt werden.

Das Obertribunal hat vollkommen Recht, wenn es sagt, dafs die Competenz des Schiedsrichters „durch den Vertrag, d. h. durch die unzweideutige wechselseitige Uebereinstimmung der Parthieen bedingt sei", und dafs „sobald eine Parthie den Einwand der Ungültigkeit des Compromisses aufstelle, der Schiedsrichter nicht über diesen Einwand erkennen dürfe." Allein es irrt darin, dafs es unter der unzweideutigen wechselseitigen Uebereinstimmung der Parthieen eine fortdauernde versteht, und behauptet, der Schiedsrichter müsse sich, wenn der Einwand der Ungültigkeit des Compromifsvertrags von einer Seite erhoben sei, des weiteren Verfahrens in der Sache enthalten, bis die Vorfrage selbst durch richterliche Entscheidung beantwortet worden sei.

Machen wir uns zunächst die Rechtsverhältnisse klar, welche hier concurriren. Zwischen den Parthieen besteht ein Vertrag, durch den sie sich verpflichtet haben, ihren Rechtsstreit von einem gewissen Schiedsrichter entscheiden zu lassen. Zwischen den Parthieen einerseits und dem Schiedsrichter andererseits besteht ebenfalls ein Vertrag, durch welchen dieser zur Entscheidung sich verpflichtet hat und berechtigt ist. Er ist berechtigt, von den Parthieen gewisse quasi processualische Handlungen zu fordern. Er ist Gläubiger. Es entscheiden daher hier die über Obligationen und insbesondere über Verträge bestehenden Grundsätze.

Wenn nun Jemand von einem Andern eine angeblich fällige Leistung fordert, und dieser bestreitet entweder die Fälligkeit der Schuld, oder die Gültigkeit des Vertrags, so tritt, wenn die Gültigkeit des Vertrags und die Fälligkeit der Schuld zur Zeit der Interpellation in einem nachfolgenden Processe vom Richter rechtskräftig ausgesprochen wird, die Verbindlichkeit und die Wirkung der mora (wenn deren übrige Voraussetzungen vorhanden sind) nicht erst jetzt, im Moment der Rechtskraft ein, sondern das richterliche Erkenntnifs spricht aus, dafs der Vertrag gültig abgeschlossen, und die Schuld zur Zeit der Interpellation fällig gewesen sei. Die mora ist zur Zeit der Interpellation eingetreten, und von da an datiren ihre Wirkungen. Wenden wir das Gesagte auf die aus dem receptum entstehende Obligation an, so müssen wir zu folgendem Resultate gelangen: Wenn Jemand, angeblich als Schiedsrichter einen Andern, angeblich als Compromittirenden zur Antwort auf die erhobene Klage auffordert, dieser aber verweigert die Antwort, die Ungültigkeit des Compromifsvertrags vorschützend, und hinterher spricht der Richter des Staats die Gültigkeit jenes Vertrags und die Fälligkeit der Schuld zur Zeit der Aufforderung aus, dann beginnen die Wirkungen der mora (wenn deren übrige Voraussetzungen vorhanden sind) mit dem Ablauf der dem Beklagten verstatteten Frist zur Beantwortung der Klage. Die Wirkung der mora im Processe, d. h. der contumacia ist die, dafs der Beklagte mit seiner Vertheidigung ausgeschlossen wird. Aus allem diesem geht hervor, dafs die von einem Schiedsrichter vorgenommenen Handlungen nicht schon deswegen nichtig sind, weil eine Parthie die Ungültigkeit des Compromifsvertrages einwendete.

Zu diesem Resultat gelangen wir, wenn wir das compromissum als ein Institut betrachten, bei welchem lediglich die Grundsätze von Obligationen in Betracht kommen.

Allein es ist auch ein quasiprocessualisches Institut (8), und unterliegt somit im Allgemeinen processualischen Grundsätzen. Hiernach befreit die Incompetenzeinrede den Beklagten von der Pflicht sofortiger Einlassung auf die Klage. Erst wenn in einem besonderen Verfahren die Competenz des angegangenen Richters festgestellt ist, wird das Verfahren in der Hauptsache fortgesetzt. Wenden wir dies auf das compromissum an, so müssen wir sagen, dafs wenn der Beklagte die Ungültigkeit des Compromifsvertrags behauptet, und somit die Quasiincompetenzeinrede vorschützt, der Schiedsrichter sich jeder quasirichterlichen Handlung bis zur Feststellung seiner Berechtigung durch den ordentlichen Richter zu enthalten habe. Allein ich glaube nicht, dafs dieser für den eigentlichen Procefs geltende, positive Grundsatz, wonach die Incompetenzeinrede von der Pflicht zur Einlassung befreit, auf das schiedsrichterliche Verfahren Anwendung leidet, weil er kein natürlich wesentlicher Grundsatz ist, indem sich eine gleichzeitige Verhandlung der Hauptsache vor dem Schiedsrichter und der Quasicompetenzfrage vor dem Richter des Staats sehr wohl denken läfst, und weil eine Verschleppung des Verfahrens, die durch den Suspensiveffect der Incompetenzeinrede gegeben ist, dem Wesen und Zweck des Schiedsrichterinstituts zuwiderlaufen würde.

Durch die bisherigen Ausführungen glauben wir die beiden Sätze : dafs der Schiedsrichter über seine Quasicompetenz nicht verhandeln und entscheiden könne, dafs er aber berechtigt sei, trotz vorgeschützter Quasiincompetenzeinrede über die Hauptsache zu verhandeln und zu entscheiden, bewiesen zu haben.

(8) l. 1. de recept. arbitr. (4. 8). Compromissum ad similitudinem judiciorum redigitur.

Wenn nun, und ich kehre jetzt zur oben citirten l. 4 §. 5. C. de recept. arbitr. zurück, eine Parthie erklärt, der Compromifsvertrag sei ungültig, weil er nicht beschworen worden sei, so konnte nichtsdestoweniger der Schiedsrichter, natürlich nur auf Verlangen der Gegenparthie, in der Verhandlung der Sache fortfahren, und erstere mufste jetzt oder nach gefälltem Schiedsspruche vor dem Richter des Staats seinen Incompetenzeinwand zur Geltung bringen. Geschah es erst nach gefälltem Schiedsspruch, so war das ganze schiedsrichterliche Verfahren dann, wenn das Erfordernifs des Eides nicht nachgewiesen wurde, ungültig, und vergebens waren Zeit, Mühe und Kosten geopfert. Bis zum Urtheil des Richters des Staats über das Vorhandensein dieses Erfordernisses lebten aber Parthieen und Schiedsrichter in Ungewifsheit darüber, ob der schiedsrichterliche Procefs gültig oder ungültig sei. Justinian nennt diesen Procefs ein incertum certamen. Die Fälle, in welchen ohne eidliche Bestärkung des Compromifsvertrags ein schiedsrichterliches Verfahren eingeleitet und beendet wurde, waren nach dem Zeugnifs des Kaisers häufig. Diesem Uebelstande suchte nun Justinian abzuhelfen. Welches Mittel war aber hierzu am geeignetsten? Offenbar das, dafs man den Schiedsrichter verpflichtete, beim Beginn des Verfahrens sich Gewifsheit darüber zu verschaffen, dafs der Compromifsvertrag beschworen worden sei. Welches Beweismittel konnte diese Gewifsheit geben? Zeugen konnten es nicht, denn der Schiedsrichter darf über den Quasiincompetenzpunkt keine Verhandlungen einleiten und keine Entscheidung geben. Aus demselben Grunde war der Schiedseid unstatthaft. Nur das Zeugnifs (Geständnifs) der Parthieen, dafs sie jenen Eid geleistet hatten, war geeignet. Das Zeugnifs konnte entweder vor dem Schiedsrichter (vel apud ipsum arbitrum in actis propria voce deposuerint), oder vor einer öffentlichen Behörde (vel per publicas personas), oder in einer Privaturkunde (ipsi quidem litigatores in scriptis suis manibus) abgegeben werden. Justinian liefs es aber nicht bei der blofsen Vorschrift für den Schiedsrichter bewenden, sondern erhob das schriftliche, urkundliche Zeugnifs der Parthieen, dafs der Compromifsvertrag beschworen worden sei, zum Erfordernifs der Gültigkeit des Compromifsvertrages.

Fragen wir nun schliefslich, ob die hier vorgetragenen Gründe die Bestimmnng, dafs zur Gültigkeit des Unterwerfungsvertrags die Schrift erforderlich sei, rechtfertigen würden. Ich glaube, nein: Der Richter des Staats ist berechtigt, selbst zu untersuchen und zu entscheiden, ob er competent sei; ferner befreit die Incompetenzeinrede, hier also das Leugnen, dafs ein Unterwerfungsvertrag geschlossen worden sei, oder das Behaupten der Ungültigkeit dieses Vertrags von der Einlassung auf die Klage. Die Furcht vor einem unnützen Hauptverfahren, ein incertum certamen, jener Uebelstand ist also nicht vorhanden. Mithin fallen auch die Mittel zur Beseitigung desselben.

Beachtenswerth sind auch noch die Worte : sancimus, nemini licere adversus pacta sua venire, et contrahentes decipere. — Pacta conventa, quae neque contra leges, neque dolo malo inita sunt, omnimodo observanda sunt. l. 29. C. de pact. Hiermit ist die allgemeine Regel ausgesprochen, dafs die Verträge gehalten werden müfsten, und die Contrahenten nicht getäuscht werden sollten. Da nun Justinian diese allgemeine Regel als Grund der Gültigkeit des Unterwerfungsvertrags angibt, das angebliche Erfordernifs der Schriftlichkeit aber gar nicht zu begründen sucht, so bin ich der Meinung, dafs es in der Absicht des Kaisers nicht lag, nur den schriftlich geschlossenen Unterwerfungsvertrag für gültig zu erklären.

Fortsetzung.

§. 16.

Durantis (1) unterscheidet zwischen dem Vertrag, wodurch zwei Parthieen einen gesetzlich incompetenten Richter anzugehen sich verpflichten, und dem Vertrag, durch den der Beklagte seinem ordentlichen Richter sich zu unterwerfen verspricht (2). Der erste Vertrag erzeugt keine Verbindlichkeit; jeder Theil kann bis zur Litiscontestation einseitig zurücktreten. Der zweite Vertrag ist gültig, denn, wer einen privilegirten Gerichtsstand hat, ist immer noch dem ordentlichen Richter unterworfen, und ex quo quis consentit in suum ordinarium: non potest ulterius dissentire. Dieser Satz scheint ihm enthalten zu sein in l. 29. C. de pact. Ferner in

l. 1 §. 1. de off. cons. (1. 10).

Consules et seorsum singuli manumittunt; sed non potest is, qui apud alterum nomina ediderit, apud alterum manumittere; separatae enim sunt manumissiones.

und

l. 1 §. 3. C. de ass. toll. (7. 17).

Scire vero eos volumus, qui aliquem ad servitutem vocant, quod si post primam accusationem in quocunque judicio, vel ex divali jussione factam, et post ad-

(1) Specul. jur. l. 2. p. 1. de comp. jud. ad. N. 15. 16.

(2) Aut agitur de jurisdictione danda, aut de jurisdictione non declinanda.

monitionem ei oblatam, qui servus esse dicitur, in alio judicio eum, accusaverint — : etsi domini sint, suo jure privabuntur.

Diese beiden Stellen sprechen aus, dafs wer einen Richter der freiwilligen oder streitigen Gerichtsbarkeit einmal angegangen und hierdurch ihn anerkannt hat, an diesen Richter gebunden sei; sie sprechen aber nicht aus, — und das grade steht zum Beweise — dafs eine aufsergerichtliche, vertragsmäfsige Anerkennung dieses Richters bindend sei.

Duarenus (3) fordert zur Begründung unseres Gerichtsstandes die subjectio der Parthieen. Die subjectio besteht aus dem Consense und der aditio (l. 15. de jurisd.). Die aditio liegt nicht erst in der litiscontestatio, sondern sie ist jeder Act, durch den man den Richter anerkennt (4). Der Unterwerfungsvertrag ist ungültig; non est enim visum utile, ut conventionem hujusmodi servare necesse sit.

Verhältnifs der l. 29. C. de pact. zur l. 18. de jurisd.

Er verwirft die Ansicht Derer, welche annehmen, l. 18. de jurisd. rede von einem einfachen pactum; dicuntque non valere ex parte actoris ex sententia J. C. hic, ex parte rei valere ex Justiniani sententia, id est, actori non valere ad agendum, sed reo ad excipiendum prodesse, si velit. Sed ii non satis considerant difficultatem versari non circa formam, id est, an pactum nudum sit, an vero aliquid accedat pacto propter quod valeat, sed versari circa jurisdictionem. Praeterea pactum adjectum est contractui. Satis itaque apparet, non de forma apud Justin. dubitatum fuisse, sed de re. Vultque pactum

(3) Comment. in tit. de jurisd. ad l. Si convenerit. 18.

(4) a. a. O. De judiciis. De foro compet.

servari, quia non est contrarium legibus, nec bonis moribus, nec quaerit an nudum fuerit, necne. Aliorum opinio est, mutatam fuisse voluntatem utriusque in specie Africani, cum ait, mutata voluntas fuerit. Nec exprimit, aut utriusque, an vero unius. Sed in contrarium me vocat, quod Justin. ait, veteres dubitasse, nec puto dubitasse moti fuissent aliqua ratione. Itaque credibile est, Africanum inter illos veteres fuisse. Doch sagt ihm eine andere Ansicht mehr zu. L. 18. de jurisd. hat den Vertrag im Auge, wodurch die Parthieen zur Unterwerfung unter einen gesetzlich incompetenten Richter sich verpflichten. Justinian spricht von einem Vertrag, durch welchen eine Parthie ihren gesetzlich competenten Richter, den sie vermöge eines Privilegiums recusiren könnte, nicht abzulehnen verspricht. Haec opinio receptior est, et aequitatem habet. Existimo sane hac constit. Justiniani derogari veteri jure, ut subscriptio ostendit. Fuit enim inserta Codici post primam editionem. Ratio enim aliqua probabilis movit veteres, alia ratio movit Justinianum.

Cujacius(5) fordert die subjectio der Parthie; diese ist mit der aditio des Richters vollendet. Unter der aditio ist die Litiscontestation zu verstehen. L. 18. de jurisd. ist von einer nuda conventio zu verstehen, welche keine Obligation erzeugt; l. 29. C. de pact. redet von einer conventione contractui apposita in continenti, ne reus utatur praescriptione fori, ex qua nemo ambigit, obligationem nasci, et quamvis non nasceretur, tamen posset praescriptio fori apposita repelli replicatione pacti conventi : quia constat etsi ex pactis jure civili non dentur actiones, jure praetorio exceptiones et replicationes dari.

(5) Ad Africanum. tract. 7. ad l. 18. de jurisd.

Donellus (6) findet, dafs die Definition von unserem Gerichtsstande kurz und bündig in l. 1. de jud. enthalten sei, weshalb er auch sie zur Grundlage seiner ganzen Untersuchung nimmt. Drei Erfordernisse scheinen ihm hier genannt zu sein. Erstens die Subjection der Parthieen, zweitens deren Consens, und drittens Jurisdiction des Richters.

Die Subjection (7), Unterwerfung der Parthieen unter einen gesetzlich incompetenten Richter ist entweder eine ausdrückliche, subjicit se quis jurisdictioni aut conventione aperta, oder eine stillschweigende, aut re ipsa et facto.

Die ausdrückliche Unterwerfung ist diejenige, welcher der Unterwerfungsvertrag vorausging.

Ist der Unterwerfungsvertrag (8) in Form einer nuda et sola conventio abgeschlossen, dann kann jeder Theil bis zur aditio des Richters einseitig zurücktreten, l. 18. de jurisd., weil ein pactum nudum keine Klage erzeugt, und von den Parthieen die Begründung eines Klagerechts bei dem gesetzlich incompetenten Richter beabsichtigt war. War jedoch der Unterwerfungsvertrag in Form einer justa et legitima conventio geschlossen, dann findet ein einseitiger Rücktritt auch vor der aditio nicht statt. Darüber, dafs der so geschlossene Unterwerfungsvertrag die Verbindlichkeit zur Anerkennung des bestimmten Richters erzeugt, kann kein Zweifel sein, wenn man erwägt, dafs jeder Contractsschuldner dem Gerichte desjenigen Ortes rechtlich unterworfen ist, wo er contrahirt hat. l. 19 §. 1.

(6) Comment. de jur. civ. l. 17. c. 10. N. 3 ff.

(7) a. a. O. N. 4.

(8) a. a. O. N. 5.

de jud. Der innere Grund dieses Gerichtsstandes ist aber kein anderer als der, dafs beim Contrahiren ein Unterwerfungsvertrag stillschweigend geschlossen wird. Wenn aber dieser stillschweigend geschlossene Unterwerfungsvertrag rechtsgültig ist, dann mufs es auch der ausdrücklich geschlossene sein.

Die stillschweigende Unterwerfung (9) liegt in der Litiscontestation. Necesse est enim intelligi nos eum pro judice habere, ad quem tanquam ad judicem vocati sumus, si ad eum venientes et talem agnoscentes, rem de qua agitur, audientiae ejus et cognitioni permittamus, quod fit adversus petitorem consistendo, et rem in controversiam deducendo. Warum soll aber die Thatsache der Litiscontestation den Beklagten mehr als der einfache, formlose Vertrag unterwerfen (10), da sie doch nichts weiteres als den Consens der Parthieen in den bestimmten Richter enthält? Allein sie enthält noch ein anderes Moment, wodurch sie sich von jenem einfachen Vertrage unterscheidet. Dieser erzeugt keine Klage; es fehlt also auch das Mittel, wodurch der Beklagte vor dem Richter zu erscheinen gezwungen werden könnte; und wenn der Beklagte dennoch in jus vocirt worden ist, so hat für ihn der unwirksame Vertrag nicht die Wirkung, dafs er die Incompetenzeinrede, die ihm früher zustand, nun verliere.

(9) a. a. O. N. 6.

(10) Donellus sagt: quam aperta conventione extrajudiciali, was eigentlich vom Unterwerfungsvertrag überhaupt, also auch von dem in civilrechtlicher Form abgeschlossenen verstanden werden müfste. Allein damit würde er seine ganze Theorie von der ausdrücklichen Unterwerfung wieder umstofsen. Diese Absicht dürfen wir daher nicht annehmen. Es geht ferner aus den in N. 17 gemachten Bemerkungen hervor, dafs er nur von der conventio privata extra judicium citra stipulationem interposita reden wollte.

Wenn er jedoch seine Vertheidigungsmittel vor Gericht benutzt und litem contestirt, dann ist er aus zwei Gründen diesem Gerichte unterworfen. Zunächst nämlich wird durch die Litiscontestation eine obligatio judicati contrahirt, l. 3 §. 11. de pecul. (15. 1), und der Contractschuldner ist dem Gerichte desjenigen Ortes, wo contrahirt wurde, unterworfen. Dann aber steht dem Beklagten nach der Litiscontestation die Incompetenzeinrede nicht mehr zu. L. ult. C. de except. l. 40 §. 3. de procur. Bis zur Litiscontestation kann er sie vorschützen. Hieraus folgt, dafs er durch seine vor der Litiscontestation bei dem gesetzlich incompetenten Richter abgegebenen Erklärungen und vorgenommenen Handlungen diesem nicht unterworfen wird.

Ueber das Verhältnifs der l. 29. C. de pact. zur l. 18. de jurisd. äufsert sich Donellus folgendermafsen (11) : In l. Si convenerit, D. de jurisd. scriptum est, neminem cogendum esse, stare hujusmodi conventioni, si convenerit, ut alius praetor, quam cujus jurisdictio esset, jus diceret. In qua tamen conventione, is qui ita pactus est, aperte fori praescriptioni renuntiavit. Hoc enim paciscens, ut alium sequeretur judicem, sine dubio id pactus est, ne ad suum revocaret. Sed nihil hic simile cum ea conventione, qua quis paciscitur tantum se fori praecriptione non usurum; de qua conventione hic agitur. Etsi enim neget se ad suum judicem revocaturum, is qui alterius jurisdictionem se sequi paratum dicit; tamen hoc amplius, et quidem principaliter paciscitur, se alterius praetoris jurisdictionem subiturum; quod non facit is miles, qui, privilegio suo renuntians pollicetur, se ad judices militares

(11) Comment. in Cod. ad tit. 3. l. 2. C. de pact. L. Si quis in conscrib. N. 4.

non revocaturum. Neque enim horum jurisdictioni renuntians, aliorum quos jure communi judices experiri non cogatur, jurisdictioni se subjicere intelligitur. Non utetur his judicibus quibus ex privilegio poterat; sed nihilominus ei relinquuntur illi quorum esset jurisdictio, si donatus privilegio non fuisset. In summa, in proposita hypothesi miles pollicetur, se ad aliquem judicem non iturum, ad quem jure poterat revocare; in ea quam supra proposui, pollicetur quis se ad judicem iturum, ad quem jure non cogebatur. Cur ergo illa pactio servanda est, haec non est servanda? Si consideretur quid utraque agatur, non poterit esse obscurum. Nempe qui promittit, se ad judicem suum non revocaturum, id agit, ut adversarium liberet necessitate ad hunc judicem veniendi. Qui autem promittit, se ad judicem iturum, hoc agit, ut ipse obligetur. Ita, ad illam conventionem servandam, contra militem revocantem ad suum judicem, exceptione tantum opus est actori, ne ad eum judicem ire cogatur. Ad hanc posteriorem est opus actori actione, ut adversarium ad eum judicem, de quo convenit, pertrahat. Certi juris est, omnia pacta exceptionem parere, at non parere actionem. Si apertius quid volumus, unusquisque fori praescriptioni pacto recte renuntiat, ut nihil amplius quam huic praescriptioni renuntiet; quod tunc fit, cum is qui renuntiavit, vocatur ad alium judicem, quem jure communi judicem habet, non quem ex pacto sequi cogatur, ut in specie hic proposita accidit. At nemo ita renuntiare potest, ut simul alii, cujus jurisdictioni subjectus non est, jurisdictionem pacto tribuat, ut fit in conventione, d. L. si convenerit. Hanc enim qui tribuere vult, simul tribuit adversario actionem, qua coactus, ad eum judicem recte vocetur. Id pacto effici non potest, quia ex pacto actio non nascitur.

Was nun die Ansicht des Cujacius und Donellus betrifft, dafs der Unterwerfungsvertrag in Form eines nudum pactum ungültig, in Form einer stipulatio gültig sei, und l. 18. de jurisd. von ersterem rede, so werde ich erst unten dieselbe zu widerlegen versuchen, weil sie auch von neueren Juristen getheilt und noch bestimmter ausgesprochen wird. Die Auffassung ferner, wonach l. 29. C. de pact. nur von einem Verzicht auf den privilegirten Gerichtsstand zu verstehen sei, und dieser Verzicht nicht zugleich eine Unterwerfung unter den gesetzlich incompetenten Richter, wovon l. 18. de jurisd. handeln solle, enthalte, kann ich, da ich mich in dieser Beziehung, wie mir scheint, schon hinlänglich ausgesprochen habe, übergehen. Ich stimme mit Donellus darin überein, dafs durch die Litiscontestation jeder Theil an das angegangene Gericht gebunden ist; behaupte aber auch, dafs die Parthie, selbst wenn sie irrte, daran gebunden ist. Das ist eben der Gerichtsstand der Litiscontestation. Ich stimme ferner mit Donellus darin überein, dafs bis zur Litiscontestation die Incompetenzeinrede vorgeschützt werden kann, behaupte jedoch, dafs sie dann nicht mehr vorgeschützt werden kann, wenn die Parthie den gesetzlich incompetenten Richter wissentlich anerkannt hat. Donellus ist soweit gekommen, dafs er den Gerichtsstand der freiwilligen Unterwerfung gar nicht mehr kennt, sondern ihn als Gerichtsstand des Contracts ansieht. Ihm ist freilich der Gerichtsstand des Contracts weiter nichts als der Gerichtsstand der freiwilligen Unterwerfung. Allein diese ist doch nimmermehr der innere Grund des Gerichtsstands des Contracts, wenngleich ausgezeichnete Juristen dieser Ansicht sind (12).

(12) Eine Widerlegung dieser Ansicht hier vorzunehmen, würde

Vultejus (13). Zur Begründung unseres Gerichtsstandes wird der Consens der Parthieen gefordert. Er wird entweder ausdrücklich, conventione aperta oder stillschweigend, re ipsa et facto erklärt. Ist die conventio ein pactum nudum, dann entsteht keine Verbindlichkeit; si entsteht erst, wenn die aditio des Richters hinzukommt: si ad conventionem ejusmodi nudam factum aliquod accesserit, jam amplius nuda non est (14). Ist die conventio eine Stipulation, dann sind beide Parthieen gebunden, und kein Theil kann gegen den Willen des andern vom Vertrage zurücktreten (15). Was jedoch die Begründung des Gerichtsstandes anlangt, so steht die Stipulation mit dem pactum nudum auf gleicher Stufe, und vor der aditio des Richters kann jeder Theil einseitig zurücktreten, weil der einfache Vertrag gar keine, die Stipulation aber nur die Wirkung hat, dafs gegen den vertragswidrig Handelnden aufs Interesse geklagt werden kann (16). Gegen die Ansicht des Cujacius, dafs der, eine Obligation erzeugende Vertrag, Stipulation und conventio contractui apposita ex continenti auch den Gerichtsstand begründe, erhebt Vultejus den Einwand, dafs ein Schlufs von der Obligation auf die Begründung des Gerichtsstandes deshalb unzulässig sei, weil, wer ein factum verspreche, zur Vornahme desselben nicht gezwungen

zu weit führen. Ich beschränke mich auf Albrecht, Programm über das Motiv des forum contractus, und meine Abh.: Ueber den inneren Grund der Gerichtsstände des Wohnorts, der gelegenen Sache und der Obligationen, in der Ztschr. für Civilr. und Pr. N. F. Bd. 16. S. 127 ff. zu verweisen.

(13) Comment. ad tit. Cod. de jurisd. l. 1. N. 138 ff.

(14) a. a. O. n. 140.

(15) a. a. O. n. 141.

(16) a. a. O. n. 143. 144.

werden könne, sondern durch Leistung des Interesse von der Obligation befreit werde, da, was in obligatione sei, nicht nothwendig auch in solutione sei (17). L. 18. de jurisd. macht keinen Unterschied zwischen pactum und Stipulation, sie enthält Beides. Conventionis (enim) verbum generale est, ad omnia pertinens, de quibus negotii contrahendi transigendique causa consentiunt, qui inter se agunt; — Adeo autem conventionis nomen generale est, ut eleganter dicat Pedius, nullum esse contractum, nullam obligationem, quae non habeat in se conventionem, sive re, sive verbis fiat; nam et stipulatio, quae verbis fiat, nisi habeat consensum, nulla est, l. 1 §. 3. de pact. (2. 14). Dieselbe allgemeine Bedeutung hat das Wort consensus in l. 1. und 2. de jud. Wenngleich hier Ulpian das Erfordernifs der aditio nicht ausdrücklich erwähnt, so erscheinen doch, wie Cujacius richtig bemerkt, diejenigen nicht als unterworfen, welche den Richter noch nicht angegangen haben, denn quod Ulpianus ait, se subjiciant, intelligatur de his, qui se subjecerunt cum effectu: at cum effectu hi demum sese subjecisse intelliguntur, qui ita consenserunt, ut etiam adierint (18). Was nun die aditio selbst anlangt, so ist sie nicht gleichbedeutend mit litis contestatio. Wenn es die Absicht Africans gewesen wäre, auszusprechen, dafs erst mit der Litiscontestation der Richter als angegangen zu betrachten sei, so hätte er besser die Litiscontestation als die aditio erwähnt, da es sich aus der Litiscontestation von selbst ergibt, dafs der Richter angegangen worden ist, nicht aber umgekehrt aus der aditio auf die Litiscontestation geschlossen werden kann (19).

(17) a. a. O. n. 145.
(18) a. a. O. n. 148.
(19) a. a. O. n. 152.

Et quamvis nemo post litem contestatam ordinariae sedis examen declinare possit, so ist doch der Schlufs, dafs es bis zur (ante) Litiscontestation geschehen könne, falsch. Wenn man freilich nicht ausdrücklich übereingekommen ist, einen anderen als den gesetzlich competenten Richter anzugehen, so kann die Incompetenzeinrede so lange vorgeschützt werden, bis es erhellt, dafs der Geladene den Richter anerkannt hat, d. h. der Beklagte kann zur Litiscontestation nicht gezwungen werden. Allein der Fall ist von dem unsrigen verschieden. Denn wenn die Incompetenz des Richters sicher ist, so wird nach der Regel : extra territorium jus dicenti impune non paretur, der Beklagte nicht verpflichtet, der Ladung Folge zu leisten; ist sie dagegen zweifelhaft, dann mufs er auf die Ladung hin erscheinen, und, wenn er sich nicht freiwillig unterwerfen will, die Incompetenzeinrede vorschützen. Hier liegt aber der Unterwerfungswille der Parthieen, der Consens in den angegangenen Richter nicht vor, da es noch zweifelhaft ist, ob der angegangene Richter gesetzlich competent oder incompetent sei. Anders verhält sich die Sache, wenn die Parthieen ihre Absicht, sich einem offenbar gesetzlich incompetenten Richter zu unterwerfen, in einem pactum oder einer Stipulation erklärt haben, und nun die aditio hinzutritt. Denn jetzt ist die Sache nicht mehr integra. Idem argumento casus oppositi in consensu tacito confirmatur. Citatus a judice incompetente, nisi excipiat de judicis illius incompetentia, in jurisdictionem ipsius tacite consensisse intelligitur, isque consensus tacitus hunc habet effectum, ut etiamsi litis contestata nondum sit, ex omnium tamen interpretum sententia usu recepta ad exceptionem illam amplius regressum non habeat (?), et per consequens tacitum suum consensum mutare amplius non possit. Multo igitur magis si expresse convenerit de judice adeundo, de quo certum erat, quod competens non esset, dicendum est, si ad consensum etiam accesserit aditio, mutare amplius voluntatem non posse, si quidem consensus expressus, si non majorem, at certe parem cum consensu tacito effectum habere potest. Ita comparatur primo consensus expressus cum omissione exceptionis declinatoriae fori de incompetentia, deinde judex extra controversiam incompetens cum judice, de quo etiamnum dubium est, an competens sit: et tertio aditio cum comparatione ad citationem judicis facta. Id solum inter haec est, quod priori casu consensus expressus praecedit consensum tacitum. Unde intelligitur aditionem ex litiscontestatione aestimandam non esse (20). Re et facto unterwirft sich derjenige, der, vom gesetzlich incompetenten Richter geladen, erscheint, und nach erlangter Kenntnifs der gegen ihn erhobenen Klage, sich vertheidigt, ohne die Incompetenzeinrede vorzuschützen (21).

In l. 29. C. de pact. und l. 51. C. de episc. et cler. rescribirt Justinian (22): eum, qui pactus est, se non usurum fori praescriptione, (quam pragmatici hodie exceptionem declinatoriam fori vocant) non debere adversus conventionem suam venire: wenn dies wahr ist, so ist weder die aditio noch eine stipulatio nöthig, sondern es genügt ein pactum. Antonius Goveanus, in l. si convenerit, glaubt den Grund dieser Constitution darin zu finden, dafs der andere Contrahent, der nicht contrahirt

(20) a. a. O. n. 154.
(21) a. a. O. n. 155.
(22) a. a. O. n. 149.

haben würde, wenn seinem Mitcontrahenten die Incompetenzeinrede zur Seite stünde, nicht getäuscht werde. Dasselbe gilt aber auch von der l. si conv. Die Ansicht des Cujacius, dafs der Vertrag der l. 29. C. nicht ein beliebiger, sondern ein dem Hauptvertrag in continenti beigefügter Nebenvertrag, und deshalb Bestandtheil des ersteren sei, widerlegt Vultejus damit, dafs hier vorausgesetzt werden müfste, der Beklagte sei vor dem incompetenten Richter erschienen, und habe die Incompetenzeinrede vorgeschützt, in welchem Fall aber die Sache nicht mehr auf dem blofsen Vertrag stehe, sondern die aditio noch hinzugekommen sei, worüber kein Zweifel herrsche. Hier handele es sich aber um die Frage, ob Jemand zur Erfüllung des Vertrags, vor dem incompetenten Richter zu erscheinen, gezwungen werden könne. Es sei nicht zu bezweifeln, dafs vom pactum nudum einseitig zurückgegangen werden könne; et in conventionibus ceteris certissima erat juris regula, in stipulationibus facti, cujusmodi haec est de prorogando, promissorem ad praestationem facti praecise non teneri, sed praestatione ejus quod interest liberari. Wenn nun Justinian in l. 29. C. verfügt, Niemanden soll es gestattet sein, gegen seine Verträge zu handeln und die Mitcontrahenten zu täuschen, so hat er nicht den Vertrag, wodurch zwei Parthieen einen gesetzlich incompetenten Richter anzugehen versprechen, sondern nur den Verzicht auf den privilegirten Gerichtsstand im Auge.

Fortsetzung.

§. 17.

Bocerus (1) theilt die Unterwerfung in eine ausdrückliche und stillschweigende ein. Letztere ist

(1) De jurisdict. c. 7. n. 4.

mit der Litiscontestation oder dem Unterlassen des Incompetenzeinwandes gegeben. Die ausdrückliche Unterwerfung : pactum oder Stipulation. L. 18. de jurisd. redet vom pactum nudum. War durch Stipulation versprochen worden, so kann der Schuldner zur Unterwerfung nicht gezwungen werden; er haftet aber auf das Interesse (2). Unter der aditio des Richters versteht Bocerus bei ausdrücklicher Unterwerfung die, quae fit per libelli oblationem, vel satisdationem, weil African ganz einfach die aditio fordere, nicht speciell und namentlich die litiscontestatio; bei der stillschweigenden Unterwerfung versteht er unter der aditio die Litiscontestation (3).

In l. 29. C. de pact. und l. 51. de Episc. et Cler. ist ausgesprochen, dafs der Verzicht auf die Incompetenzeinrede gültig sei. Das pactum befreit den Kläger von der Nothwendigkeit, den Beklagten vor dessen privilegirtem Gerichtsstande zu belangen. In l. 18. de jurisd. handelt es sich um einen Vertrag, der auf die Verpflichtung des Beklagten, vor dem incompetenten Richter zu erscheinen, gerichtet ist. Unsere Gesetze sind aber dann geneigter, wenn es sich um die Befreiung von einer Verbindlichkeit, als von der Begründung einer solchen handelt. L. 47. de Obl. Arrianus ait, multum interesse, quaeras, utrum aliquis obligetur, an aliquis liberetur? Ubi de obligando quaeritur, propensiores esse debere nos, si habeamus occasionem, ad negandum. Ubi de liberando, ex diverso, ut facilior sis ad liberationem (4).

(2) a. a. O. n. 35.

(3) a. a. O. n. 89.

(4) a. a. O. n. 38.

Obrecht (5) und Vinnius (6) bieten uns weder neue Ansichten, noch neue Gründe.

Voet (7). Die Unterwerfung ist entweder eine ausdrückliche oder stillschweigende. Bei letzterer mufs man unterscheiden, ob beide Parthieen zugleich und freiwillig den incompetenten Richter angehen, oder getrennt. In ersterem Falle (der sich bei Miterben, Gesellschaftern u. s. w. ereignen kann) ist wieder zu unterscheiden, od die Parthieen wissentlich oder irrthümlich den incompetenten Richter angegangen haben. Haben sie ihn wissentlich angegangen, dann haben sie sich durch die blose aditio unterworfen; die Litiscontestation ist nicht nöthig. Die Sache ist so anzusehen, als ob die Parthieen einen Unterwerfungsvertrag ausdrücklich geschlossen hätten. Haben sie ihn jedoch irrthümlich als den gesetzlich competenten Richter angegangen, dann wird dieser Richter erst mit der Litiscontestation competent. Erscheinen die Parthieen (8) getrennt vor dem Richter, dann ist der Beklagte erst mit der Litiscontestation unterworfen, der Kläger aber schon mit der in jus vocatio und libelli editio (9). Ueber das Verhältnifs der l. 29. C. de pact. zu l. 18. de jurisd. (10) äufsert sich Voet folgendermafsen : Concludo itaque l. pen. C. de pactis, de reo agentem, excludere poenitentiam, eo quod reus non potuit jus actoris ex conventione quaesitum sua tollere voluntatis mutatione. At l. 18. actori ante aditionem

(5) De jurisd. l. 4. c. 11. n. 18 ff.

(6) Tract. de jurisd. c. 11. n. 5 f.

(7) Comment. ad pand. l. 2. t. 1. de jurisd. n. 18.

(8) a. a. O. n. 20.

(9) a. a. O. n. 23.

(10) a. a. O. n. 27.

permittere voluntatis mutationem, eo quod is ista ratione suo tantum juri, ex prorogatione seu conventione competenti, renunciat.

Huber (11), Struv (12), Lauterbach (13), Kemmerich (14) bringen nichts wesentlich Neues vor.

Fortsetzung.

§. 18.

Schulting (1). Der Consens kann in jedem pactum erklärt werden. Wenngleich das pactum nudum keine Klage erzeugt, so mufs doch der Beklagte, wenn er sein Domicil im Bezirk des gewählten Richters hat, oder aus sonst einem Grunde vor diesem erscheinen mufs, kommen. l. 2. si quis in jus voc. non ier. Hier kann er nun gegen das eigene pactum nicht excipiren, ebensowenig, wie derjenige, der auf seinen privilegirten Gerichtsstand verzichtet. L. 18. de jurisd. ist von einem beiderseitigen Rücktritt zu verstehen. Die stillschweigende Unterwerfung erfolgt mit der Litiscontestation.

Noodt (2) theilt die Unterwerfung in eine ausdrückliche und stillschweigende ein. Expressa: ut si quis se alterius foro palam verbis subjiciat, vel si verbis fori sui privilegio renunciet. Dieser Vertrag, er mag ein nudum pactum oder ein Contract sein, reicht zur Begründung unseres Gerichtsstandes hin. Neque videtur

(11) Praelect. jur. rom. l. 2. t. 1. de jurisd. n. 12.
(12) De jurisd. prorog. th. 3—7.
(13) Coll. theor. — pract. p. I. l. 2. t. 1. de jurisd. n. 29. 30.
(14) De prorog. jurisd. §. 8—11.

(1) Comment. acad. vol. III. l. 2. t. 1. de jurisd. n. 14.
(2) De jurisd. et imper. l. 2. c. 12.

huic expositioni resistere, quod ex pacto nudo Jure civili actio neque datur, neque tollitur. Nam cum quaeritur, an jurisdictio nuda conventione prorogetur; non hoc vertitur, an ob nudam conventionem danda de foro paciscenti sit nova actio : minime. Id quaeritur, si quae actio ei ante competit aut civili aut praetorio Jure; an illa actio, ob subsequutam nudam conventionem de proroganda jurisdictione, possit institui alio in foro, quam in quo, absque conventione foret, instituenda esset. Quod mihi videtur; nam si paciscor, ut possim alio in foro, quam meo, conveniri, hoc ago, ut fori mei privilegio renunciem : nemo autem ambigit, quin nuda conventio ea in specie ad prorogandam jurisdictionem sufficiat. Estque exemplum apud Paulum l. 1. D. si quis in jus vocatus non ierit, et Ulpianum l. 7. D. Qui satisdare coguntur. Quid ni igitur si pactus sim, ut alio in foro, quam meo, conveniar, sufficiet? finge, me conveniri, et in ingressu litis fori exceptionem opponere : utique erit tibi jus, eam elidere per replicationem pacti conventi; cum constet, ex pacto nudo, etsi actio non detur, tamen exceptionem dari, pr. J. de replicationibus. Atque hoc Justinianus probat l. pen. C. de pactis.

L. 18. de jurisd. versteht Noodt von einem beiderseitigen Rücktritt.

Die stillschweigende Unterwerfung ist mit der Litiscontestation vollendet (3).

Diesem Juristen folgt Berger (4). Er sagt sehr kurz : Jurisdictionem prorogari — consensu, eoque vel expresso (vero) l. 18. de jurisdict. ita videlicet, ut aditio judicis, secus ac vulgo statuitur, non requiratur : sed

(3) a. a. O. c. 13.

(4) Oecon. jur. l. 4. t. 3. th. 1. n. 16.

sufficiat sola stipulatio, immo, hodie, nudum pactum; vel tacito (ficto, sive praesumto) per litiscontestationem.

Nichts wesentlich Neues bringen Bach (5) und Stockmann (6). Letzterer entscheidet die Controverse (7), ob der Vertrag zur Begründung unseres Gerichtsstandes hinreichend sei, oder ob noch die aditio des Richters hinzukommen müsse, dahin, dafs die Lex Julia nur den Consens, das einfache pactum fordere, dafs aber die römischen Juristen noch die aditio gefordert hätten.

Fortsetzung. — Neuere Zeit.

§. 19.

Glück (1) ist der herrschenden Ansicht. Ich will dieselbe, da er sich am klarsten ausgesprochen hat, noch einmal nach ihm darstellen. Die Prorogation ist entweder eine ausdrückliche oder stillschweigende. Der einfache Vertrag genügt nicht; die aditio des Richters mufs noch hinzukommen. l. 18. de jurisd. Durch das neuere römische Recht ist hierin nichts geändert. Denn die l. 29. C. de pact. redet nur von der Entsagung eines befreiten Gerichtsstandes, welche in einer schriftlichen Urkunde geschehen ist, und erklärt dieselbe ganz gegen die ehemals hierüber erregten Zweifel der älteren römischen Rechtsgelehrten für gültig. Nun ist zwischen der Prorogation der Gerichtsbarkeit und der Renunciation des Gerichtsstandes ein grofser Unterschied. Letztere

(5) Exerc. de prorog. jurisd. §. 5.

(6) De jurisd. prorog. §. 3.

(7) a. a. O. S. 18.

(1) Commentar, Bd. 3. §. 203. S. 214 ff.

erfordert nichts als den Vertrag, die erstere hingegen kann durch den blofsen Vertrag nicht bewirkt werden, sondern erfordert ein solches factum, wodurch die Partheien sich der Gerichtsbarkeit des incompetenten Richters unterwerfen, wie Ulpian in den Worten: Si se subjiciant u. s. w. deutlich genug zu verstehen gibt. Ferner vermöge der Prorogation wird der eigne und ordentliche Richter in einer gewissen Sache gänzlich ausgeschlossen, und der Streithandel an einen andern incompetenten Richter gebracht; die Renunciation des Forums hingegen legt blos demjenigen, der einen befreiten Gerichtsstand hat, die Nothwendigkeit auf, sich in der gegenwärtigen Streitsache seines Privilegiums nicht zu bedienen, sondern die Gewalt des gemeinen Richters anzuerkennen. Die Renunciatio fori setzt also immer voraus, dafs der Beklagte einen befreiten Gerichtsstand habe. Weil nun nach dem römischen Rechte kein privilegium fori von der Wirkung ist, dafs der Privilegirte hierdurch von aller Gerichtsbarkeit des ordentlichen Richters, unter welchem er eigentlich nach dem gemeinen Rechte stünde, gänzlich und schlechterdings eximirt wird, sondern nur soviel wirkt, dafs er, wenn er will, den Kläger an seinen privilegirten Richter zurückweisen, sich aber auch, seines Privilegiums ungeachtet, noch immer vor dem gemeinen Richter einlassen kann, so war freilich die Entsagung des befreiten Gerichtsstandes insofern gültig, dafs der in foro communi wider den Privilegirten angestellten Klage nun keine praescriptio fori mehr entgegengesetzt werden konnte. — Allein mit der Prorogation verhält es sich ganz anders. Diese betrifft das Forum, was ein jeder nach dem gemeinen Rechte hat. Da nun solches zur Ordnung der Gerichte gehört, welche nicht zum Besten einzelner Bürger, sondern zum gemeinen Besten des Staates festgesetzt ist, so kann es durch blose Renunciation nicht aufgehoben werden. Hier konnte also nur die wirkliche Verhandlung vor dem incompetenten Richter eine Prorogation bewirken.

Die stillschweigende Unterwerfung fordert

1) von Seiten des Klägers, dafs er bei einem sonst nicht zuständigen Richter absichtlich seine Klage anbringe, und die Erlassung einer Citation an den Beklagten bewirke;

2) von Seiten des Beklagten die Litiscontestation.

Im Resultate stimmen mit Glück überein: Grolman (2), Bergmann (3), Linde (4), Heffter (5), Schmid (6). Dieser letztere Schriftsteller äufsert sich über das Verhältnifs der l. 29. C. de pact. zum älteren, den einseitigen Rücktritt vom Unterwerfungsvertrag bis zur aditio gestattenden Rechte, wie folgt: dafs aber dieser Grundsatz durch Justinian in der c. 29. C. de pact., wo freilich zunächst nur vom Verzicht auf ein privilegium fori die Rede ist, abgeändert sei, geht entschieden aus den Worten dieser const. sancimus u. s. w. hervor. Derselben Ansicht ist Bayer (7).

Bethmann-Hollweg (8) versteht l. 18. de jurisd.

(2) Theorie, §. 50.

(3) Grundrifs, §. 29. »Die l. 18. de jurisd. fällt eigentlich weder wegen l. 51. C. de episc. et cler. l. 29. C. de pact. (Bindende Entsagung auf ein privilegirtes Forum), noch auch wegen der deutschen Regel der Gültigkeit einfacher Verträge hinweg.“

(4) Lehrbuch, §. 101. „So lange der Procefs nicht angefangen, kann jeder Theil einseitig zurücktreten.“

(5) System, §. 167.

(6) Handbuch, §. 56. S. 130 ff.

(7) Vorträge, §. 77. S. 235.

(8) Versuche, S. 11. 12.

von einem beiderseitigen Rücktritte. Ein selbständiger Unterwerfungsvertrag war gewifs nur als Stipulation bindend, stipulatio judicio sisti, vadimonium. Als Nebenverabredung eines anderen Vertrags auch wohl ohne alle Form. Wenigstens verfügt dies Justinian, während es früher nicht ganz unbestritten gewesen zu sein scheint. L. 29. C. de pact.

Zimmern (9) ist der Ansicht, dafs das blofse pactum den einseitigen Rücktritt nicht zu hindern vermochte. Es wäre entweder ein wirksames pactum adjectum, oder Stipulation (vadimonium) oder aber Litiscontestation nöthig gewesen. L. 29. C. de pactis ist vom blofsen pactum zu verstehen.

Puchta (10) läfst die Competenz in Folge von Uebereinkunft durch die wirkliche Anhängigmachung des Processes, durch die Litiscontestation entstehen; die blofse vorausgehende Uebereinkunft für sich verpflichtet noch keineswegs, sie entzieht dem, der sich bei dem incompetenten Richter einzulassen versprochen hat, nicht den Einwand der Incompetenz, die praescriptio fori. l. 18. de jurisd. Justinian hat dem Verzicht auf die praescriptio fori, wenn er bei dem Contract selbst geschehen ist, volle Wirkung beigelegt. l. 29. C. de pact. Dadurch ist allerdings der Sinn jener Stelle des Africanus, als Bestandtheil der Justinianeischen Legislation, modificirt, aber nur so weit, dafs wir sie von einem abgesonderten Pactum zu verstehen haben. Dagegen kann die Uebereinkunft, wie durch die Litiscontestation, so auch durch die stipulatio sisti Kraft erhalten.

(9) Der römische Civilprozefs. §. 27. S. 72 f.

(10) Cursus der Institutionen. §. 152. Bd. 2. S. 20.

Hiergegen habe ich zu bemerken:

1) Dafs in l. 29. C. de pact. der Unterwerfungsvertrag nicht als Neben- sondern als Hauptvertrag figurirt. Es fällt somit der Einwand, der formlose Unterwerfungsvertrag wäre von Justinian nur als Nebenverabredung eines andern Vertrags, als bei dem Contract selbst geschehener Verzicht, für gültig erklärt worden.

2) Es ist, wie bereits andere Juristen dargethan haben, kein Grund vorhanden, unter dem convenerit der l. 18. de jurisd. nur das einfache pactum zu verstehen.

3) Eine stipulatio sisti, vadimonium zum Zweck der Begründung unseres Gerichtsstandes findet sich in den Quellen nicht vor. Ihr Zweck ist immer nur der, den Beklagten vor einen Richter zu bringen. Ist der Beklagte erschienen, dann erlischt seine Verbindlichkeit, und nun kann er die Incompetenzeinrede vorschützen, grade so, wie wenn er der in jus vocatio Folge geleistet hätte.

Brackenhoeft (11) erblickt in dem freiwilligen Eingehen eines Streitverhältnisses vor einem incompetenten Richter eine stillschweigende Convention der Parthieen, vor dem angegangenen Gerichte das Streitverhältnifs mit seinen Folgen zu begründen; allein es liege darin noch mehr, nämlich auch zugleich die Erfüllung dieser Convention. Nach früherem römischen Rechte wäre diese Erfüllung, um der Convention Wirksamkeit zu verleihen, nothwendig gewesen; eine Befugnifs des Richters, diese Erfüllung zu erzwingen, wäre durch diese Convention nicht begründet worden. Justinians Vorschrift aber, dafs die Uebereinkunft, wodurch der Beklagte auf Incompetenz des Richters sich zu berufen verzichte, bindend sein solle,

(11) Erörterungen. §. 101. S. 265 f.

habe offenbar nur den Richter, welcher im Stande sei, die gehörige Vorladung des Beklagten zu erwirken, ermächtigt, dessen Berufen auf Incompetenz unberücksichtigt zu lassen, sobald der Gegner eine solche Convention durch eine Urkunde beweise. Wenn indeſs der Beklagte nicht in dem Gerichtsbezirke anwesend gewesen sei, also auch nicht hätte vorgeladen werden können, und demnach nur eine missio in bona gegen ihn anwendbar gewesen sei, so scheine dennoch eine solche Uebereinkunft unwirksam gewesen zu sein. Denn es sei in den Justinianeischen Gesetzen nur von der Wirkung, daſs nun der Beklagte gegen die Verhandlung und Entscheidung der Sache vor und von dem sonst incompetenten Richter keine Einwendungen machen könne, die Rede. Nach der Justinianeischen Vorschrift liege nunmehr die Prorogation der Gerichtsbarkeit schon in der Convention, und wo es an einer ausdrücklichen Convention fehle, könne diese auch schon vor der Eingehung des Streitverhältnisses durch vor Gericht vorgenommene concludente Handlungen zur Existenz gelangen.

Martin (12). Nach römischem Rechte war dies ausgemacht durch die Litiscontestation genügend bezeichnet, indem dieselbe eine zweiseitige Handlung beider Parthieen enthielt, wodurch diese sich den Verfügungen des Gerichts, vor dem dieselbe erfolgte, unterwarfen. Die heutige Einlassung auf die Klage aber ist nicht nur überhaupt von der römischen wesentlich verschieden, indem sie nur eine einseitige Erklärung des Beklagten auf die Klage enthält, sondern sie erfolgt auch oft viel später, nachdem schon eine Reihe von Proceſshandlungen derselben voraus-

(12) Vorlesungen. §. 60. S. 370 f.

gegangen sind, z. B. Verhandlungen über dilatorische oder einlassungshindernde Einreden, welche ebenfalls als concludente Handlungen anzusehen sein würden. Man darf daher den Zeitpunkt der beginnenden Prorogation nicht hierauf beschränken, sondern mufs je nach der Beschaffenheit der im einzelnen Falle vorgekommenen Handlungen bemessen, ob sich daraus auf eine Prorogation des Gerichtsstandes schliefsen lasse. — Auf der andern Seite läfst sich aber die nach römischem Rechte begründete Befugnifs, von einer verabredeten Prorogation selbst einseitig so lange noch zurücktreten zu können, als nicht schon der einzelne Rechtsstreit wirklich anhängig geworden war, auf die heutigen Prorogationen nicht mehr anwenden. Denn jene römisch-rechtliche Befugnifs beruhte auf der Unverbindlichkeit eines pactum nudum, welches erst durch die Erfüllung desselben Bedeutung erhielt. Jetzt aber sind alle gültigen Verabredungen schon an sich verbindend und können nur durch Uebereinstimmung beider Theile wieder aufgehoben werden.

Zum Schlufs ist noch der neuste Schriftsteller anzuführen, Wetzell (13). Er fordert für die ausdrückliche, wie für die stillschweigende Prorogation die Litiscontestation. Eine vorher geschlossene Uebereinkunft kann nur indirect durch Beifügung einer Conventionalstrafe wirksam gemacht werden, falls sie nicht blofs den Verzicht auf ein dem Verklagten zustehendes persönliches Privileg (z. B. der Schriftsässigkeit) enthält.

l. 51. C. de episc. et cler. l. 29. C. de pact.

(13) System. §. 39.

Der Unterwerfungsvertrag.

§. 20.

Nach Justinianeischem und heutigem Recht gibt es also, — und wir nehmen hiermit den im §. 13 verlassenen Faden unserer Untersuchung wieder auf, — zwei Hauptformen der freiwilligen Unterwerfung der Parthieen; die des älteren römischen Rechts, welche die Erklärung des Unterwerfungswillens der Parthieen gegenüber dem gesetzlich incompetenten Richter ist, und die des Justinianeischen Rechts, der zwischen den Parthieen geschlossene Unterwerfungsvertrag.

Soll jeder dieser Formen ein characteristischer Ausdruck gegeben werden, so dürfen wir weder diese „die ausdrückliche Unterwerfung", noch jene „die stillschweigende Unterwerfung" nennen, — Ausdrücke, welche man bis auf den heutigen Tag ganz allgemein festhält. — Denn der Unterwerfungsvertrag, der zwar regelmäfsig ausdrücklich geschlossen werden wird, kann, wie die meisten Verträge, auch stillschweigend geschlossen werden, und die Erklärung des Unterwerfungswillens der Parthieen gegenüber dem Richter kann eine stillschweigende, aber auch eine ausdrückliche sein. Sie ist nicht erst dann eine ausdrückliche, wenn die Parthie erklärt, sie sei dem angegangenen Gerichte gesetzlich nicht unterworfen, wolle aber dennoch in dem betreffenden Processe den Befehlen und Entscheidungen des Gerichts nachkommen, sondern der Wille ist schon dann ausdrücklich erklärt, wenn die Parthie sagt, sie unterwerfe sich hiermit dem angegangenen Gerichte, sie erkenne seine Gewalt über sich an, und dergl. mehr.

Auf den ersten Anblick scheinen sich die Ausdrücke

„gerichtliche" und „aufsergerichtliche freiwillige Unterwerfung" zu empfehlen, weil der Unterwerfungswille in jenem Falle dem Gericht, in diesem der Parthie gegenüber erklärt wird. Allein dieser Gegensatz ist durch den zweiten Ausdruck nicht gehörig bezeichnet, denn der Unterwerfungsvertrag kann von den Parthieen auch in Gegenwart eines Gerichts und mit Hülfe desselben geschlossen werden, in welchem Falle man ihn doch wohl nicht einen aufsergerichtlich geschlossenen nennen kann.

Wenn ich mir erlauben darf, den genannten Formen einen characteristischen Ausdruck beizugeben, so möchte ich die ältere Form „die gerichtliche freiwillige Unterwerfung", die neuere Form „die vertragsmäfsige freiwillige Unterwerfung" nennen, ohne mir übrigens den buchstäblich gerechtfertigten Einwand, dafs die freiwillige Unterwerfung in Form eines vor Gericht geschlossenen Vertrags auch eine gerichtliche, wenngleich vertragsmäfsige ist, zu verhehlen. Da jedoch für jene ältere Form ein ganz passender, kurzer Ausdruck wohl schwerlich gefunden werden mag, so griff ich zu einem, der, wie mir scheint, die Sache besser wie die anderen bezeichnet, und mufs zur Ausfüllung der Lücken, die er läfst, auf den den Gegensatz bezeichnenden Ausdruck verweisen.

Die gerichtliche freiwillige Unterwerfung ist bei der Darstellung des älteren römischen Rechts hinlänglich behandelt worden. Was aber die zweite Form der freiwilligen Unterwerfung anlangt, so haben wir uns bis jetzt nur mit dem Beweise von der Gültigkeit des Unterwerfungsvertrags nach Justinianeischem und heutigem Rechte beschäftigt. Allein dies genügt nicht; wir müssen noch, wenngleich in gedrängter Kürze, dieses Vertrags Erfordernisse, Wirkungen u. s. w. darzustellen unternehmen.

Zunächst müssen wir uns erinnern, dafs mit der Liiscontestation, also h. z. T. mit der Einlassung des Beklagten auf die Klage, ein Gerichtsstand entsteht, bezw. ein bestehender Gerichtsstand in den der Litiscontestation umgewandelt wird. So hängt es vom Eintritt der Einlassung auf die Klage ab, ob der Gerichtsstand der freiwilligen Unterwerfung im einzelnen Fall ein langes oder nur ein kurzes, ja, ob er überhaupt ein Leben hat. Denn wenn z. B. der Kläger im Glauben, ein gewisses Gericht sei gesetzlich competent, bei diesem Klage erhebt, und der Beklagte läfst sich in demselben Glauben oder wissentlich sofort auf dic Klage ein, so ist doch trotz der gesetzlichen Incompetenz des Gerichts, trotz des Consenses im weiteren Sinne der Gerichtsstand der freiwilligen Unterwerfung nicht ins Leben gerufen worden.

Diese Erinnerung und die daran geknüpften Bemerkungen waren nöthig, um diejenige Handlung zu bestimmen, zu welcher sich der Beklagte durch den Unterwerfungsvertrag verpflichtet hat. Diese Handlung ist die Einlassung auf die an dem bestimmten Gerichte erhobene Klage. Zu einem Mehr verpflichtet sich der Beklagte durch diesen Vertrag nicht. Das Versprechen des Beklagten, auf die an dem bestimmten Gerichte erhobene Klage sich einzulassen, genügt aber auch vollkommen, um ihn für den ganzen Procefs an dieses Gericht zu binden; es würde hierzu jedoch nicht genügen, wenn mit der Litiscontestation ein neuer Gerichtsstand nicht entstünde. Aus dem Unterwerfungsvertrag entsteht aber auf der anderen Seite eine Forderung für den künftigen Kläger, die auf Einlassung des Beklagten auf die an dem bestimmten Gerichte erhobene Klage gerichtet ist. Diese Forderung macht der Kläger geltend, wenn er an dem bestimmten Gerichte Klage erhebt. Weigert sich der Beklagte, an diesem Gerichte sich einzulassen, so mufs der Kläger auf Erfüllung des Unterwerfungsvertrags klagen. Diese Klage kann hier erhoben werden, als am forum solutionis, bezw. weil jedes Gericht seine Competenz zu prüfen berechtigt und verpflichtet ist; sie kann aber auch am forum domicilii erhoben werden. Diese letztere Bemerkung scheint nur eine theoretische, eines praktischen Werthes entbehrende zu sein: Eine Klage am Gericht A, die auf Einlassung des Beklagten am Gericht B geht? Als Antwort stehe folgender Fall: Zwei Contrahenten hatten einen Vertrag geschlossen, der nach dem vaterländischen Recht des einen beurtheilt werden sollte. Sie hatten zu gröfserer Sicherheit verabredet, von einem bestimmten Gerichte dieses Landes ihren eintretenden Rechtsstreit entscheiden zu lassen. Der streitige Fall tritt ein. Der Kläger klagt an dem bestimmten Gerichte, das Gericht nimmt die Klage an, theilt sie dem Beklagten mit, und dieser verweigert die Einlassung daselbst, indem er noch dazu anführt, der Gerichtsstand der freiwilligen Unterwerfung erfordere aufser dem Consense u. s. w. noch Anwesenheit oder Vermögensbesitz des Beklagten im Gerichtsbezirke, welches beides in dem vorliegenden Falle nicht vorhanden sei. Das Gericht adoptirt diesen in der Theorie öfter behaupteten, der Praxis sehr erwünschten, übrigens falschen Grundsatz, und läfst die Sache auf sich beruhen. Dem Kläger bleibt hier, wenn er sein Recht aus dem Unterwerfungsvertrag durchführen will, nichts anderes übrig, als am Domicil des Beklagten auf dessen Einlassung an dem betreffenden Gerichte und Stellung einer Caution an diesem Gerichte zu klagen. Wird die Klage aus dem Unterwerfungsvertrag an dem Gerichte erhoben, dem sich der Beklagte zu unterwerfen versprach, und er leugnet die Existenz eines solchen Vertrags, so entsteht die Frage, ob die Hauptsache in Verbindung mit der Competenzsache verhandelt werden könne, oder ob der Competenzpunkt festgestellt werden müsse, bevor die Hauptsache in Angriff genommen werden könne. Die Regel unseres Procefsrechts ist die, dafs eine solche gleichzeitige Verhandlung der Competenz- und Hauptsache unzulässig sei, dafs der Competenzpunkt zunächst festgestellt werden müsse. Und diese Regel müssen wir auch hier beobachten, selbst wenn der behauptete Unterwerfungsvertrag zugleich mit dem der Hauptsache zu Grunde liegenden Vertrag geschlossen sein soll, und dieser aus Gründen angefochten wird, deren Existenz auch das Dasein des Unterwerfungsvertrags vernichten würde (1). Nur

(1) Das Ober-Appellations-Gericht in Kiel ist anderer Ansicht. Es sprach sich über diese Frage folgendermafsen aus: Bildet die behauptete Vereinbarung über den Gerichtsstand einen integrirenden Theil des ganzen der Klage zu Grunde liegenden Handels, ist mithin dieselbe von dem Dasein des letzteren selbst abhängig, und daher zur Entscheidung über die Einrede des unzuständigen Gerichts die Einlassung des Beklagten auf die Hauptsache nothwendig, so kann dieser Einrede procefshindernde Wirkung nicht eingeräumt werden. Seufferts Archiv, Band 5, Nr. 227. — Dieser Grundsatz ist gefährlich; er zwingt zu der weiteren Annahme, dafs die Frage, ob das forum contractus begründet sei, zugleich mit der Hauptsache verhandelt werde. Denn das forum contractus ist das Gericht desjenigen Ortes, wo der Schuldner zu zahlen versprochen hat; es ist mithin von dem Dasein eines Vertrags abhängig, und daher zur Entscheidung über die Einrede des unzuständigen Gerichts die Ein-

bedarf es, wie ich schon früher behauptet habe, in dem Competenzprocesse keines vollen Beweises, sondern nur der Bescheinigung.

Der Unterwerfungsvertrag ist ungültig, wenn die Unterwerfung unter das Gericht unmöglich ist, impossibilium nulla obligatio; z. B. das von den Parthieen gewählte Gericht existirt nicht, oder besitzt die zur Entscheidung der Sache erforderliche Gerichtsbarkeit nicht. Doch ist er gültig, wenn er unter der Bedingung des Möglichwerdens der Unterwerfung geschlossen wird; z. B. zwei Contrahenten verpflichten sich, ihre streitige Handelssache an ein jetzt zwar noch nicht existirendes, von der Staatsregierung aber verheifsenes, künftig vielleicht ins Leben tretendes Handelsgericht zur Entscheidung zu bringen.

Durch den Vertrag kann man sich einem, zwei oder mehreren bestimmten, gesetzlich incompetenten Gerichten zu unterwerfen versprechen. Im Fall der Mehrheit der Gerichte kann die Wahl ausdrücklich dem Kläger oder dem Beklagten gegeben sein. Ist nichts bestimmt, so steht dem Kläger das Wahlrecht zu. Das Versprechen des Beklagten kann aber auch darauf gerichtet sein, dem-

lassung des Beklagten auf die Hauptsache nothwendig." — Das forum rei sitae ferner ist nur dann begründet, wenn der Beklagte in dem betreffenden Bezirke die eingeklagte, ihm fremde Sache besitzt; es ist mithin auch von dem Dasein eines Rechts des Klägers an der eingeklagten Sache, und des rechtswidrigen Besitzes des Beklagten abhängig, und wäre daher zur Entscheidung über die Einrede des unzuständigen Gerichts die Einlassung des Beklagten auf die Hauptsache nothwendig. — Welches Gebiet aber, so frage ich, würde der processualischen Regel, dafs der Competenzpunkt vor Behandlung der Hauptsache festgestellt werde, übrig bleiben?

jenigen Gerichte sich zu unterwerfen, welches der Kläger angehen wird. Derlei Verträge finden wir in der Praxis (2). Das Reichskammergericht hat das Versprechen des künftigen Beklagten : das er vor allen Gerichten solte furgenomen mogen vuerden, dahin verstanden, dafs er sich vor den competenten Gerichten einlassen wolle (3). Wir dagegen müssen einen solchen Vertrag für vollkommen gültig erachten, da er durchaus nicht an einer, ihn nichtig machenden Unbestimmtheit leidet (4). Das Versprechen des Beklagten kann auch lauten : Er gebe hiermit seinem creditori freie Macht und Gewalt, ihn an allen Orten und Enden, wo er ihn sonst antreffen möchte, zu belangen, massen er sich dieser Post halber eines jeden Richters Jurisdiction wollte unterwürfig gemacht haben (5). Hier wird der Gerichtsstand der freiwilligen Unterwerfung durch den Ort des Aufenthalts des Beklagten bestimmt.

Die Forderung aus dem Unterwerfungsvertrag kann zugleich mit der Hauptforderung cedirt werden. In der Cession dieser liegt aber nicht stillschweigend eine Cession jener.

Der Unterwerfungsvertrag ist ein specieller oder

(2) Schon Durantis (Specul. jur. l. 2. p. 1. de comp. jud. ad. n. 18. 19) kennt sie.

(3) Joach. Mynsinger, Obss. c. 1. obs. 88.

(4) Auch das Ober-Appellations-Gericht in Cassel hat im Jahr 1771 erkannt : „dafs die im Wechsel-Contract geschehene prorogatio jurisdictionis in quodvis judicium, licet extraneum ihren Effect haben mufs.“ (Hert, de superioritate territoriali. §. 27. Vol. I. tom. II. p. 258. 259.) S. Duysing, Collect. not. decis. supr. trib. app. Hasso-Cassel. Tom. III. dec. 6.

(5) Struv, de jurisd. prorog. Th. 7. Stockmann, de jurisd. prorog. §. 11 in f. Glück, Comment. Band 3. §. 206. S. 258.

ein allgemeiner, je nachdem die Parthieen nur in einer Sache, bezw. in einer gewissen Gattung von Sachen, oder in allen zwischen ihnen bestehenden streitigen Rechtssachen einen gewissen Richter anzuerkennen sich verpflichten.

Die Obligation aus dem Unterwerfungsvertrag erlischt mit der Erfüllung, d. h. mit der Unterwerfung des Beklagten unter das gesetzlich incompetente Gericht. Sie müfste, strenge genommen, erlöschen mit einer Novation der Hauptforderung. Denn der Schuldner hat nur versprochen, „in dieser Sache" einen fremden Richter anzuerkennen. „Diese Sache" aber ist durch die Novation untergegangen, und eine neue ist entstanden, hinsichtlich welcher die Parthieen jenes Uebereinkommen nicht getroffen haben. Doch glaube ich, dafs wenn nicht die bestimmte gegentheilige Absicht der Parthieen erwiesen werden kann, der Abschlufs eines neuen, dem früheren gleichen, Unterwerfungsvertrags als Absicht der Parthieen angenommen werden mufs. Der Unterwerfungsvertrag wird durch ein compromissum nicht definitiv aufgehoben, der Kläger kann vielmehr die Sache, wenn das Schiedsgericht wieder aufgehoben ist, an den Gerichtsstand der freiwilligen Unterwerfung bringen. Der Unterwerfungsvertrag wird ferner aufgehoben durch eine entgegengesetzte Uebereinkunft, die lediglich die Aufhebung jenes Vertrags, oder zugleich einen neuen Unterwerfungsvertrag enthalten kann. Er erlischt ferner durch den Eintritt einer Resolutivbedingung, die ihm beigefügt war, sowie durch den Eintritt eines für ihn gesetzten Endtermins; z. B. A hält sich in X auf, während er in Z sein Domicil hat. Seinem Gläubiger hatte er versprochen, auf die Dauer seines Aufenthalts (4 Wochen) in X, dem dasigen Gerichte sich zu unterwerfen. Mit Ablauf dieser Zeit hört seine Verbindlichkeit auf. Die Unterwerfungsobligation erlischt auch dann, wenn der gewählte Richter die Sache nicht angenommen, d. h. die Klage wegen Incompetenz, nicht aber aus anderen Gründen, zurückgewiesen hat. Schliefslich erlischt sie, wenn über den Schuldner Concurs ausgebrochen ist, indem die Gläubiger ihre Forderungen am Concursgericht geltend machen müssen.

Die aus dem Unterwerfungsvertrag entstehende Verbindlichkeit geht auf die Erben über (6). Diese können sich daher weder auf ihren gemeinen noch privilegirten Gerichtsstand berufen (7).

Die Ausschliefslichkeit des Gerichtsstandes der freiwilligen Unterwerfung.

§. 21.

Bis jetzt haben wir nur den Gerichtsstand der freiwilligen Unterwerfung an sich kennen gelernt, und bleibt uns daher noch übrig, denselben im Verhältnifs zu den übrigen Gerichtsständen zu betrachten.

Wenn die Parthieen den Unterwerfungsvertrag geschlossen, oder vor Beginn des Processes einem gesetzlich incompetenten Richter ihren Unterwerfungswillen erklärt haben, so concurriren mit dem Gerichtsstande der freiwilligen Unterwerfung die gesetzlichen Gerichtsstände, und

(6) L. 19 pr. de jud.

(7) Quamvis Ultrajecti morte prorogantis totam prorogationis vim, velut jus quoddam personale, extingui invaluerit, sic ut non nisi coram judice suo ordinario heres interpellandus est. Voet, Comment. l. 2. t. 1. de jurisd. n. 28.

der Kläger ist berechtigt, ein Gericht anzugehen, welches er will. Diese Concurrenz wird aufgehoben durch Erhebung und Mittheilung der Klage an den Beklagten. Erfolgte dies am Gerichtsstande der freiwilligen Unterwerfung, dann ist er ausschliefslich competent geworden.

Allein es gibt noch eine andere Art, die Concurrenz der Gerichtsstände zu lösen. Sie besteht darin, dafs der Kläger auf alle Gerichtsstände, mit Ausnahme eines einzigen verzichtet. Z. B. A kann als Kläger das forum rei sitae, domicilii, reconventionis angehen. B, der Beklagte, bestimmt ihn zum Versprechen, die Klage nur am Domicil anzustellen; A verzichtet darauf, den Beklagten am forum rei sitae oder reconventionis zu belangen. Soll der Gerichtsstand der freiwilligen Unterwerfung zum ausschliefslichen gemacht werden, so mufs der Kläger auf die gesetzlichen Gerichtsstände verzichten.

Der Vertrag der Parthieen, sie wollten sich einem bestimmten Gerichte unterwerfen, das solle die Rechtssache entscheiden u. s. w., wie wir ihn in der Regel im Leben vorfinden, ist somit ein zweiseitiger Vertrag. Einmal ist darin der Unterwerfungsvertrag enthalten, und dann gibt der künftige Kläger das Versprechen, den Beklagten an den gesetzlichen Gerichtsständen nicht zu belangen. (Verzicht auf die gesetzlichen Gerichtsstände.)

Fähigkeit der Parthieen zur Begründung des Gerichtsstandes der freiwilligen Unterwerfung.

§. 22.

Der Unterwerfungsvertrag bezweckt die Unterwerfung einer Parthie unter ein bestimmtes, gesetzlich incompetentes Gericht. Fähig zum Abschlufs des Unterwerfungsvertrags ist daher nur diejenige Parthie, welche zur Zeit des Abschlusses fähig ist, dem Gerichte freiwillig sich zu unterwerfen. Welchen Personen kommt die Fähigkeit zur freiwilligen Unterwerfung zu?

1) Die freiwillige Unterwerfung ist eine processualische Handlung; mithin mufs die Parthie handlungsfähig sein; unfähig sind infantes, furiosi. Die freiwillige Unterwerfung des Beklagten enthält aber zugleich eine Disposition, nämlich die Begründung einer processualischen Verbindlichkeit gegenüber dem gesetzlich incompetenten, angegangenen Gerichte, und den Verzicht auf das processualische Recht, vor dem gesetzlich competenten Richter Recht zu nehmen. Der Beklagte mufs deshalb auch dispositionsfähig sein; unfähig sind prodigi, Concursschuldner in Bezug auf das zur Concursmasse gehörige Vermögen; Unmündige, Minderjährige und die unter Geschlechtsvormundschaft stehenden Frauen ohne Mitwirkung ihrer Vormünder.

Der Verzicht auf die gesetzlichen Gerichtsstände setzt beim Kläger ebenfalls Handlungs- und Dispositionsfähigkeit voraus.

2) Die Unterwerfung kann auch durch einen Stellvertreter vollzogen werden. Wird ein Special- bezw. Generalmandat erfordert, oder genügt das einfache Procefs-

mandat? Ich glaube letzteres, weil ich in der freiwilligen Unterwerfung nur eine processualische Handlung erblicke.

3) Da nach heutigem Recht ein Unterschied zwischen Ausländern und Inländern vor der richterlichen Gewalt des Staates nicht mehr besteht, so sind auch Ausländer fähig den Gerichten des Inlandes freiwillig sich zu unterwerfen (1). Sie bedürfen nicht der Einwilligung der Regierung des Staates, dem sie angehören.

4) Die Ausübung der Competenz ist bedingt durch den freien Willen der Parthieen. Non procedat judex ex officio. Der Richter kann einen Verletzten nicht zwingen, zu klagen; er kann, wenn dieser an einem anderen gesetzlich competenten Gerichte klagt, ihn nicht zwingen, vor ihm zu klagen; er kann aber auch nicht hindern, dafs sich die Parthieen einen Gerichtsstand gründen. Diese bedürfen demnach, um unterwerfungsfähig zu sein, nicht des Consenses des gesetzlich competenten Richters.

5) Auch der Consens des auf die Sporteln

(1) Nur als ein beklagenswerther Rückschritt mufs es daher erscheinen, wenn in den über die Leistung gegenseitiger Rechtshülfe zwischen mehreren deutschen Staaten abgeschlossenen Verträgen die Bestimmung getroffen wurde: Keinem Unterthan ist es erlaubt, sich durch freiwillige Prorogation der Gerichtsbarkeit des andern Staates, dem er als Unterthan und Staatsbürger nicht angehört, zu unterwerfen. Keine Gerichtsbehörde ist befugt, der Requisition eines auf diese Weise gesetzwidrig prorogirten Gerichts in Stellung des Beklagten, oder Vollstreckung des Erkenntnisses statt zu geben. Jedes von einem solchen Gerichte gesprochene Erkenntnifs wird in dem einen, so wie in dem andern Staat als ungültig betrachtet. — Krug, das Internationalrecht der Deutschen. S. 16. Kein Verständiger wird wohl in der freiwilligen Unterwerfung eines Inländers unter das Gericht eines auswärtigen Staates eine Verachtung der Regierung oder eine Beeinträchtigung der Staatshoheit erblicken.

angewiesenen (gesetzlich competenten) Richters wird zur Unterwerfungsfähigkeit der Parthieen nicht gefordert, da der Richter nur ein Recht auf die durch seine Arbeit verdienten, nicht aber auf die durch seine mögliche Arbeit zu verdienenden Sporteln hat.

6) Patrimonialgerichtsunterthanen bedürfen ebenfalls nicht des Consenses ihres Gerichtsherrn. Man hat bei dieser Frage stets übersehen, dafs, wenngleich die Gerichtsbarkeit des Gerichtsherrn privatrechtlich erworben wurde, der Gegenstand des Erwerbs doch eben nur die Gerichtsbarkeit war, d. h. die Fähigkeit Recht zu sprechen, nicht aber das Recht, in allen Sachen der Hintersassen Recht zu sprechen. Das Patrimonialgericht mufs vielmehr ebenso wie das Gericht des Staates die Procefsgesetze beobachten; verlangen diese zur Begründung des Gerichtsstandes der freiwilligen Unterwerfung den Consens des gesetzlich competenten Gerichts nicht, dann können auch die Patrimonialgerichtsunterthanen ohne Consens ihrer Gerichtsherrschaft einem anderen Gerichte freiwillig sich unterwerfen. Für die heutige Zeit kann hierüber gar kein Zweifel sein.

2. Handlungen des Richters zur Begründung des Gerichtsstandes der freiwilligen Unterwerfung.

Literatur.

§. 23.

Es ist noch in diesem Abschnitte zu untersuchen, ob zur Begründung des Gerichtsstandes der freiwilligen Unterwerfung eine Handlung des von den Parthieen gewählten Richters erforderlich sei.

Zunächst (§. 23 und 24) will ich die Ansichten der Schriftsteller wiedergeben, und dann (§. 25 ff.) meine Meinung darlegen.

Gleich von vornherein sei jedoch die allgemein anerkannte, ausdrückliche Bestimmung der Gesetze erwähnt, dafs zur Begründung des Gerichtsstandes der freiwilligen Unterwerfung der Consens des gewählten Richters nicht nöthig sei. Diese Bestimmung enthält

l. 2 §. 1. de jud.

Convenire autem utrum inter privatos sufficit, an vero etiam ipsius praetoris consensus necessarius est? Lex Julia judiciorum ait: Quominus inter privatos conveniat. Sufficit ergo privatorum consensus. Proinde si privati consentiant, praetor autem ignoret consentire, et putat suam jurisdictionem: an legi satisfactum sit, videndum est; et puto, posse defendi, ejus jurisdictionem esse.

Es stehen sich aber, hauptsächlich auf Grund dieser Stelle, in der Literatur zwei Ansichten gegenüber. Nach der einen Ansicht ist es ein Erfordernifs, dafs der gewählte Richter die durch freiwillige Unterwerfung der Parthieen an ihn gebrachte Sache angenommen habe, nach der anderen Ansicht ist diese Annahme kein Erfordernifs, es reicht vielmehr die Unterwerfung der Parthieen zur Begründung unseres Gerichtsstandes hin. Diese beiden Ansichten können auch so formulirt werden: Der gesetzlich incompetente Richter kann zur Annahme einer durch freiwillige Unterwerfung der Parthieen an ihn gebrachten Sache nicht gezwungen werden; hat er aber einmal (wissentlich oder irrthümlich) die Sache angenommen, dann ist er zu deren fernerer Verhandlung und Entscheidung verpflichtet. (Erste Ansicht.) Der gesetzlich incompetente Richter kann zur Annahme einer durch freiwillige Unterwerfung der Parthieen an ihn gebrachten Sache gezwungen werden. (Zweite Ansicht.)

Die Glosse (1) scheint dem gesetzlich incompetenten Richter das Recht einzuräumen, die Annahme einer durch freiwillige Unterwerfung der Parthieen an ihn gebrachten Sache zu verweigern.

Durantis (2) verwirft die Ansicht, dafs aus

l. 6. C. de advoc. divers. jud. (2. 7).

— nullum denique aliud eis mandetur praeter arbitrium in eodem duntaxat loco, ubi advocationis exercetur officium; —

l. 18 §. 14. de mun. et honor. (50. 4).

Judicandi quoque necessitas inter munera personalia habetur.

L. 9. eod.

Si quis, Magistratus in municipio creatus, munere injuncto fungi detrectet: per Praesides munus agnoscere cogendus est remediis, quibus tutores quoque solent cogi ad munus, quod injunctum est, agnoscendum.

eine Verbindlichkeit des gesetzlich incompetenten Richters zur Annahme der Sache entnommen werden könne, weil dieser, geradeso wie der arbiter, die jurisdictio durch den Consens der Parthieen empfange, und deshalb nur dann zur Entscheidung der Sache verpflichtet sei und gezwungen werden könne, wenn er seine Einwilligung dazu gegeben (nisi consentiat).

L. 3 §. 1. de recept., qui arb. (4. 8).

(1) Gl. privatorum zu l. 2 §. 1. de jud.

(2) Specul. jur. l. 2. p. 1. de comp. jud. ad. n. 13.

Tametsi neminem praetor cogat arbitrium recipere, (quoniam haec res libera et soluta est, et extra necessitatem jurisdictionis posita,) attamen, ubi semel quis in se receperit arbitrium, ad curam ac sollicitudinem suam hanc rem pertinere Praetor putat : —

Weil jedoch das Gesetz nicht des Richters, sondern nur der Parthieen Einwilligung zur Begründung des Gerichtsstandes der freiwilligen Unterwerfung fordert, so vereinigte Durantis diese Gegensätze dahin, dafs er dem Richter das Recht zur Ausübung seiner Jurisdiction zwar einräumte, eine Pflicht dazu ihm aber nicht auferlegte. (Sed hoc verum est, ut jurisdictionem consequatur, non ut cogatur.)

Donellus (3) äufsert sich über die vorliegende Frage wie folgt : Notandum hoc loco, non aliorum consensum hic exigi, quam litigatorum : ipsius praetoris consensum non esse necessarium; ut si privati exteri consentiant, praetor aut putet suae jurisdictioni subjectos, aut sciens exteros ignoret eos consentire, nihilominus ejus sit jurisdictio; sicque interpretatur Ulpianus illa verba legis Juliae judiciorum, quominus inter privatos conveniat. Quod et merito placuit. Nam praetor ipse per se jurisdictionem habet, non ex privatorum consensu accipit. Soli sunt litigatores, quorum ex voluntate pendet, defugiantne praetoris jurisdictionem, an volentes in se admittant. Ideo et in eo solum eorum voluntas quaeritur. Adde, quod non minus praetorem reus judicem in se admisit, etsi qualis esset persona rei, praetor ignoravit. Porro quem judicem communi cum actore consensu admisit, eum invito postea actore repudiare non potest. Res enim inter ipsum et actorem geritur, non cum praetore.

(3) Comment. de jur. civil. l. 17. c. 10. n. 8.

Vultejus (4) : Nicht der Consens, sondern der Nichtdissens, der Nichtwiderspruch des Richters wird gefordert. Der Richter kann zur Annahme der Sache nicht gezwungen werden. Den Nichtdissens sieht Vultejus, mit früheren Juristen, für einen stillschweigenden Consens an. (Taciturnitas hic habeatur pro consensu.)

Ihm folgen, ohne neue Gründe vorzubringen, Bocerus (5), Obrecht (6), Vinnius (7), nur dafs dieser die Annahme der Sache nicht für einen stillschweigenden Consens ansieht. Er sagt blofs, dafs der Richter zur Annahme der Sache nicht gezwungen werden könne. Ihm stimmen bei Struvius (8) und Lauterbach (9). Kemmerich (10) und Bach (11) kehren zur Auffassung des Vultejus zurück. Martin (12), Bethmann-Hollweg (13), Zimmern (14), Bergmann (15), Linde (16),

(4) Comment. ad tit. C. de jurisd. n. 162. 163.

(5) De jurisd. prorog. n. 37.

(6) De jurisd. l. 4. c. 11. n. 86. 87.

(7) De jurisd. c. 10. n. 4.

(8) De jurisd. prorog. c. 2. th. 2.

(9) Coll. theor. — pract. l. 2. t. 1. de jurisd. n. 29.

(10) De jurisd. prorog. §. 14.

(11) De prorog. jurisd. §. 3. — „neque consensus, saltem non expressus, magistratus ejus, in quem translatio fit, sit necessarius; quamquam magistratus judexque alienus, in quem consenserunt, cogi non potest, ut in homines sibi non subjectos jus dicat.“

(12) Lehrbuch. §. 60. Vorlesungen. §. 60. a. E.

(13) Versuche. S. 11. N. 30.

(14) Der römische Civilprocefs. §. 27. S. 72.

(15) Grundrifs. §. 29. N. 230.

(16) Lehrbuch. §. 101.

Bayer (17), Schmid (18) und Wetzell (19) sprechen aus, dafs der Richter zur Annahme einer Sache nicht verpflichtet sei; wenn er sie jedoch einmal angenommen habe, dann könne er sie selbst wegen seines Irrthums nicht wieder von sich weisen. Brackenhoeft (20) ist derselben Ansicht, weil durch den Vertrag der Parthieen, ihre Sache von einem incompetenten Richter entscheiden zu lassen, eine Pflicht dieses Richters, in einer in Folge der gesetzlichen Regeln über die Competenz ihm nicht zugewiesenen Sache seine Thätigkeit zu äufsern, nicht begründet werden könne. Zwar lasse sich diese Ansicht dem römischen Rechte nicht zuschreiben, und es lasse sich ebenso wenig nachweisen, dafs etwa die Macht des Richters weiter gegangen sei, als seine Pflicht, sie auszuüben, weshalb denn auch sein Consens für überflüssig zur Prorogation erklärt werde; allein h. z. T. pflege man eine Vertheilung der Arbeitslast unter den Gerichtsbehörden in der Eintheilung der Gerichtsbezirke zu finden, und von diesem Gesichtspunkte aus könne man den Einen nicht für schuldig erachten, sich die Last des Anderen aufbürden zu lassen.

(17) Vorträge. S. 235 f.

(18) Handbuch. §. 56. S. 132. Band 1.

(19) System. §. 39. S. 337. N. 37. „Die Lex Julia hatte den Consens des angegangenen Richters nicht vorgeschrieben, dennoch konnte man ihm die Abweisung der an ihn gebrachten Sache nicht versagen; dafs er aber nicht dissentire, stand auch dann fest, wenn er im Irrthum war. Ein ähnlicher Unterschied zwischen consentire und non dissentire wird bei der Adoption und Emancipation gemacht, und eine ähnliche Folge daraus gezogen. Cf. l. 5. 42. de adopt. (1. 7). l. 5 in f. C. de emancip. (8. 49)." S. auch l. 11 in f. C. de adopt. (8. 48). l. 2 §. 2. sol. matr. (24. 3). l. 40 §. 4. de procur. (3. 3).

(20) Erörterungen. §. 101. S. 266 f.

Fortsetzung.

§. 24.

Noodt (1) ist der Ansicht, dafs der Richter zur Annahme der Sache verpflichtet sei. Er sagt : Interim quia fuit de hoc apud Veteres dubitatum, ideo Ulpianus, velut timide et dubitanter, Et puto, inquit, defendi posse, ejus esse jurisdictionem. quod non dixisset, si ea res tum certa atque indubitata fuisset. Atque ad hanc dubitationem allusit, opinor, Africanus l. 18. de jurisd. Sed et Justinianus l. pen. C. de pact. probat, talia pacta valere, et a privatis, etiam inconsulto praetore, fieri posse.

Schulting (2) sagt zwar nur, dafs der Consens des gewählten Richters nicht nöthig sei; wegen des beigefügten Grundes aber : qui etiamsi desideraretur, valde aliquando negotia hominum et contractus, in quibus ob ejusmodi subjectionem facilius saepe quis alterius fidem sequitur, sufflaminarentur, sind wir zur Annahme berechtigt, Schulting verpflichte den Richter zur Uebernahme der Sache.

Auch Heffter (3) stimmt dem bei, wenn er sagt : Der Einwilligung des Gerichts selbst bedarf es nicht, sobald einmal beide Parthieen sich vor Gericht gestellt haben.

Osterloh (4) ist mit Berufung auf die gleich zu nennende Abhandlung von Francke derselben Ansicht : Ebensowenig wird nach der richtigeren Ansicht die Zustimmung desjenigen Richters erfordert, auf welchen die Parthieen compromittirt haben.

(1) De jurisd. et imper. l. 2. c. 14.

(2) Comment. acad. Vol. 3. l. 2. t. 1. de jurisd. n. 13.

(3) System. §. 167.

(4) Lehrbuch. §. 74.

A. W. S. Francke (5) begründet seine Ansicht folgendermafsen : l. 1. de jud. macht die Competenz des sonst incompetenten Richters von der conventionellen Unterwerfung der Parthieen unter seine Jurisdiction abhängig. Das Gesetz weifs, von dem Act der Subjection abgesehen, von keinem anderen Erfordernisse der Prorogation, als von dem Consens der Parthieen. — Es drängt sich die Frage auf, ob der Consens der Parthieen genüge, oder ob auch der angegangene Richter seine Zustimmung geben müsse? Die lex Julia sagt : quominus inter privatos conveniat; die Antwort lautet daher ganz entschieden und unumwunden : „es genüge der Consens der Parthieen.“ Der Satz : proinde si privati consentiunt u. s. w. erhält folgende Auslegung : Wenn also der Consens der Parthieen genügt, wenn mithin der Consens des Richters, weder der stillschweigende noch der ausdrückliche, erforderlich ist, so kann auch nichts darauf ankommen, ob der angegangene Richter sich in dem Titel seiner Competenz irrt. — Ein unmittelbares Zeugnifs für sein Beweisthema findet Francke in l. 3. C. de jurisd.

Privatorum consensus judicem non facit eum, qui nulli praeest judicio; nec, quod is statuit, rei judicatae continet auctoritatem.

Diefs Gesetz betrachtet den Fall, da die Parthieen sich Jemanden zum Richter gewählt, qui nulli praeest judicio, von zwei Seiten und erklärt 1) mit Beziehung auf den Richter : der Consens der Parthieen begründet hier keine Jurisdiction, 2) mit Beziehung auf die Parthieen : diese können sich auf die Nichtigkeit des Urtheils berufen; denn es tritt hier keine res judicata ein. — Umgekehrt folgt

(5) Zeitschrift für Civilr. u. Procefs, N. F. Bd. 2. N. 5.

aber auch aus diesem negativ sich äufsernden Gesetz: Wenn Derjenige, über welchen die Parthieen übereinkommen, einem judicio praeest, überhaupt (die betreffende) Jurisdiction hat, so wirkt der consensus privatorum gleichfalls nach zwei Seiten: 1) judicem facit, d. h. seine Gerichtsbarkeit für diesen concreten Fall, mithin seine Competenz ist begründet, und 2) die Parthieen können sich hinterher auf die Incompetenz des von ihnen gewillkührten Richters nicht berufen; denn quod is statuit, rei judicatae continet auctoritatem.

Diese Beweisführung nun hat mehrere Mängel, falsche Voraussetzungen, falsche Schlufsfolgerungen.

Zunächst müssen wir uns klar werden über das Verhältnifs, in welchem die consentirenden Parthieen zu dem qui nulli praeest judicio stehen. Dieser ist ein Privatmann. Handelt nun die Stelle von dem Falle, da die Parthieen wufsten, dafs die von ihnen zur Entscheidung ihrer Sache gewählte Person ein Privatmann sei, oder hielten sie dieselbe für einen öffentlichen, gesetzlich incompetenten Richter? Das letztere nicht, denn der Ausdruck consensus würde bei dieser Annahme nicht gerechtfertigt sein, da er regelmäfsig die wissentliche Unterwerfung bedeutet. Die Parthieen hatten also den Privatmann zum Schiedsrichter in ihrer Sache gewählt.

Nun sagt Francke, in dieser Stelle wäre ausgesprochen: der Consens der Parthieen begründe hier keine Jurisdiction. Das ist eine richtige Uebersetzung der Worte: privatorum consensus judicem non facit eum, qui nulli praeest judicio. Der Gedanke selbst ist unzweifelhaft richtig. Was ist aber unter dieser „Jurisdiction" zu verstehen? Soll gemeint sein, der Schiedsrichter werde zur Verhandlung und Entscheidung der rechtsgültig an ihn gelangten Sache weder berechtigt, noch verpflichtet? Nein; denn die Entstehung dieses Rechts und dieser Pflicht aus dem zwischen den Parthieen einerseits und dem Privatmann andererseits geschlossenen Vertrage kann nicht in Abrede gestellt werden. Allein die Stellung des Schiedsrichters ist eine privatrechtliche, sie ist nicht Competenz, denn diese setzt voraus, dafs der Richter ein vom Staate angestellter, öffentlicher sei, und diese Eigenschaft heifst Jurisdiction, Gerichtsbarkeit, die dem Privatmanne, folglich dem Schiedsrichter nicht zukommt.

Unsere Stelle drückt also den höchst einfachen Gedanken aus, dafs der Schiedsrichter nicht öffentlicher Richter sei. Wenn wir nun „aus diesem negativ sich äufsernden Gesetze“ einen Schlufs ziehen dürften, so wäre es der : ein öffentlicher Richter, dem die Parthieen freiwillig sich unterworfen haben, ist öffentlicher Richter; nicht aber der Schlufs : der consensus privatorum begründet für den concreten Fall die Gerichtsbarkeit, mithin die Competenz desjenigen, der einem judicio praeest. Diese Folgerung wäre, ihre Statthaftigkeit vorausgesetzt, richtig, wenn unsere Stelle den Satz auszusprechen beabsichtigt hätte : L e d i g l i c h durch die Uebereinkunft der Parthieen, ihre Sache von einem Privatmann entscheiden zu lassen (privatorum consensus, also bevor der Privatmann eingewilligt hat), ist derselbe noch nicht Schiedsrichter, d. h. noch nicht zur Verhandlung und Entscheidung der Sache berechtigt und verpflichtet. Sagt aber das diese Stelle? Sehen wir zur Zeit von der zweiten Hälfte derselben ab, und halten uns nur an die erste. Ich will alsdann ebensowenig in Abrede stellen, dafs dieselbe eines Zweifels würdig sei, als diesen mit der Bemerkung niederschlagen, dafs die Nichtverpflichtung und Nichtberechtigung eines

Privatmannes zur Ausübung des schiedsrichterlichen Amtes ohne desfallsigen Vertrag so natürlich und zweifellos sei, dafs sie einer besonderen Versicherung von Seiten des Gesetzgebers nicht bedurft hätte. Denn was die letztere Bemerkung betrifft, so äufsert sich allerdings ein anderes Gesetz in angegebener Weise. Allein die Fassung desselben ist eine ganz andere, wie die der l. 3. C. cit. Jenes Gesetz ist

l. 3 §. 1. de recept., qui arbitr. (4. 8).

Tametsi neminem praetor cogat arbitrium recipere, (quoniam haec res libera et soluta est, et extra necessitatem juris dictionis posita) —

In l. 3. C. cit. dagegen fehlt den angeblich entscheidenden Worten aller Nachdruck; er liegt auf judicem non facit eum, qui nulli praeest judicio, nicht auf privatorum consensus; er würde darauf liegen, wenn es hiefse: privatorum solus consensus judicem non facit eum, qui nulli praeest judicio.

Ein weiterer Beweis gegen die Behauptung, dafs unsere Stelle den Gedanken auszudrücken beabsichtige, dafs durch die blofse Uebereinkunft der Parthieen für den Privatmann die Rechte und Pflichten eines Schiedsrichters nicht entstünden, ist aber mit der zweiten Hälfte unserer Stelle zu führen, in der es heifst: nec, quod is statuit, rei judicatae continet auctoritatem. Dem Ausspruch (statuere) des Schiedsrichters mufs nothwendig die Annahme der Sache von seiner Seite vorausgehen. Die Stelle hat also einen Fall vor Augen, wo der Schiedsrichter die Sache bereits angenommen hatte. Hiermit mufs die ganze Argumentation Francke's fallen.

Schliefslich wende ich mich zu der vorhin ausgesetzten Frage, ob denn das, was vom Schiedsrichter nicht gilt, vom Richter, dem sich die Parthieen freiwillig unterwerfen, nothwendig gelten mufs? Ein solcher Schlufs ist schon deshalb unstatthaft, weil der Richter, dem sich die Parthieen freiwillig unterwerfen, ein öffentlicher Richter ist, und von dem Schiedsrichterinstitut der bekannte Grundsatz gilt : Compromissum ad similitudinem judiciorum redigitur. Wir sind daher im Zweifel auf eine vollständig gleiche Behandlung des Schiedsrichters und jenes öffentlichen Richters hingewiesen. Zu welchen absurden Resultaten aber jener umgekehrte Schlufs führt, ist leicht einzusehen (6).

Die Annahme der Sache durch den Richter ist Erfordernifs.

§. 25.

Ich wende mich nun zur Darstellung meiner Ansicht. Sie geht dahin : Der gesetzlich incompetente Richter, dem sich die Parthieen freiwillig unterworfen haben, ist nicht verpflichtet, die Sache anzunehmen; hat er sie aber angenommen, dann kann er sie nicht mehr von sich weisen. Oder : zur Begründung des Gerichtsstandes der freiwilligen Unterwerfung gehört, aufser der freiwilligen Unterwerfung der Parthieen, auch noch die Annahme der Sache durch den gesetzlich incompetenten Richter.

Das zwischen dem competenten Gerichte und der ihm

(6) Darf man wohl, wenn die Gesetze sagen, dafs der Schiedsrichter seinen einmal gefällten Spruch nicht abändern könne, den Schlufs wagen, dafs der öffentliche Richter, dem die Parthieen freiwillig sich unterworfen haben, dies zu thun berechtigt sei?

unterworfenen Parthie bestehende Rechtsverhältnifs haben wir oben (§. 7) kennen gelernt als eine öffentlich-rechtliche Obligation. Dieselbe kann durch Vertrag zwischen dem Gericht einerseits und den Parthieen andererseits entstehen (1), und kann nur durch Vertrag entstehen, insoweit nicht das Gesetz gewisse Zustände als Entstehungsgründe derselben bestimmt aufgeführt hat. Wenden wir dies auf unsern Gerichtsstand an, dann müssen wir sagen: nur durch einen zwischen Gericht und den Parthieen abgeschlossenen Vertrag, Competenzvertrag, entsteht Competenz, es sei denn, dafs sich aus den Gesetzen mit Bestimmtheit ergebe, dafs die Competenz schon mit der freiwilligen Unterwerfung der Parthieen entstehe.

Wir müfsten nach dieser allgemeinen Betrachtung, wie auf Seiten der Parthieen, so auch auf Seiten des Richters Consens fordern, und zwar den Consens im engeren Sinne, d. h.

a. das Wissen des Richters, dafs er gesetzlich incompetent sei;

b. seinen Willen, die an ihn gebrachte Sache zu verhandeln und zu entscheiden (Consens im weiteren Sinne);

c. die Erklärung dieses Willens gegenüber den Parthieen.

Die Handlung des Richters wäre demnach die wissentliche Acceptation (Annahme) des von den Parthieen ihm gegebenen Versprechens, in vorliegendem Rechtsstreite seine richterliche Gewalt anzuerkennen. Da aber

(1) Die Behauptung Büff's, Ztschr. für Civilr. u. Pr. N. F. Band 15. S. 257. Anm. 2.: „Der Richter mufs und kann nicht contrahiren" ist unerwiesen.

der Richter nicht blofs zur Entscheidung der Sache berechtigt, sondern auch verpflichtet werden soll, so ist in der Unterwerfung der Parthieen zugleich die Frage an den Richter enthalten, ob er sich verpflichten wolle. Sein Accept bejaht diese Frage.

Diese Auffassung der Sache scheint von einigen römischen Juristen getheilt worden zu sein, was aus der eigenthümlichen Fassung der l. 2 §. 1. de jud. hervorgeht. Allein später hat man den Consens des Richters nicht mehr gefordert. Man wich damit von den das Institut des Gerichtstandes der freiwilligen Unterwerfung beherrschenden Grundsätzen ab. Jede solche Abweichung ist aber streng zu erklären. Wenn daher der Consens des Richters nicht mehr gefordert wird, so wird eben nur derjenige Consens als Erfordernifs verworfen, der nach allgemeinen Grundsätzen nöthig wäre. Dieser Consens ist das Wissen, Wollen und die Erklärung des letzteren. Nimmt man nun das Wissen heraus, so ist der Consens im engeren Sinne aufgehoben, und legi satisfactum est. Das Erfordernifs des Consenses im weiteren Sinne aber ist nicht aufgehoben worden. Zur Begründung des Gerichtsstandes der freiwilligen Unterwerfung gehört somit noch die Annahme der Sache durch den Richter, d. h. die Erklärung desselben, die an ihn gebrachte Sache zu entscheiden.

Einen Beweis, dafs nur das Nichtwissen des Prätors für irrelevant erklärt worden ist, liefert uns der Schlufssatz der l. 2 §. 1. cit.

Proinde si privati consentiant, praetor autem ignoret consentire, et putat suam jurisdictionem, an legi satisfactum sit, videndum est. Et puto, posse defendi, ejus esse jurisdictionem.

Der Jurist gibt hier für sein vorher Gesagtes ein Beispiel. Wir müssen annehmen, dafs es treffend sei, und den aufgestellten Rechtssatz getreu wiederspiegle. Das Beispiel enthält aber den Fall, wo die Parthieen den Prätor angegangen haben, und dieser im Glauben, gesetzlich competent zu sein, die Sache angenommen hat, — ich halte nämlich dafür, dafs mit den Worten : et putat suam jurisdictionem ausgedrückt ist : der Irrthum müsse sich geäufsert haben. Der Jurist sagt demnach in diesem Beispiele nichts weiter, als dafs der Irrthum des Prätors die Entstehung des Gerichtsstandes der freiwilligen Unterwerfung nicht hindere.

Aus den Worten : sufficit ergo privatorum consensus kann man nicht folgern, dafs aufser dem Consense der Parthieen nichts weiteres gefordert werde, sondern man kann aus ihnen nur das entnehmen, was sie wirklich sagen, nämlich : es genügt der Consens der Parthieen. Ist denn das nicht gleichbedeutend mit dem Ausdruck, es werde aufser dem Consense der Parthieen nichts weiteres gefordert? Nein. Denn Ulpian stellt die Frage : Wird nur der Consens der Parthieen oder auch der Consens des Prätors gefordert? Wenn er nun sagt : sufficit privatorum consensus, so will er damit sagen, dafs nur bei den Parthieen Consens vorhanden sein müsse, beim Prätor nicht, oder ipsius praetoris consensus necessarius non est. Hätte Ulpian in der That nichts weiter als den Consens der Parthieen fordern und erklären wollen, dafs der gesetzlich incompetente Richter zur Annahme einer durch freiwillige Unterwerfung der Parthieen an ihn gebrachten Sache verpflichtet sei und gezwungen werden könne, so trifft ihn der Fehler, dafs er sein Beispiel schlecht gewählt hat. Da wir aber dies im Zweifel nicht annehmen dürfen, so sind wir zu der Behauptung berechtigt, dafs l. 2 §. 1. cit. zur Begründung des Gerichtsstandes der freiwilligen Unterwerfung aufser dem Consense der Parthieen auch noch die Annahme der Sache durch den Richter fordere.

Francke hat einen starken Beweis für seine Ansicht in l. 1. de jud. zu finden geglaubt. Es wird in dieser Stelle allerdings nur die Subjection bezw. der Consens der Parthieen zur Begründung unseres Gerichtsstandes ausdrücklich gefordert. Da ich diese Stelle als Cardinalstelle unserer Lehre ansehe, so wäre ihr Schweigen über das von mir behauptete Erfordernifs ein Argument gegen die Richtigkeit meiner Ansicht. Allein es wird in dieser Stelle, zwar nicht ausdrücklich, aber stillschweigend auch die Annahme der Sache durch den Richter gefordert.

Beweis : Es ist eine unbestreitbare Wahrheit, und wird auch von Francke (2) zugegeben, dafs der incompetente Richter die bei ihm angebrachte Klage wegen nicht vorhandener Competenz zurückweisen kann, ohne dem Beklagten durch Mittheilung Gelegenheit zu geben, sich darüber zu äufsern, ob er in seine Competenzbegründung einwillige. Der gesetzlich incompetente Richter wird aber nach l. 1. cit. erst dann competent, wenn beide Parthieen sich ihm unterworfen haben, er ist es nicht schon dann, wenn erst ein Theil seinen Unterwerfungswillen erklärt hat. Der Prätor kann somit, wenn erst ein Theil sich unterworfen hat, die Klage zurückweisen, er braucht die Sache nicht anzunehmen. Nun haben wir zwar oben (§. 9) die Subjection in verschiedenen Formen kennen gelernt, allein wir würden irren, wollten wir annehmen,

(2) a. a. O. S. 130.

dafs alle diese Formen im Leben vorgekommen wären, und dafs Ulpian sie alle vor Augen gehabt hätte, als er die Ausdrücke se subjiciant und consentiant niederschrieb. Die regelmäfsige, weil die natürlichste Form der Unterwerfung wird folgende gewesen sein: Nach Abschlufs des Unterwerfungsvertrags erschienen beide Theile vor dem gewählten Magistrate; der Kläger verlangte die actio, und darin lag seine Unterwerfung; der Prätor ertheilte sie und gab dem Beklagten Gehör, — das ist die Annahme der Sache; der Beklagte antwortete, brachte Einreden vor u. s. w. und hierin lag seine Unterwerfung.

Wenn dieses Verfahren das übliche, die durch seltene Ausnahmen unterbrochene factische Regel war, dann dürfen wir auch annehmen, dafs sie der Definition unseres Gerichtsstandes in l. 1. cit. zu Grunde lag, die alsdann so wiedergegeben werden mufs: Wenn Kläger durch Klaganstellung einem gesetzlich incompetenten Richter wissentlich sich unterworfen, der Magistrat die Sache angenommen, und hierauf der Beklagte seinen Unterwerfungswillen erklärt hat, dann ist des Richters Competenz begründet. Hiermit erklärt aber, weil der Magistrat vor der Unterwerfung des Beklagten incompetent, und die Klage folglich zurückzuweisen berechtigt war, Ulpian die Annahme der Sache durch den Magistrat stillschweigend für ein Erfordernifs des Gerichtsstandes der freiwilligen Unterwerfung.

Den stärksten Beweis für unsere Behauptung liefern aber folgende Stellen:

L. 14. de jurisd. (2. 1). Ulpianus. l. 39. ad Edictum.

Est receptum, eoque jure utimur, ut si quis major vel aequalis subjiciat se jurisdictioni alterius, possit ei et adversus eum jus dici.

L. 13 §. 4. ad SC. Trebell. (36. 1). Ulpianus. l. 4. Fideicommissorum.

— et dicendum est, Praetorem quidem in Praetorem, vel Consulem in Consulem nullum imperium habere : sed si jurisdictioni se subjiciant, solet Praetor in eos jus dicere.

In diesen beiden Stellen ist ausgesprochen, dafs der Prätor über diejenigen, welche ihm gesetzlich nicht unterworfen sind (3), die sich aber freiwillig ihm unterworfen haben, seine Gerichtsbarkeit ausüben könne, ja sie auszuüben pflege, nicht aber ausüben müsse.

Also nicht blos dann, wenn der major oder aequalis als Kläger auftritt, und durch Erbittung der Klage dem Prätor sich unterwirft, sondern auch dann, wenn er sich als Beklagter unterwirft, ist der Prätor zur Ausübung seiner Jurisdiction nicht verpflichtet.

Fast sollte es aber scheinen, dafs diese Stellen unsere bisherige Beweisführung zerstörten. Wir haben nämlich behauptet, dafs der Subjection des Beklagten regelmäfsig die Annahme der Sache durch den Magistrat vorausging, und würden, wenn wir dieselbe Form der Subjection auch in diesen Stellen anzunehmen genöthigt wären, zu dem Resultate gelangen, dafs trotz der Annahme der Sache durch den Magistrat und der Unterwerfung des Beklagten jener doch zur Beibehaltung der Sache nicht verpflichtet, folglich nicht competent wäre. Allein mir scheinen diese Stellen eine Subjection des Beklagten ohne vorausgegangene Annahme der Sache durch den Magistrat vor Augen zu haben. Der Grund dieser Ausnahme lag

(3) Es ist kein Grund vorhanden, diese Stellen auf den major und aequalis zu beschränken.

in den besonderen Umständen des vorliegenden Falles. Wir müssen uns nämlich vor allen Dingen erinnern, dafs mit dem blofsen Erscheinen des Beklagten vor dem Prätor die Subjection nicht geschehen war, sondern dafs es der Erklärung seines Unterwerfungswillens bedurfte, und er daher, bis dieses geschehen war, zurücktreten konnte. Erhob nun der Kläger Klage, nahm dann der Prätor die Sache an, und verweigerte nun der Beklagte seine Unterwerfung, so war des Prätors Zeit und Mühe, die er der Formulirung des klägerischen Anspruchs widmete, ein unnützerweise dargebrachtes Opfer, das mitunter, insbesondere dann, wenn der Kläger eine actio verlangte, für welche noch kein Formular im Album stand, nicht unbedeutend war. Um dieses zu vermeiden, wäre es rathsam gewesen, dafs der Prätor beim Erscheinen zweier Parthieen und vor Erhebung der Klage die Frage an sie gerichtet hätte, ob sie gesetzlich ihm unterworfen wären oder nicht, und in letzterem Falle, ob der Beklagte sich ihm unterwerfen wolle? Allein diese Vorsichtsmafsregel bürgerte sich begreiflicherweise in der Praxis nicht ein; denn von der überwiegenden Mehrzahl der Parthieen würde der Magistrat die Antwort erhalten haben, dafs sie gesetzlich seiner Jurisdiction unterworfen wären, oder dafs sie sich seiner Jurisdiction unterwerfen wollten, und in den seltensten Fällen würde er durch die Anwendung dieser Vorsichtsmafsregel einem unnützen Verfahren vorgebeugt haben. Nun ist es aber das Schicksal der meisten Vorsichtsmafsregeln, aufser Uebung zu kommen, wenn die überwiegende Mehrzahl der Fälle ihre Anwendung nicht fordert. Das mag der Grund gewesen sein, warum der Magistrat, ohne die Parthieen über die Competenzverhältnisse zu befragen, das Verfahren einleitete, bezw. dafs die Erklärung des Consenses des Beklagten erst nach der Annahme der Sache durch den Magistrat erfolgte. Trat aber ein Consul oder Prätor als Beklagter auf, so erkannte der Prätor in ihm sofort eine Person, die gesetzlich ihm nicht unterworfen war, und hier war die Frage, ob er sich seiner Gerichtsbarkeit unterwerfen wolle, gerechtfertigt. Die Frage selbst kann aber als eine Annahme der Sache nicht angesehen werden. Antwortete nun der major oder aequalis bejahend, dann war eine Unterwerfung desselben vor der Annahme der Sache durch den Magistrat geschehen, und nun stand es, wie unsere Stellen sagen, diesem frei, die Sache anzunehmen oder abzulehnen.

Das spätere römische Recht ist nicht zu übergehen. Es besitzt in l. 29. C. de pact. eine Stelle, welche auf den ersten Anblick eine Reformation des älteren Rechts zu enthalten, und den Richter zur Annahme der durch freiwillige Unterwerfung der Parthieen an ihn gebrachten Sache zu verpflichten scheint. In diesem Gesetz wurde bekanntlich der Unterwerfungsvertrag für gültig erklärt, und am Schlufs sagt Justinian : Omnes itaque judices nostri hoc in litibus observent, et hujusmodi observatio et ad pedaneos judices — — — — — — perveniat : scituri, quod si neglexerint, etiam litem suam facere intelligantur. Man könnte nun nach diesen Worten so argumentiren : Da der Unterwerfungsvertrag Rechte und Verbindlichkeiten erzeugt, und es eine Pflicht des Richters ist, die Rechte zu schützen, so mufs ein gesetzlich incompetenter Richter, dem sich die Parthieen durch Vertrag unterworfen haben, diesen Vertrag, wie jeden andern, und die daraus entstehenden Rechte und Verbindlichkeiten, wie die übrigen, anerkennen, er mufs also die Sache annehmen. Dafs aber dies die Absicht des Kaisers nicht ist, und dafs er nur sagen wollte, ein Richter, der die Sache einmal angenommen habe, solle dem Einwand der Ungültigkeit des Unterwerfungsvertrags keine Folge geben, geht aus den vorhin verschwiegenen, die dort gelassene Lücke ausfüllenden Worten: et ad compromissarios et arbitros electos hervor. Denn die Verbindlichkeit der judices, judices pedanei, compromissarii und arbitri electi wird in unserer Stelle als eine g a n z g l e i c h e hingestellt. Wenn es aber gewifs ist, dafs die compromissarii und arbitri electi zur Annahme einer Sache nicht verpflichtet sind, so sind es folglich auch nicht die judices und judices pedanei.

Fortsetzung. — Grund dieses Erfordernisses.

§. 26.

Unsere Untersuchungen haben bis jetzt zu dem Resultate geführt, dafs nach der Natur des zwischen dem competenten Magistrate und der ihm unterworfenen Parthie bestehenden Rechtsverhältnisses zur Begründung des Gerichtsstandes der freiwilligen Unterwerfung des Magistrats Consens im engeren Sinne gefordert werden müfste, dafs aber das römische Recht von diesem Erfordernisse abgesehen hat, und nur die Annahme der Sache durch den Magistrat, dessen Consens im weiteren Sinne verlangt. Forschen wir nun nach dem G r u n d e d i e s e r M o d i f i c a t i o n.

Das Verfahren in jure konnte in kurzer Zeit beendet sein, es konnte aber auch zu sehr bedeutender Ansdehnung und Dauer erwachsen. Die wichtigsten Streitfragen konnten sich erheben über die Ertheilung und Abfassung der verlangten actio, über die Zulässigkeit des Stellvertreters oder Beistandes, Connexität verschiedener Art, Procefs- und andere Cautionen, Dilationen u. s. w., über die Wahl von Judex, Arbiter oder Recuperatores, und die Entscheidungen dieser streitigen Punkte konnten mittelst appellatio von Consuln, Prätoren und Tribunen angefochten werden. Wäre nun zur Begründung unseres Gerichtsstandes des Prätors Consens im engeren Sinne gefordert worden, und hätte der Prätor, der, im Glauben, gesetzlich competent zu sein, der Behandlung der Sache sich unterzog, nach erlangter Kenntnifs seiner gesetzlichen Incompetenz die Parthieen auf diesen Grund hin abgewiesen, dann würde den Parthieen in den meisten Fällen ein grofser Nachtheil entstanden sein. Vergebens hätten sie Zeit, Mühe und Geld geopfert. Aber nicht blofs dieser, sondern noch ein anderer Nachtheil würde sie getroffen haben, derselbe Nachtheil, der die Parthieen treffen würde, wenn der von ihnen gewählte Schiedsrichter, nachdem er die Sache vor sich hatte verhandeln lassen, die Entscheidung derselben verweigern könnte, und welchen Ulpian (1) mit folgenden Worten treffend beschreibt:

Tametsi praetor neminem cogat arbitrium recipere, (quoniam haec res libera et soluta est, et extra necessitatem jurisdictionis posita,) attamen, ubi semel quis in se receperit arbitrium, ad curam ac sollicitudinem suam hanc rem pertinere praetor putat, non tantum, quod studeret, lites finiri, verum quoniam non deberent decipi, qui eum, quasi virum bonum, disceptatorem inter se elegerunt. Finge enim, post causam jam semel atque iterum tractatam, post nudata utriusque intima et

(1) l. 3 §. 2. de recept., qui arb. (4. 8). Ulpianus. l. 13. ad Edictum.

secreta negotii aperta, arbitrum vel gratiae dantem, vel sordibus corruptum, vel alia ex causa nolle sententiam dicere : quisquamne potest negare, aequissimum fore, praetorem interponere se debuisse, ut officium quod in se recepit, impleret?

Diese Rücksicht auf das Interesse der Parthieen mag die Lex Julia oder den Juristen zur Verwerfung des Erfordernisses des Consenses im engeren Sinne bewogen haben.

Für eine Verwerfung des Erfordernisses des Consenses im weiteren Sinne aber scheinen hinreichende Gründe nicht vorhanden gewesen zu sein. Allein, wenn auch der Prätor zur Annahme einer Sache, die gesetzlich zu seiner Cognition nicht gehörte, rechtlich nicht verpflichtet war, so wird doch in der Praxis die Annahme einer solchen Sache factische Regel gewesen sein; der Prätor wird sich der Entscheidung, die der Buchstabe des Gesetzes ihm nicht auferlegte, ebensowenig entzogen haben, wie der heutige Richter, der von Eifer und Ehrgefühl, den unerläfslichen Bedingungen einer guten Rechtspflege, durchdrungen ist. Einen Beweis dafür, dafs die Annahme der Sache factische Regel war, liefert uns l. 13 §. 4. ad SC. Treb. — solet praetor in eos jus dicere. Diese factische Regel scheint mir auch der Grund gewesen zu sein, warum Ulpian dieses Erfordernifs in der Definition vom Gerichtsstand der freiwilligen Unterwerfung nicht ausdrücklich aufführte, und warum er in l. 19 §. 2. de jud. so bestimmt sagen konnte : Proinde et si merces vendilit certo loci, vel disposuit, vel comparavit : videtur, nisi alio loci ut defenderet convenit, ibidem se defendere.

Von den Vortheilen, welche mit dem Erfordernisse der Annahme der Sache verbunden sind, und von den

Nachtheilen, welche der Verpflichtung des gesetzlich incompetenten Richters zur Annahme einer durch freiwillige Unterwerfung an ihn gebrachten Sache folgen, von den Gründen also, welche jenes Erfordernifs empfehlen, werde ich erst unten reden, wo ich der Gesetzgebung einen Vorschlag mache.

Fortsetzung. — Canonisches Recht. — Deutsche Reichsgesetzgebung.

§. 27.

Das Canonische Recht gibt uns über die Frage, ob der Richter zur Annahme einer durch freiwillige Unterwerfung der Parthieen an ihn gebrachten Sache verpflichtet sei, keinen Aufschlufs (1).

Aus der deutschen Reichsgesetzgebung ist eine Stelle anzuführen.

Abschied des Reichstags zu Regenspurg, anno 1594.

§. 65. Als auch der Compromifs halben dieser Zweiffel fürgefallen, demnach an Unserm Kayserlichen Cammer-Gericht in vielen unterschiedlichen Sachen compromittirt wird, ob und wie dieselben angenommen werden, auch in denen die im Heil. Reich verordnete Revision statt haben können und sollen, welchem Werck dann, ob Wir Uns gleich wohl erinnern, was die gemeine beschriebene Recht

(1) Es wäre allzugewagt, aus Aeufserungen, wie : vel certe consilio ejusdem apud alios, quos utraque pars voluerint, judicium obtinebunt, [c. 1. X. de for. comp. (2. 2)], und quod licet privatorum consensus eum, qui jurisdictioni praeesse dignoscitur, suum possit judicem constituere — (c. 18. eod.), auf eine Aenderung der Bestimmungen des römischen Rechts zu schliefsen.

difsfalls der Appellation, Reduction und Revision halben disponiren, umb so vielmehr nachzusinnen, dieweil solche Compromifs an berührtem Cammer-Gericht zu viel gemein werden, auffwachsen, und darumb die unvermeidentliche Nothdurfft erfordert, auf eine beständige Verordnung zu gedenken, was compromittirte Sachen, und welcher Gestalt dieselbig künfftig daselbst angenommen und erörtert werden sollen.: Setzen, wöllen und ordnen hierum, dafs nicht alle compromissa oder arbitria, wie sie auch geschaffen wären, an Unserm Cammer-Gericht zugelassen oder anzunehmen, sondern (jedoch mit Cammer-Richters und Beysitzer guten freyen Willen) allein diejenigen, so sich zwischen den Ständen, die dem Reich immediate unterworffen, und vermög der Reichs-Ordnung die Austräg haben, dann auch den Personen, welche ihrer Eigenschafft nach, in erster Instantz ans Cammer-Gericht gehörig, zutragen, daselbst auf- und angenommen werden sollen. Den Procefs aber belangend, damit vielgedacht Unser Kayserl. Cammer-Gericht zu Verhinderung anderer dahin gehöriger Sachen mit Ausführung desselben nicht beschwert werde.

§. 66. So wollen und ordnen Wir, dafs der Procefs in solchen Sachen, an andern gelegenen Orten im Reich, wie sich die compromittirende Partheyen dessen vergleichen werden, von Anfang bis zum End, usque ad sententiam definitivam exclusive vollnführt, und alsdann die acta post conclusionem in causa utrinque factam, von demjenigen, für welchem der Procefs geführt wäre, in beyseyn beyder Partheyen, oder derselbigen Anwälden verwahrlich zusammen gebracht, und unter seinem und ihrem Insiegel Unserem Kayserl. Cammer-Gericht dieselbigen zu eröffnen zugestellt, und was sich von Rechtswegen und gestalten Sachen nach ferner zu thun gebühret, darinn endlich gesprochen werden soll, in diesen Compromissis oder arbitriis soll auch die Revisio nicht Statt haben, es seye dann, dafs sich die Partheyen de enormissima laesione beklagen würden, quae liquido et manifeste ex actis constare possit, adeoque pravum sit arbitrium, ut manifesta ejus iniquitas appareat, auf welchen Fall die Revisio nicht abgeschlagen, sondern derselbigen Statt geben werden soll : Doch soll die obgesetzte Ordnung nicht ad praeteritos casus, sondern allein zu künfftigen Fällen von dato dieses Abschieds zu verstehen und zu ziehen seyn.

Bekanntlich wurde die ursprünglich unbeschränkte kaiserliche Gerichtsbarkeit und Competenz im Laufe der Zeit durch die an Fürsten und Städte ertheilten privilegia de non evocando und in der Folge durch Reichsgesetze dahin eingeschränkt, dafs dem Reichs-Kammergericht in erster Instanz nur noch die reichsunmittelbaren Personen und Güter unterworfen waren. (2) Wenn verordnet wurde : Es soll auch demnach das Kayserl. Cammer-Gericht in erster Instantz oder Rechtfertigung, auff Niemands Klag oder Ansuchen, Ladung erkennen oder geben, gegen denjenigen, die der Kayserl. Majestät und dem Reich, nicht ohn' Mittel unterworfen sind, und doch sonst ihren ordentlichen Richter haben, und so über das jemand solche Ladung oder Citation erlangt, so soll die mit allem, was darauff gefolgt, nichtig, unbündig und unkräfftig seyn : Es wäre dann u. s. w., so war damit nicht eine Concession an die Reichsmittelbaren, sondern an die Landesherrn gemacht, und dem Reichs-Kammergericht fehlte in der Regel nicht blofs

(2) K. G. O. 1555. II. 1. 2. s. auch K. G. O. 1495. §. 26.

die Competenz, sondern die erstinstanzliche Gerichtsbarkeit in Sachen der dem Reiche unmittelbar Unterworfenen. Aus diesem Grunde war denn auch eine freiwillige Unterwerfung reichsmittelbarer Personen unter dieses Reichsgericht rechtlich unstatthaft. Allein das Interesse derselben mochte doch in vielen Fällen eine Verhandlung und Entscheidung der Sache durch dieses Gericht wünschenswerth gemacht haben, und dieses Interesse befriedigte sich in einer eigenthümlichen, legalen Form.

Durch die privilegia de non evocando hatten die Landesherrn natürlich nicht das Recht erworben, von ihren Unterthanen zu verlangen, dafs sie alle ihre Streitigkeiten nur vor den ordentlichen Landesgerichten austragen sollten; den Unterthanen war ein Austrag dieser Streitigkeiten auf dem Wege des Compromisses gestattet. Nun konnten aber die Parthieen auch auf einen Richter compromittiren, der, wenn ihm nicht von den Parthieen ein gewisser modus procedendi vorgeschrieben ist, nach den gewöhnlichen Procefsgrundsätzen sich richtet. Dieses Mittels bedienten sich die Parthieen, um ihre Streitsache von den Landesgerichten fern zu halten, und an das Reichskammergericht zu bringen. Die Fälle, in welchen dieser Weg betreten wurde, waren so zahlreich, und die dem Kammergericht dadurch erwachsene Arbeit so gewaltig, dafs eine kaiserliche Visitations-Commission im Abschied von 1562 zu folgender Bemerkung sich veranlafst fand:

§. 10. In Annehmung der Compromifs- und anderen Extraordinari-Sachen, werden Cammer-Richter und Beysitzer sich solcher Bescheidenheit wohl wissen zu gebrauchen, dafs sie deren so viel möglich sich enthalten, damit die Ordinari-Sachen dadurch nicht verhindert werden.

Allein diese Erinnerung scheint nichts gefruchtet zu

haben. Um der Anhäufung solcher Compromifs-Sachen gründlich zu steuern, und die Landesherrn im vollkommenen Genufs ihrer Privilegien zu erhalten, wird in dem angeführten Reichs-Abschied verordnet:

1) Auf das Reichs-Kammergericht können nur „Stände, die dem Reich immediate unterworffen, und vermög der Reichs-Ordnung die Austräg haben,“ und die „Personen, welche ihrer Eigenschaft nach, in erster Instantz ans Kammergericht gehörig“ compromittiren.

2) Der Procefs soll „an andern gelegenen Orten im Reich, wie sich die compromittirende Partheyen dessen vergleichen werden, von Anfang bifs zum End, usque ad sententiam definitivam exclusivė vollnführt,“ und hierauf die Acten zur Fällung des Urtheils ans Reichs-Kammergericht eingesendet werden.

3) Die Annahme solcher Sachen hängt vom freien Willen des höchsten Gerichts ab.

4) Das von diesem gefällte Urtheil kann ordentlicher Weise durch das Rechtsmittel der Revision nicht angefochten werden.

Nehmen wir den ersten Fall, wo Stände, deren ordentlicher Gerichtsstand ein nach den Vorschriften der Gesetze (3) constituirtes Austrägalgericht ist, auf das R. K. G. compromittiren, so sehen wir darin eine wahre freiwillige Unterwerfung der Parthieen unter ein gesetzlich incompetentes Gericht. Das Rechtsgeschäft zwischen den Parthieen ist in Wahrheit nicht der Compromifs- sondern der Unterwerfungsvertrag. Das Rechtsgeschäft zwischen den Parthieen und dem Reichskammergericht ist nicht das receptum arbitrii, son-

(3) KGO. 1555. II. 2.

dern der Competenzvertrag. Nicht die über das compromissum, sondern die über den Gerichtsstand geltenden Grundsätze kommen zur Anwendung. Daher entscheidet das Reichskammergericht nicht als Privatperson, sondern als Gericht. Das Urtheil desselben ist nicht ein Schiedsspruch, sondern ein der sofortigen Execution fähiges Urtheil.

Es wird uns ausdrücklich bezeugt, dafs das R. K. G. stets in seiner Eigenschaft als Gericht das Urtheil gefällt und verkündigt hat (4). Die Reichsgesetzgebung und die Wissenschaft erkannten auch sehr wohl, dafs es sich hier nicht um ein Compromifs, sondern um den Gerichtsstand der freiwilligen Unterwerfung handle. Daher das Verbot des „Compromittirens" reichsmittelbarer Personen auf das Kammergericht, sowie der Cleriker auf den weltlichen Richter. Das von letzterem gesprochene Urtheil sollte nur in vim pacti, non ut sententia gelten (5).

(4) Mynsinger, Observ. Cent. V. obs. 2. Et si acta coram arbitris ventilata ab eisdem transmittantur ad Camerales judices, ut secundum ea sententiam concipiant, et arbitris remittant, talia acta non acceptantur: quia Assessoribus Camerae non licet aliis consulere, vel sententias concipere. Neque enim consultores, sed judices esse debent, juxta ord. in I. part. tit. 13. Sed si illis causa committatur, quae etiam coram aliis acta et actitata sit, tunc hujusmodi acta recipiunt, et ipsimet pronunciant: prout in causa Episcopi Herbipolen contra Abbatem Fuldensem: item in causa Renneberg contra Renneberg, aliisque infinitis causis meo tempore observatum est. S. auch J. Blum, Processus Cameralis. tit. 38. Num. 4. Mevius, Decis. I. 98. Nr. 3. 4.

(5) Gaill, Obss. I. obs. 37. n. 11. An der einmal hergebrachten Bezeichnung, compromissum, hielt man jedoch fest. Blum, a. a. O. tit. 26. Num. 31 lehrt: Haec renuntiatio (sc. fori) autem fit vel tacite, — atque sic Jurisdictionem Camerae tacite prorogent:

Die freiwillige Unterwerfung der Parthieen unter das gesetzlich incompetente R. K. G. bezieht sich zwar nicht auf den ganzen Procefs, sondern nur auf einen Theil desselben, denn das R. K. G. soll die Sache nicht „von Anfang bis zum End, usque ad sententiam definitivam" vor sich verhandeln lassen, sondern nur die Entscheidung geben. Allein weder dieser Umstand, noch die Beschränkung der gegen das Urtheil zulässigen Rechtsmittel vermag den Begriff der freiwilligen Unterwerfung aufzuheben (6).

Spricht nun §. 65 des Abschieds vom Gerichtsstande der freiwilligen Unterwerfung, so ist er uns ein Zeugnifs, dafs der gesetzlich incompetente Richter zur Annahme einer durch freiwillige Unterwerfung der Parthieen an ihn gebrachten Sache nicht gezwungen werden kann (7).

vel expresse, idque aut per Compromissum, aut per aliam conventionem. S. auch Pufendorf, Obss. I. obs. 170.

(6) Viel weniger noch vermag dies die Vorschrift des Memor. vom 18. May 1577. §. 21. — Wann etwa beschlossene Compromifs-Sachen an diesem Kayserl. Cammer-Gericht zu decidiren (wie es denn von Alters Herkommen) anbracht, darvon dann dem Collegio gebührliche Sportulas zu nehmen erlaubt wird, so sollen die Beysitzer solche Extraordinari-Sachen nicht zur Zeit der Ordinari-Relationen, sondern sonsten zu andern Stunden, Nachmittag, oder in Feriis referiren, darneben auch nicht allein halb oder nur interlocutorie decidiren, sondern auch in omnem eventum ehe und zuvor sie die sportulas unter sich aufszutheilen anfangen, die End-Urtheile concipiren. Vergl. Conc. der K. G. O. II. tit. 28. §. 2.

(7) Blum, a. a. O. tit. 38. n. 5. theilt uns das Annahmedecret mit : In Sachen Compromifs zwischen Oettingen und Lemelberg, wofern die Partheyen allen und jeden beneficiis juris, und in specie revisionis der Gebühr renuntiiren et pro sportulis 3000 fl. Reinisch in Gold erlegen, auch Ihre Procuratores in dieser Sachen sich, wie recht, legitimiren werden, als dann dieselbe hiermit angenommen und ferner darinn ergehen soll, was recht ist. 4. Maji 1586.

Fortsetzung. — Praxis.

§. 28.

Aus der Praxis vermag ich nur zwei Stimmen anzuführen, die sich beide der in der Theorie herrschenden Ansicht, dafs der gesetzlich incompetente Richter zur Annahme einer durch freiwillige Unterwerfung an ihn gebrachten Sache nicht verpflichtet sei, anschliefsen. Die eine Stimme kommt aus der älteren, die andere aus der heutigen Praxis.

In einem von Cramer (1) mitgetheilten Falle hatte sich ein Nobilis immediatus dem Mainzischen Wechselgericht, der Rhente Loneck unterworfen. Diese erliefs ein condemnatorisches Urtheil. Auf des Beklagten Vorstellung verfügte die Mainzische Regierung Inhibition. Später erwuchs die Sache an das Reichs-Kammer-Gericht, welches die Rhenke Loneck für incompetent erklärte. Im Urtheil heifst es (2) : Allein da I., der von Marioth regulariter der Jurisdiction des Wechsel-Gerichts zu Mayntz als Nobilis immediatus gar nicht unterworfen. IIto Dafs er ex Prorogatione unterwürfig werde, nicht dessen Consensus allein genug ist, sondern auch dazu requirirt wird tacitus consensus Judicis incompetentis, ne scilicet contradicat, cum ut invitus Jus dicat, cogi nequeat (Vultejus de Jurisdict. p. 38. n. 162. seqq. Vinnius de Jurisd. Cap. X. §. 2.) allhier IIItio die Churfürstl. Mayntzische Regierung, nachdem selbige von diesem Casu Nachricht erhalten, ihren Consens nicht darzu geben wollen, dafs die Rhente Loneck sich mit Sachen, so regulariter nicht

(1) Wetzlar'sche Nebenstunden. Band 80. V.

(2) a. a. O. §. 10.

dahin gehörig, beschäfftigen solle. IVto Ein Judex nicht obligirt werden mag, dafs er in Sachen, so regulariter für ihn ob qualitatem vel privilegium personarum, vel ex alia Causa nicht gehören, wider seinen Willen Recht sprechen solle. Endlich Vto ein Unterthan in dergleichen Fällen sich mit Fug Rechtens nicht beschwehren kann, wenn ein Landes-Herr sich mit solchen Gerichts-Händeln nicht behelligen will, die eigentlich nicht dahin gehören, und womit ein Subditus zu seinem Vortheil die Gerichte belästigen will. Vielmehr VIto es a mero arbitrio et beneficio Judicis abhanget, ob er solche Sachen annehmen, oder ad forum alias in regula competens verweisen wollen. So konnte wohl bey diesen vorkommenden Umständen, da die Churfürstl. Mayntzische Regierung die Rhente Loneck in hac causa pro Judice incompetente declariret, und ad competentem die Sache verwiesen wissen wollen, die — ertheilte Urthel nicht pro competenter lata gehalten noch angesehen werden.

Das Ober-Appellations-Gericht zu Lübeck sprach sich über die vorliegende Frage, wie folgt aus (3):

Wenn auch eine wirkliche Prorogation beider streitenden Theile auf die Frankfurter Gerichte vorgelegen hätte, wie gleichwohl nicht der Fall ist, so würden diese doch nicht verpflichtet gewesen sein, sich dieselbe gefallen zu lassen, sondern es würde immer noch von ihrer Willkür abgehangen haben, ob sie sich der Entscheidung der Sache hätten unterziehen wollen oder nicht, indem der fremde Richter nicht wider seinen Willen gezwungen werden kann, den ihm nicht unterworfenen Parteien Recht

(3) Erkenntnifs vom 19. April 1845. Seufferts Archiv. Band IV. N. 256.

zu sprechen. Das Fr. 2 §. 1. de judiciis (5. 1) steht dem nicht entgegen, da durch dasselbe nur die Frage entschieden wird, ob die Unkunde des Prätors über das Einverständnifs der Parteien und sein Irrthum über seine Jurisdictionsbefugnifs dem Rechtsbestande des von ihm wirklich abgegebenen Erkenntnisses schade, wenn nur die Parteien darüber einverstanden gewesen, sich demselben zu unterwerfen, was verneint wird; woraus aber nicht folgt, dafs auch der Prätor sich die Prorogation wider seinen Willen hätte müssen gefallen lassen, wenn er nicht in dem gedachten Irrthume befangen gewesen wäre. So ist auch schon früher von dem O. A. G. erkannt worden.

Fortsetzung. — Die Annahme der Sache durch den Richter.

§. 29.

Nach den bisherigen Ausführungen bedarf es also zur Begründung des Gerichtsstandes der freiwilligen Unterwerfung der Annahme der Sache durch den von den Parthieen gewählten Richter. Was unter diesem Erfordernisse zu verstehen sei, ist bereits im Allgemeinen angegeben worden. Hier sollen noch einige ergänzende Bemerkungen gemacht werden.

Was zunächst die Zeit betrifft, in welche die Annahme der Sache fällt, so ist sie entweder die Zeit vor, oder die Zeit nach erhobener Klage. Regelmäfsig wird die Annahme erst nach erhobener Klage erfolgen; sie liegt alsdann in dem Decret, welches den Beklagten zur Einlassung auf die Klage auffordert, bezw. in dem Decret, welches dem Kläger Kenntnifs vor der Verfügung auf die Klage gibt. Die Annahme erscheint aber erst dann erfolgt, wenn die Decrete den Parthieen insinuirt sind. Der Richter kann aber auch schon vor erhobener Klage auf Begehren der Parthieen eine Sache annehmen. Wenn die Parthieen diesen Weg einschlagen, so läuft der Kläger nicht die Gefahr, mit seiner Klage wegen Incompetenz abgewiesen zu werden.

Die Annahme kann ausdrücklich, aber auch stillschweigend erfolgen. Eine ausdrückliche Annahme wäre die besondere Erklärung des Gerichts, dafs es die vorliegende Sache verhandeln und entscheiden wolle. Eine stillschweigende Annahme liegt im Befolgen der Procefsbitte des Klägers, also in dem Decret, das dem Beklagten die Einlassung auf die Klage gebietet. Bei manchen Decreten kann es zweifelhaft sein, ob sie eine Annahme enthalten oder nicht. In der Abweisung oder Rückgabe der Klage liegt nicht immer eine Ablehnung, sondern zuweilen eine Annahme der Sache. Wenn der Kläger auf ungestempeltem Papier die Klage überreicht hat, und das Gericht gibt die Klage deshalb zurück, so liegt darin keine Annahme der Sache, denn das Gericht war wegen der Formlosigkeit der Klage zu einer Prüfung des Inhalts nicht verpflichtet. Wenn aber das Gericht zur Prüfung des Inhalts der Klage verpflichtet war, und es gibt wegen innerlicher Mängel, ohne jedoch die Incompetenz zu rügen, die Klage zur Verbesserung zurück, so hat es m. A. nach die Sache angenommen. Beispiele: Die Klage wird wegen Ungültigkeit des behaupteten Vertrags, Unmöglichkeit der eingeklagten Leistung definitiv abgewiesen. In dieser Abweisung liegt eine Annahme. Wenn nun das Obergericht die Aufrechterhaltung der Klage ausspricht, so kann der judex a quo die Sache nicht mehr wegen Incompetenz zurückweisen. Oder: In der Klage ist ein, die Competenzfrage nicht berührender, dunkler Punkt. Wenn das Gericht die Klage blofs zur Verbesserung zurückgibt, so liegt darin ebenfalls eine Annahme der Sache; das Gericht kann späterhin die Klage wegen Incompetenz nicht mehr zurückweisen, denn es hätte gleich anfangs den Competenzpunkt berücksichtigen müssen. Wie aber ist in dem Falle zu urtheilen, wenn das Gericht eine Klage wegen grober Injurien zur Verbesserung und Reinigung zurückgibt? M. A. nach sind die Injurien Mängel der Form, und bevor diese beseitigt sind, braucht das Gericht auf den Inhalt der Klage nicht einzugehen.

Die Annahme der Sache kann unter einer Suspensivbedingung erfolgen. Das Gericht erklärt z. B. in dem ersten Decret, dafs es zur Annahme der Sache bereit sei, wenn die aufserhalb seines Bezirks domicilirten Parthieen eine an seinem Sitz domicilirte Person zum Insinuationsmandatar ernennen würden. Die Bedingung dagegen, deren Eintritt die Wiederaufhebung des Gerichtsstandes der freiwilligen Unterwerfung zur Folge haben soll, kann als zugefügt nicht gelten. Das Gericht z. B. hatte die Sache nur unter der Bedingung angenommen, dafs die auswärtigen Parthieen am Gerichtsort domicilirte Insinuationsmandatare bestellten, und seine fernere Hülfe nur insolange zugesagt, als die Parthieen solche Mandatare an seinem Sitze hätten. Wenn nun die Parthieen das Mandat widerrufen, und neue Mandate nicht geben, so erlischt die Competenz des Gerichts dennoch nicht. Das einmal competente Gericht kann nicht wieder incompetent werden. Warum nicht; warum also gilt die Resolutivbedingung nicht als zugefügt? Mit dem Beginn des Processes ist der Gerichtsstand der freiwilligen Unterwerfung ausschliefslich competent, d. h. die gesetzlich competenten Gerichte sind incompetent geworden. Würde nun der Eintritt der genannten Resolutivbedingung die Incompetenz des Gerichts, dem die Parthieen sich unterworfen, zur Folge haben, dann wäre kein Gericht vorhanden, welches Rechtsschutz gewähren würde. Hülflos darf aber nach den Grundsätzen des Procefsrechts Niemand gelassen werden; das einzig und allein competente Gericht kann seine Competenz mithin nicht verlieren (1).

Das Gericht bedarf zur Annahme einer Sache nicht der Einwilligung eines Obergerichts oder der höchsten Justizverwaltungsbehörde. Auch wenn eine solche Behörde die Annahme einer Sache verboten hatte (2), so wird nichts destoweniger der Gerichtsstand durch die Annahme der Sache begründet; wohl aber kann der ungehorsame Richter auf dem Disciplinarwege bestraft werden.

Es entsteht noch die Frage, ob die Competenz des Richters begründet wird, wenn ihn die Parthieen zur Annahme der Sache gezwungen, oder wenn die Parthieen absichtlich beim Richter den Glauben, dafs er gesetzlich competent sei, erzeugt haben.

Beispiele des dolus: Die Parthieen, welche fürchten, das gesetzlich incompetente Gericht werde ihre Sache nicht annehmen, verabreden sich dahin, Kläger solle an ihm, als am Gerichtsstand des Contracts Klage erheben, und

(1) Das Gericht mag in den Fällen, in welchen es die mit der Requisition anderer Gerichte häufig verbundene Unbequemlichkeit, Verschleppung des Processes und Widerwärtigkeit zu vermeiden strebt, die Stellung eines Insinuationsmandatars durch andere Mittel, z. B. Strafen, zu erreichen suchen.

(2) Z. B. durch Generalien, Ausschreiben an die Untergerichte.

demnach behaupten, der Contract wäre im Bezirk dieses Gerichts zu erfüllen bezw. geschlossen, nach der Annahme der Sache aber und vor der Einlassung des Beklagten auf die Klage, dieselbe hinsichtlich des Vertrags — Erfüllungs- bezw. Entstehungsortes abändern. Oder die Parthieen täuschen den Richter durch falsche Angabe ihres Wohnorts, oder der Lage der streitigen Sache.

Würde zur Begründung des Gerichtsstandes der freiwilligen Unterwerfung der Consens des Richters im engeren Sinn gefordert, dann wäre darüber kein Zweifel, dafs der Zwang und der dolus die Competenzbegründung hindere. Es wurde jedoch, wie ich oben nachgewiesen habe, vom Erfordernifs des Wissens des Richters, dafs er gesetzlich incompetent sei, im Interesse der Parthieen abgesehen. Einen Schutz verdienen aber doch nur die gutgläubig handelnden Parthieen, nicht diejenigen, welche den Richter durch Zwang, Drohung und Täuschung zur Annahme der Sache vermocht haben. Im einfachen Verschweigen des Umstandes, dafs der Richter gesetzlich incompetent sei, und der Absicht der Parthieen, durch freiwillige Unterwerfung ihn zuständig zu machen, kann eine rechtswidrige Täuschung nicht gefunden werden, da es Sache des Richters ist, zu prüfen, aus welchem (in der Klage angeführten) Grunde der Kläger seine Rechtshülfe in Anspruch nimmt. Hat der Kläger den Competenzgrund, die causa der Forderung nicht angegeben, und hat der Richter die Sache angenommen, so ist es eben seine Schuld, dafs er ein indebitum gezahlt hat.

Dritter Abschnitt.

Der Unter- und Uebergang des Gerichtsstandes der freiwilligen Unterwerfung.

§. 30.

Der Gerichtsstand der freiwilligen Unterwerfung geht unter:

1) mit der Litiscontestation; der Gerichtsstand der Litiscontestation succedirt ihm;

2) mit der freiwilligen Unterwerfung der Parthieen unter ein anderes Gericht;

3) mit der Aufhebung des Gerichts.

Es kommt nämlich im Staate zuweilen vor, dafs aus Sparsamkeit oder im Interesse gewisser Städte oder Gerichtsunterthanen an der bisherigen Gerichtsbezirkseintheilung Modificationen in der Weise vorgenommen werden, dafs der Sitz eines Gerichts von einer Stadt A weg und in eine andere Stadt B verlegt wird, ohne dafs jedoch der äufsere Umfang des Gerichtsbezirks auch nur einigermafsen verändert wird. Hier ist das Gericht B der einzige Successor in universum jus des Gerichts A. Wenn sich nun zwei Parthieen dem letzteren unterworfen hatten, so sind sie auch dem Successor B unterworfen. Die Aenderung kann aber auch folgende sein. Das Gericht A wird aufgehoben, sein ehemaliger Bezirk in 2, 3, 4 oder mehrere Theile zerlegt, und jeder Theil einem benachbarten Gerichsbezirke zugetheilt. Die 2, 3, 4 Gerichte sind ebenfalls Successoren; jedes Gericht erbt diejenigen Rechtssachen, welche wegen des ihm angefallenen Territoriums an das untergegangene Gericht gelangt waren. Die Rechtssachen, in welchen das untergegangene Gericht deswegen, weil der Beklagte in seinem Bezirk seinen Wohnort hatte, competent war, erbt dasjenige Gericht, welchem dieser Ort zugefallen ist. Nach gleichem Princip sind die Rechtssachen zu vertheilen, in denen das untergegangene Gericht als forum rei sitae, contractus u. s. w. (1) competent war. Wie steht es aber mit der Erbschaft solcher Sachen, die nicht durch eine gewisse Localität an das untergegangene Gericht gelangt sind? Also z. B. mit Sachen, welche durch freiwillige Unterwerfung an dieses Gericht gelangt waren. Hier mufs man unterscheiden, ob die Parthieen mit Rücksicht auf eine gewisse Oertlichkeit dem Gericht sich unterworfen hatten, oder ohne diese Rücksicht.

Hatten sie ersteres gethan, z. B. der Kläger hatte den Beklagten bewogen, sich dem Gericht an seinem, des Klägers Wohnort zu unterwerfen, weil der Kläger nicht an einem fremden Gerichte klagen wollte, oder mit Rücksicht darauf, dafs in einem gewissen Orte dieses oder jenes Particularrecht gilt, dann ist wohl kein Zweifel, dafs das oben genannte Princip auch hier entscheide.

War jedoch die Unterwerfung ohne irgend welche Rücksicht auf Oertlichkeiten erfolgt, so erben die 4 oder mehreren Gerichte gleichmäfsig diese Sache. Die Competenz ist aber untheilbar. Die Gerichte werden daher solidarisch berechtigt und verpflichtet.

Es ist selbstverständlich, dafs hier, wo öffentliche Rechte und Pflichten der Parthieen und der Gerichte zur Sprache kommen, ein Ministerialbefehl, dafs dieses oder jenes Gericht das competente sein solle, wodurch sich die Sache am einfachsten erledigen würde, nicht Platz greifen

(1) Die Widerklage folgt, auch wenn sie nicht den effectus simultanei processus hat, der Vorklage.

kann. Es kann auch für die Berechtigung jener ministeriellen Entscheidung nicht angeführt werden, dafs die Acten, die sichtbare Procefssache, Eigenthum des Fiscus, und dieser daher berechtigt wäre, nach Belieben die Sache einem Gerichte zuzutheilen. Denn die in einem Procefs entstandenen Acten sind nicht Eigenthum des Fiscus, sondern unveräufserliches Eigenthum des competenten Gerichts, (einer juristischen Person,) die Acten gehören demnach demjenigen Gerichte, welches dem untergegangenen in der Competenz nach rechtlichen Grundsätzen succedirt.

Jedes der 4 oder mehreren Gerichte ist gleichmäfsig berechtigt und verpflichtet, competent. Gegenstand der solidarischen Obligation dieser Gerichte ist die Leistung der Rechtshülfe. Ist sie einmal, also von einem Gerichte geleistet, dann erlischt die Obligation. Die Rechtshülfe besteht zwar aus mehreren sich aneinanderreihenden einzelnen Leistungen, juristisch erscheint sie aber als Ganzes. Wenn demnach ein Gericht die Rechtshülfe zu leisten begonnen hat, dann wird sie den andern Gerichten gegenüber als vollständig geleistet angesehen werden müssen. Es ist sonach in unserem Fall dasjenige Gericht ausschliefslich competent, welches zuerst eine Verfügung in der Sache ertheilt. Ein Gericht kann aber nur dann handeln, wenn es von den Parthieen aufgefordert worden ist. Geschah nun diese Aufforderung noch bei Lebzeiten des untergegangenen Gerichts, so kann ein succedirendes Gericht, in dessen Besitz zufälligerweise die Acten gekommen sind, jene Verfügung ertheilen; ist keines im Besitz der Acten, so können die Parthieen von einem der solidarisch competenten Gerichte die Rechtshülfe, die Führung des Processes verlangen, und dieses ist zur Leistung verpflichtet, ausschliefslich competent. Lag eine Aufforderung des untergegangenen Gerichts nicht vor, so müssen die Successoren eine Aufforderung von Seiten der Parthieen abwarten. Die Parthieen können im Einverständnifs ein Gericht bestimmen. Kommt eine Einigung nicht zu Stande, so ist diejenige Parthie zur Bestimmung des ausschliefslich competenten Gerichts berechtigt, welche nach Lage des Processes zur Vornahme einer processualischen Handlung berechtigt oder verpflichtet ist. Sind beide Theile in dieser Hinsicht in gleicher Lage, so entscheidet Prävention, im äufsersten Falle das Loos.

Drittes Capitel.

Der Gerichtsstand der freiwilligen Unterwerfung in den deutschen Particularrechten.

§. 31.

Die deutschen Particulargesetze schlossen sich auch in unserer Lehre gröfstentheils den zur Zeit ihrer Entstehung in der Theorie des gemeinen Processes herrschenden Ansichten an.

Der Codex juris bavarici judiciarii verfügt im §. 17 des ersten Capitels:

Lassen sich beede Theele coram incompetente mit Wissen und Willen des ordentlichen Richters selbst gutwillig ohne Protestation ein, so seynd sie schuldig, denselben, wenn er nur sonst in dergleichen Fällen Jurisdictionem hat, in selbiger Sach forthin für ihren Richter zu erkennen.

Unter dem „Einlassen“ ist nicht die Einlassung des Beklagten auf die Klage, sondern eine Handlung beider Theile zu verstehen, wodurch sie den gesetzlich incompetenten Richter „für den ihren erkennen,“ d. h. anerkennen. Allein diese Anerkennung ist nach dem Wortlaute des Gesetzes nicht der eigentliche Consens, sondern der Consens der Parthieen im weiteren Sinne, da die Worte „gutwillig ohne Protestation“ ein Wissen der Parthieen, dafs der von ihnen anerkannte Richter gesetzlich incompetent sei, nicht enthalten. Indem das Gesetz den eigentlichen Consens des ordentlichen Richters fordert, könnte man zur Annahme geneigt sein, es fordere auch den eigentlichen Consens der Parthieen, weil die Einholung der Erlaubnifs des ordentlichen Richters durch die Parthieen nur dann möglich sei, wenn diese von der Incompetenz des Richters, dem sie sich unterwerfen wollen, unterrichtet seien. Der vorliegende §. redet aber durchaus nicht davon, dafs die Genehmigung des ordentlichen Richters von beiden Parthieen eingeholt werden mufs. Dem Gesetze ist Genüge geschehen, wenn auch nur ein Theil, oder der von den Parthieen irrthümlich anerkannte Richter sich die Erlaubnifs des ordentlichen Richters erwirkt.

Im §. 19 desselben Capitels wird verordnet:

Bey der oberen Instanz soll mit Uebergehung der untern nichts angebracht, und dergleichen unförmliche Absprüng keiner Parthey, wer sie immer sein mag, ohne gutwilliges Einverständnifs der anderen bei willkührlicher Straf mehr gestattet werden.

Die allgemeine Gerichtsordnung für die

preufsischen Staaten verbreitet sich über unseren Gerichtsstand in den §§. 7 und 160—165 des zweiten Titels des ersten Theils.

Sie theilt die Gerichtsstände ein in den ordentlichen und aufserordentlichen. Unter dem ersteren versteht sie denjenigen Gerichtsstand, welchem alle an einem Orte, in einem Distrikte, oder in einer Provinz befindlichen Personen oder Sachen, oder alle daselbst vorkommenden Geschäfte von einer gewissen Art, nach gesetzlichen Vorschriften unterworfen sind (1). Unter dem zweiten begreift sie die Hauptfälle: 1) wenn der Staat in einzelnen Fällen, zur Beförderung einer schleunigen und unpartheiischen Rechtspflege, oder um die Vervielfältigung der Processe zu verhüten, eine Ausnahme von dem ordentlichen Gerichtsstande zu machen, für gut findet (2); 2) wenn die Parthieen mit Erlaubnifs des Staates einem anderen, als dem ordentlichen Gerichtsstande, entweder durch ausdrückliche Erklärungen, oder durch vorhergehende Handlungen, woraus das Gesetz ihre Einwilligung folgert, sich unterwerfen (3). Als Gerichtsstände dieser Art werden aufgeführt (4): a, der des geschlossenen Vertrags; b, der der geführten Verwaltung; c, der der Widerklage; d, unser Gerichtsstand (5).

(1) A. G. O. Th. 1. T. 2. §. 2.

(2) a. a. O. §. 7. n. 1. und §. 131—147. 1) Wegen streitiger Jurisdiction. 2) Wegen zu verhütender Vervielfältigung der Processe. 3) Wegen verweigerter oder verzögerter Rechtspflege. 4) Wegen gegründeten Verdachts gegen den gehörigen Richter.

(3) a. a. O. §. 7. n. 2.

(4) §. 148—165.

(5) Zur Begründung der Gerichtsstände des Vertrags, der ge-

Das Gericht mufs, um Gerichtsstand der freiwilligen Unterwerfung zu werden, die betreffende Gattung

führten Verwaltung und der Widerklage würde also jedesmal die „Erlaubnifs des Staates" gehören. Was heifst das? Es kann nicht gleichbedeutend sein mit „Erlaubnifs des Gesetzes", denn wenn das Gesetz in gewissen Fällen eine freiwillige Unterwerfung stattfinden läfst, dann erlaubt es ja diese Unterwerfung, und der Ausdruck „mit Erlaubnifs des Gesetzes" wäre ein Pleonasmus. Haben die fraglichen Worte vielleicht den Sinn, dafs in jedem einzelnen Falle die Erlaubnifs des Justizministeriums eingeholt werden müfste? Die bejahende Antwort würde zu Monstrositäten führen. M. A. nach will das Gesetz mit diesem Ausdrucke sagen: Die freiwillige Unterwerfung der Parthieen unter ein anderes, als das gesetzlich competente ordentliche Gericht findet nur mit Erlaubnifs des ersteren statt. Die Richtigkeit dieser Auffassung wird dadurch bestätigt, dafs nach §. 162 eine Species des Gerichtsstandes der freiwilligen Unterwerfung (im weiteren Sinne), nämlich der eigentliche Gerichtsstand der freiwilligen Unterwerfung (Gerichtsstand wegen freiwilliger Prorogation, 2, d) ohne die Einwilligung des Richters nicht begründet werden kann, sowie dafs die Begründung des forum reconventionis eigentlich vom Willen des Richters abhängt. (A. a. O. Tit. 19. §. 17. n. 3. Wenn der Richter der Convention findet, dafs die an sich vor einen anderen inländischen Gerichtsstand gehörende Gegenforderung eine weitläufige Instruction erfordern dürfte, die in dem ordentlichen Gerichtsstande mit weniger Aufenthalt und Kosten, als bei ihm würde erfolgen können; so steht ihm frei, den Beklagten und anmafslichen Widerkläger damit an den ordentlichen Gerichtsstand des Klägers zu verweisen.) Nach dem Wortlaute des Gesetzes würde also zur Begründung des Gerichtsstandes des Vertrags und der geführten Verwaltung die Einwilligung des Richters in jedem einzelnen Falle gefordert. Dies scheint aber die wahre Absicht des Gesetzes nicht gewesen zu sein. Der ganze Uebelstand rührt daher, dafs sich das Gesetz der falschen Theorie, wonach die Gerichtsstände des Vertrags, der geführten Verwaltung und der Widerklage in der freiwilligen Unterwerfung der Parthieen ihren Grund hätten, anschlofs, und demgemäfs, freilich kurzsichtig, unter die allgemeinen Bemerkungen eine aufnahm, die wohl auf den eigentlichen Gerichtsstand der freiwilligen Unterwerfung, nicht aber auf die anderen Gerichtsstände pafste.

von Gerichtsbarkeit haben. Es wird daher durch freiwillige Unterwerfung nicht competent (6):

1) wenn dem Gerichte, dessen Gerichtsstand durch die Prorogation begründet werden soll, die Befugnifs nicht zusteht, über solche Gegenstände und Geschäfte, als die im Streit befangen sind, zu erkennen;

2) wenn die Landesgesetze, wie z. B. zwischen Französischen und Deutschen, zwischen Militär- und Civilgerichten, zwischen Justiz- und Kammercollegiis, die Prorogation ausdrücklich untersagen.

§. 100 des Anh. zu §. 20 des Tit. 12 erlaubt eine conventionelle Ueberspringung der Unterinstanzen in Sachen, wo es auf Auslegung des undeutlichen oder zweideutigen Inhalts einer Urkunde oder auf blofse Rechtsfragen ankommt, und wo mithin die Verhandlungen der zweiten und dritten Instanz nur Wiederholungen desjenigen enthalten, was schon in erster Instanz vorgekommen ist, nicht minder in Fällen, wo die Bewandtnifs der Sache in erster Instanz vollständig aufgeklärt worden, und beiden Theilen an der baldigen rechtskräftigen Entscheidung gelegen ist.

Zur Begründung des Gerichtsstandes wegen freiwilliger Prorogation wird auf Seiten der Parthieen deren ausdrückliche oder stillschweigende Einwilligung gefordert (7). Allein diese Einwilligung ist nicht der Consens und die subjectio im engeren, sondern im weiteren Sinne.

§. 160. Wenn ein Beklagter sich auf die Vorladung des Gerichts, welches nicht das gehörige ist, gestellt, und

(6) a. a. O. §. 161.

(7) a. a. O. Tit. 2. §. 7. n. 2.

ohne die Incompetenz zu rügen, die Klage beantwortet hat, so mufs er diesen Gerichtsstand auch im Fortgange des Processes anerkennen, und kann in der Folge nicht mehr verlangen, dafs die Sache an das gehörige Gericht verwiesen werde.

Weder in diesem noch in einem anderen §. der Gerichtsordnung wird das Wissen der Parthie, dafs das angegangene Gericht gesetzlich incompetent sei, als Erfordernifs der Entstehung dieses Gerichtsstandes aufgeführt, nirgends ist gesagt, dafs der Irrthum einer Parthie eine die Entstehung des Gerichtsstandes hindernde Wirkung habe. Da nun diese Einwilligung erst dann einen Gerichtsstand erzeugt, wenn sie mit der Einlassung des Beklagten auf die Klage (8) verbunden ist, so haben wir es hier nicht mit dem Gerichtsstande der freiwilligen Unterwerfung, sondern mit dem der Litiscontestation zu thun.

Was aber die eigentliche freiwillige Unterwerfung anlangt, so bleibt es nach der Gerichtsordnung unentschieden, ob die Erklärung des Unterwerfungswillens in jeder beliebigen, oder nur in der Form der Litiscontestation bindend ist. Keinen Aufschlufs gewährt hierfür §. 163 in den Worten: wenn der Kläger, noch vor Erlassung der Citation, eine Erklärung des Beklagten, dafs dieser die Prorogation sich gefallen lasse, beibringt, — denn dies schreibt das Gesetz dem Richter als Bedingung der Erlassung einer Citation vor, es erhellt aber daraus nicht, dafs die Erklärung des Beklagten für diesen bindend sei, und dafs, wenn der Beklagte in der Folge jene Er-

(8) a. a. O. §. 160. §. 164. — „wenn sich nur der Beklagte in der Folge wirklich eingelassen hat —"

klärung in Abrede stellt, ein Beweisverfahren eingeleitet werden müsse.

Aeufserst ungenau drückt sich die Allgemeine Gerichtsordnung über die zur Begründung des Gerichtsstandes wegen freiwilliger Prorogation nöthige Handlung des Gerichts aus. Im §. 7 n. 2. fordert sie die „Erlaubnifs" des Richters. Dieser Ausdruck ist unbestimmt. Man könnte den Consens oder die blofse Willfährigkeit darunter verstehen. — Wann ferner wird die Erlaubnifs als „ertheilt" angesehen werden müssen? Nicht schon mit der Annahme der Sache, also z. B. mit dem ersten Decrete, welches den Beklagten zur Beantwortung der Klage auffordert, sondern erst mit der Einlassung des Beklagten auf die Klage (9).

Ueber das Verhalten des Richters in dem Falle, wenn bei ihm eine Klage, zu deren Verhandlung er nicht competent ist, angebracht wird, enthält die Gerichtsordnung folgende Vorschriften :

§. 162. Ein jedes Gericht ist schuldig, sorgfältig zu prüfen : ob die angebrachte Klage vor seinen Gerichtsstand gehöre; widrigenfalls es dieselbe sogleich an den competenten Richter verweisen mufs, und nicht den Versuch machen darf : ob etwa seine Gerichtsbarkeit durch Prorogation begründet werden möchte.

§. 163. Dergleichen Prorogation kann daher eigentlich nur Platz greifen, wenn ein Gericht wahrscheinlichen Grund gehabt hat, sich für den gehörigen Richter in der Sache zu halten; oder wenn der Kläger, noch vor Erlassung der Citation, eine Erklärung des Beklagten, dafs dieser die Prorogation sich gefallen lasse, beibringt.

(9) a. a. O. §. 164.

§. 164. Fehlt es an diesen Erfordernissen, so entsteht zwar daraus, wenn sich der Beklagte in der Folge wirklich eingelassen hat, keine Nullität des Processes; doch mufs ein solcher aus Vorsatz oder grobem Versehen begangener Eingriff in fremde Jurisdictionen von den vorgesetzten Instanzen jederzeit gebührend bestraft, und dafür gesorgt werden, dafs dem gehörigen Gerichte die entzogenen Gebühren von demjenigen erstattet werden, welcher sich dieselben unrechtmäfsiger Weise zugeeignet hat.

§. 165. Wenn dagegen ein Verfahren oder Erkenntnifs um defswillen aufgehoben werden mufs, weil es in einem keine Prorogation gestattenden Falle von einem unbefugten Richter verhandelt oder gefällt worden (§. 161); so mufs letzterer, wenn bei seiner Anmafsung Vorsatz oder grobes Versehen zum Grunde gelegen, von der vorgesetzten Behörde zur Erstattung sämmtlicher, den Parthieen verursachter gerichtlicher und aufsergerichtlicher Kosten angehalten werden.

Der in einigen Ländern Deutschlands geltende, oder der Gesetzgebung derselben zu Grunde liegende Code de procédure civile kennt zwar nicht dem Namen, wohl aber der Sache nach den Gerichtsstand der freiwilligen Unterwerfung. Wenn die Parthieen ihren Rechtsstreit von einem Gerichte entschieden haben wollen, welches den Beklagten nicht vorladen kann, so können sie dieses Gericht dadurch competent machen, dafs sie ihren Wohnsitz in seinem Bezirke fictionsweise nehmen (10),

(10) Cod. de proc. civ. I. Part. liv. 2. titr. 2. art. 59 in f. — en cas d'élection de domicile — domicile élu. Cod. civ. I. Part. titr. 3. art. 111. — domicile convenu. (Im Gegensatz zum domicile réel.)

und hierüber eine Urkunde errichten. Der Richter dieses fingirten Wohnsitzes mufs die Sache annehmen.

Die Procefs-Ordnung in bürgerlichen Rechtsstreitigkeiten für das Grofsherzogthum Baden handelt unseren Gerichtsstand in 7 Artikeln ab.

Art. 29. Den Parteien steht das Recht zu, den einzelnen Rechtsstreit auch vor ein, für denselben an sich unzuständiges, ordentliches bürgerliches Gericht zu bringen, wenn dieses die Annahme nicht verweigert.

Art. 30. Wenn das prorogirte Gericht das im Falle der Appellation für die Sache zuständige Obergericht ist, und der Streit einen Gegenstand betrifft, dessen Werth die Appellationssumme erreicht, so kann dasselbe die Annahme nicht verweigern.

Art. 31. Zur Gültigkeit der Prorogation wird, aufser der Vertragsfähigkeit der Parteien, deren wirkliche, ausdrücklich oder stillschweigend erklärte Einwilligung erfordert.

Art. 32. Stillschweigend wird der prorogirte oder vertragsmäfsige Gerichtsstand namentlich begründet, wenn der Beklagte sich auf die vor dem unzuständigen Gerichte erhobene Klage einläfst, oder Einwendungen dagegen vorträgt, ohne die Einrede der Unzuständigkeit entgegenzusetzen.

Art. 33. Als stillschweigende Prorogation soll es auch angesehen werden, wenn im Arrestprocesse der Impetrat den vollständigen Beweis des gegentheiligen Anspruchs bei dem Gerichte, welches den Arrest erkannt hat, verlangt, oder überhaupt vor dem Arrestrichter auf eine vollständige Verhandlung der Hauptsache sich einläfst.

Art. 34. Die durch Prorogation begründete Zuständigkeit kann dem Gerichte nur durch beider Parteien Zustimmung, durch diese aber in jeder Lage des Processes, wieder entzogen werden.

Art. 35. Das prorogirte Gericht hat nach den gewöhnlichen Procefsvorschriften zu verfahren, und ist namentlich nicht befugt, gerichtliche Handlungen in fremden Gerichtsbezirken selbst vorzunehmen.

Aufserdem erklärt die Procefs-Ordnung die Prorogation von ausländischen Gerichten auf inländische für unstatthaft. (Art. 42.)

Für überflüssig halte ich die Art. 33, 34, 35. Es ist nämlich, was den ersten der genannten Artikel anlangt, für den Juristen, der weifs, was Prorogation (Unterwerfung) und stillschweigende Willenserklärung ist, — und solche Juristen wird das Gesetz doch wohl im Auge gehabt haben — ganz unzweifelhaft, dafs das Verlangen des Impetraten nach vollständigem Beweis des gegnerischen Anspruchs bei dem für die Hauptsache incompetenten, den Arrest verfügenden Gerichte, oder sein Einlassen auf eine vollständige Verhandlung der Hauptsache eine stillschweigende Unterwerfung enthält. Wozu also die Namhaftmachung dieses Beispiels? Der Richter wird durch solche naive Aeufserungen der Gesetze nicht selten getäuscht. Man verlangt nämlich von der Gesetzgebung eine gewisse Würde, die ihr verbietet, allgemeine, niemals bezweifelte Wahrheiten zu bestätigen, und die ihr gebietet, mit Sicherheit und Entschiedenheit diejenigen Rechtssätze auszusprechen, welche mit Grund bestritten werden können oder dem weniger geübten Auge verborgen sind. Zu jenem Verlangen, das der Juristenstand eines Landes erhebt, ist man aber vollkommen berechtigt, denn das Gesetzbuch enthält Vorschriften und Belehrungen für den Richter. Vorschriften und Belehrungen aber, deren Gegenstand die einfachste, von Jedem begriffene Wahrheit ist, sind Beleidigungen Derer, denen sie gegeben werden. Die neueren Gesetzgebungen haben im Ganzen ihren Beruf in dieser Hinsicht erkannt, und der Richter hat diesen Beruf verstanden und gebilligt. Wenn nun mit dieser Ansicht von der Würde und vom Berufe der Gesetzgebung der Richter an eine Stelle herantritt, die eine unbezweifelte Wahrheit ausspricht, so ist es ganz natürlich, dafs er diese Wahrheit übersieht oder sie nicht für beabsichtigt erachtet, und der auszulegenden Stelle mit gröfster Kunst und vielem Scharfsinn einen Gedanken unterschiebt, der wohl niemals beim Gesetzgeber aufgekommen war. Die Erfahrung bestätigt diese Behauptung. Unser Art. 33 ist denn auch vollständig geeignet, den Richter irre zu führen. Mir macht, wenn ich in ihr nicht eine naive Aeufserung erblicken soll, diese Stelle den Eindruck, als ob lediglich die Thatsache des Verlangens des Impetraten nach vollständigem Beweis des gegentheiligen Anspruchs den Gerichtsstand der freiwilligen Unterwerfung begründe, und auf eine „wirkliche Einwilligung" (Art. 31) es hier nicht ankomme, es hier also ganz gleichgültig sei, ob der Impetrat gewufst oder nicht gewufst habe, dafs der Arrestrichter in der Hauptsache keine gesetzliche Competenz besitze. Dieser Eindruck wird aber ferner gerechtfertigt durch die Fassung der Eingangsworte unseres Artikels. Es heifst daselbst : „Als stillschweigende Prorogation soll es auch angesehen werden, wenn u. s. w." Diese Fassung birgt offenbar eine Fiction in sich. Unter allen Umständen, der Impetrat mag von der gesetzlichen Incompetenz des Arrestrichters in der Hauptsache wissen oder nicht, soll es als stillschweigende Prorogation angesehen werden, wenn u. s. w. So würde ich diese Stelle mifsverstehen, wenn ich Richter wäre.

Der Art. 34 ist hier überflüssig. Er entscheidet die allgemeine Frage, ob Parthieen mit gegenseitiger Einwilligung das einmal angegangene, competente Gericht wieder verlassen dürfen, im Gewande der speciellen, ob die durch Prorogation begründete Zuständigkeit eines Gerichtes diesem auf gleiche Weise entzogen werden könne. Ein für alle Gerichtsstände geltender Grundsatz hat aber seine Stelle im allgemeinen Theile dieser Lehre. Der Grund, warum die Badische Procefs-Ordnung diesen Grundsatz nur bei dem Gerichtsstande der freiwilligen Unterwerfung zur Anschauung brachte, wird wohl der gewesen sein, dafs sie ihn auch nur bei diesem Gerichtsstande von der Literatur behandelt vorfand.

Der Art. 35 ist nützlich, ja nothwendig für ein Lehrbuch, überflüssig aber, weil allzuselbstverständlich, für ein Gesetzbuch.

Der Entwurf einer Procefsordnung in bürgerlichen Rechtsstreitigkeiten für das Grofsherzogthum Hessen hat sich auch in der Lehre vom Gerichtsstande der freiwilligen Unterwerfung der Procefs-Ordnung für Baden so nahe als möglich angeschlossen, und wie mir scheinen will, einige Verbesserungen eintreten lassen.

Der Art. 28, der dieselbe Fassung wie Art. 29 der Bad. Pr.-O. hat, gibt den Parthieen das Recht der freiwilligen Unterwerfung, das bedingt ist durch den Nichtwiderspruch des Richters.

Der Art. 29 des Entwurfs ist vom Art. 30 der Bad. Pr.-O. in einer Hinsicht verschieden. Ersterer bestimmt : Ist das Gericht, dessen Gerichtsbarkeit erstreckt (prorogirt) werden soll, ein Obergericht, so setzt die Prorogation weiter voraus, dafs der Streit einen Gegenstand betrifft, dessen Werth die Appellations-, beziehungsweise die Oberappellationssumme erreicht. Nach Art. 30 der Bad. Pr.-O. kann das im Falle der Appellation für die Sache zuständige Obergericht die Annahme nicht verweigern; das hessische Obergericht ist in gleichem Falle zur Verweigerung berechtigt.

Art. 30 des Entwurfs, der in der Bad. Pr.-O. keinen Vorgänger hat, bestimmt: Wird gegen ein vom Hofgerichte in Folge der Prorogation in erster Instanz erlassenes Erkenntnifs die Appellation verfolgt, so kommen bei diesem Rechtsmittel die Bestimmungen des Tit. XLIV, Absch. 2 „von der Oberappellation" zur Anwendung.

Art. 31, 32, 33 des Entwurfs stimmen mit den Art. 31, 32, 33 der Bad. Pr.-O. ganz und gar überein (11).

Statt der Art. 34 und 35 der Bad. Pr.-O. enthält der Entwurf im Art. 34 die Bemerkung: Das prorogirte Gericht hat nach den gewöhnlichen Procefsvorschriften zu verfahren.

Auch eine Prorogation von ausländischen Gerichten auf inländische erklärt der Entwurf (Art. 36) für unstatthaft.

Die allgemeine bürgerliche Procefsordnung für das Königreich Hannover hat unsern Gerichtsstand, wenngleich mit einer sehr bedeutenden Modification des gemeinen Rechts, anerkannt. Sie sagt §. 19:

Ein an sich unzuständiges Amts- oder Obergericht wird ohne Rücksicht auf seine Einwilligung durch ausdrückliche oder stillschweigende Vereinbarung der Parteien zuständig; als stillschweigende Vereinbarung ist es

(11) Nur im Art. 32 des hessischen Entwurfs heifst es „gewillkührte (prorogirte)". im Art. 32 der bad. Pr.-O. „prorogirte oder vertragsmäfsige."

anzusehen, wenn der Beklagte die Einrede der Unzuständigkeit entweder überhaupt nicht, oder doch nicht im Eingange des Rechtsstreits vorschützt. Dasselbe findet Statt, wenn es sich um die Zuständigkeit verschiedener Gerichte, bezw. verschiedener Abtheilungen ein- und desselben Gerichts nach Summen handelt, jedoch mit der Abweichung, dafs die grofsen Senate der Obergerichte sich von Amtswegen für unzuständig erklären müssen, wenn aus dem eigenen Vorbringen der Parteien ihre Unzuständigkeit offenbar hervorgeht.

Die allgemeine Regel erleidet jedoch eine Ausnahme, wenn das Gericht überhaupt nicht zu der in Frage stehenden Gattung der Gerichtsbarkeit berechtigt ist, in welchem Falle der Beklagte in jeder Lage des Rechtsstreits die Verweisung verlangen kann und das Gericht selbst von Amtswegen dieselbe verordnen mufs.

Gegen die die Unzuständigkeit von Amtswegen aussprechende richterliche Verfügung findet die Beschwerde wider das Gericht Statt.

Die Regierungs-Motive sprechen sich über die Bestimmungen dieses §. wie folgt aus. Eine jedenfalls erhebliche Abweichung gegen das bestehende Recht enthält die Vorschrift des §. 19, wonach im Einklange mit anderweiten Bestimmungen des Entwurfs, die Willkür der Parteien rücksichtlich der Zuständigkeit verschiedener Gerichte erweitert wird.

Den Parteien war es bislang freilich gestattet, im gewissen Umfange die Gerichtsbarkeit zu prorogiren, allein Kraft und Wirksamkeit erlangte der Wille der Parteien erst durch Zustimmung des angegangenen Richters. Diese Ansicht entspricht schwerlich richtigen Grundsätzen der Rechtspflege in bürgerlichen Rechtsstreitigkeiten.

Ganz abgesehen davon, dafs es nicht passend sein

dürfte, wenn die richterliche Thätigkeit nicht durch feste Regeln bestimmt ist, vielmehr nach Willkür geübt werden darf, scheint es dem bei Anordnung der Rechtspflege in bürgerlichen Rechtsstreitigkeiten vorherrschenden Gesichtspunkte auf das Interesse der Parteien, die Erleichterung und Beförderung der Rechtspflege zu entsprechen, wenn dem übereinstimmenden Willen der Parteien auch in Betreff der Bestimmung der Gerichtszuständigkeit Berücksichtigung geschenkt wird.

Der hiergegen zu erhebende Einwurf, dafs unter solchen Umständen die Ueberhäufung einzelner Gerichte zu befürchten, dürfte rein theoretischer Natur sein. Das Interesse der Parteien führt sie der Regel nach vor den an sich zuständigen Richter, eben weil das Gesetz bei der Ordnung der Gerichtsstände durch locale Verhältnisse und das Interesse der rechtssuchenden Parteien geleitet wird. Hiervon aber ganz abgesehen ist zu erwägen, dafs nur der übereinstimmende Wille der Parteien entscheidet, und der Erfahrungssatz zu beachten, dafs die Parteien der Regel nach mit Mifstrauen sich begegnen und in den gegenseitigen Anerbieten Gefahr für sich erblicken, dafs selbst die Sachführer derartige Gesinnungen, wenn sie dieselben auch nicht theilen, nicht unberücksichtigt lassen dürfen. Was an practischem Werthe dem Einwurfe aber auch dem schriftlichen Verfahren gegenüber beiwohnen möchte, wird der neuen Gestaltung der Verhältnisse gegenüber verloren gehen.

Andere Grundsätze werden Platz greifen müssen, wenn der Gesetzgeber aus höheren Rücksichten bestimmte Streitgegenstände bestimmten Gerichten überweiset. Dieser Gesichtspunkt greift jedoch rücksichtlich der Zuständigkeit der Gerichte nach Summen nicht in dem Mafse Platz, dafs der Gesetzgeber sich genöthigt sehen müfste, dieselbe der Regelbestimmung zu entziehen, was um so weniger angemessen erscheinen würde, als gerade hier in der Erweiterung der Privatwillkür ein bedeutendes Mittel gegeben ist, um die oben angedeuteten Schwierigkeiten zu heben. Diesemnach gestattet der Entwurf den einstimmigen Parteien, eine der Summe nach vor die Amtsgerichte gehörige Sache vor die Obergerichte, und umgekehrt eine der Summe nach vor die letzteren gehörige Sache vor die ersteren zu bringen. Hierdurch können die Nachtheile, welche in einzelnen Fällen die Trennung der Gerichtsbarkeit nach Summen mit sich führt, gehoben werden; die Parteien sind in den Stand gesetzt, einfache aber schwierige Sachen vor einem collegialisch besetzten Gerichte zu verhandeln und umgekehrt bedeutende aber klare Sachen in dem einfachen und weniger kostspieligen amtsgerichtlichen Verfahren. Dieser besondere Grund greift nicht Platz, wenn es sich um die Zuständigkeit der einen oder anderen Abtheilung eines Obergerichts handelt, und hängt hiemit die Beschränkung zusammen, wonach ein grofser Senat eines Obergerichts sich von Amtswegen für unzuständig erklären soll, wenn aus dem eigenen Vorbringen der Parteien die Unzuständigkeit offen hervorgeht. Durch die Fassung dieser Beschränkung werden die Schwierigkeiten gehoben, welche in zweifelhaften Fällen die richterliche Thätigkeit von Amtswegen hervorrufen kann; für etwas Weiteres lag kein Bedürfnifs vor.

Die practisch erhebliche Folge der nach Vorschrift des §. 19 erweiterten Privatwillkür wird darin bestehen, dafs die bedauerlichen Streitigkeiten über Zuständigkeit bedeutend verringert werden; daneben werden freilich in unstreitigen Fällen einzelne Rechtsstreite vor Gerichte gelangen, welche an sich nicht zuständig sein würden. Besondere Nachtheile werden hieraus jedoch nicht erwachsen; denn sehr häufig werden jene Fälle nicht sein und soweit sie eintreten, wird der Regel nach der eine Fall dem Gerichte an Geschäften das entziehen, was ein anderer ihm an Geschäften mehr zuführt.

Soweit die Regierungs-Motive. Auf die von der Hannöver'schen Gesetzgebung angeregte Frage, ob es zweckmäfsiger sei, zur Begründung des Gerichtsstandes der freiwilligen Unterwerfung lediglich den Consens der Parthieen zu fordern, oder den von diesen zur Entscheidung ihrer Sache gewählten gesetzlich incompetenten Richter zur Annahme dieser Sache für nicht verpflichtet zu erklären, werde ich weiter unten, wo ich einen Gesetzesvorschlag mache, zurückkommen und näher eingehen, als es die genannten Motive gethan haben.

Die Oestreichischen Justizverfassungen aus dem vorigen Jahrhundert sprechen sich über unseren Gerichtsstand in folgendem, überall gleichlautenden Artikel aus:

Kein Richter kann gültig sein Amt über einen Beklagten ausüben, welcher offenbar seiner Gerichtsbarkeit nicht untergeben ist; es wäre dann, dafs der Beklagte freiwillig über die Klage in der Hauptsache Red und Antwort gegeben, oder sich ausdrücklich erklärt hätte, er wolle sich der Gerichtsbarkeit desselben unterwerfen.

In dem Gesetz über den Wirkungskreis und die Zuständigkeit der Gerichte in bürgerlichen Rechtssachen für Oesterreich unter und ob der Enns, Salzburg, Steiermark u. s. w. vom 20. November

1852 wird der Gerichtsstand der freiwilligen Unterwerfung in zwei Paragraphen abgehandelt (12).

§. 47. Den Parteien steht frei, sich einem anderen als dem zuständigen Gerichte durch ausdrückliches Uebereinkommen zu unterwerfen.

Doch können durch eine solche Uebereinkunft Angelegenheiten, welche einem besonderen Causal-Gerichtsstande ausschliefsend zugewiesen sind, nicht vor ein Gericht anderer Art gezogen, oder für eine gemeine Rechtssache ein besonderer Causal-Gerichtsstand gewählt, noch kann für Rechtssachen, welche vor ein Bezirksgericht gehören, die Verhandlung vor einem Gerichtshofe erster Instanz bedungen werden.

§. 48. Wird eine Klage von einem unzuständigen Richter angenommen, und von dem Geklagten die Einwendung des ungehörigen Gerichtsstandes nicht in der durch die Procefsordnung bestimmten Frist angebracht, so ist die Verhandlung bei diesem Gerichte fortzusetzen, wenn sich gleich in der Folge zeigen sollte, dafs das Gericht zur Annahme der Klage nicht berufen war.

Nur Verhandlungen über die Ungültigkeit oder Trennung der Ehe, welche vor einem Gerichte gepflogen werden, dem eine Gerichtsbarkeit über Rechtssachen gar nicht zusteht, und Verhandlungen, welche von dem Civilrichter irriger Weise über einen zur Militär-Gerichtsbarkeit oder gar nicht zum Rechtsverfahren, sondern vor die Verwal-

(12) Die Civiljurisdictionsnormen für das lombardisch-venetianische Königreich, und für Dalmatien von demselben Tage enthalten in den §§. 47 und 48, die Civiljurisdictionsnormen für Ungarn vom 16. Februar 1853, und für Siebenbürgen vom 3. Juli 1853 in den §§. 46 und 47 dieselben Bestimmungen fast gleichlautend.

tungsbehörden gehörigen Gegenstand gepflogen werden, sind, auch wenn die Unzuständigkeit erst in höherer Instanz entdeckt wird, von Amtswegen, oder im Falle die Entscheidung zwischen den Parteien bereits rechtskräftig geworden sein sollte, auf Antrag der zur Anfechtung berechtigten Behörde, als ungültig aufzuheben.

Das östreichische Gesetz erklärt also den Unterwerfungsvertrag für gültig, räumt dem Richter das Ablehnungsrecht ein (§. 48 Anf.), und kennt den Gerichtsstand der Litiscontestation.

Anhang.

§. 32.

Wie es die Aufgabe einer jeden wissenschaftlichen Arbeit auf practischen Gebieten ist, dafs sie mit Vorschlägen abschliefse, die einen vollkommneren Zustand der Völker herbeizuführen bezwecken, so ist es auch die Aufgabe einer rechtswissenschaftlichen Arbeit, zu prüfen, ob die aus früheren Jahrhunderten überlieferten Gesetze dem Bedürfnisse der Gegenwart genügen, sowie die gefundenen Resultate mit der Empfehlung ihrer Berücksichtigung dem Gesetzgeber vorzulegen. Ich will mich der Erfüllung dieser, zum gröfsten Nachtheil einer gesunden Fortentwickelung unseres Rechts, häufig nicht anerkannten Aufgabe nicht entziehen. Wenn ich aber einen Gesetzesvorschlag mache, so mufs ich, da mir jede Uebung in dieser Beziehung abgeht, bei den auf diesem Gebiete erfahrenen Juristen um Nachsicht bitten für den Fall, dafs ich in der Sache oder Form das Richtige nicht treffe.

Die Methode, welche meiner Ansicht nach eine Codification hinsichtlich der Gröfse des aufzunehmenden

Materials anwenden mufs, besteht in der Angabe der Principien und Eigenthümlichkeiten der einzelnen Lehren in einer dem Juristen verständlichen, präcisen Sprache. Ein Mehr, Versuche der Verbindung allgemeiner Rechtssätze mit den Principien und Eigenthümlichkeiten der speciellen Institute, und die Sucht, alle denkbaren Categorieen von Fällen anzuführen und zu entscheiden, erzeugen allzuleicht, wie auch die an manchen Gesetzgebungen gemachten Erfahrungen bestätigen, gefährliche Irrthümer, ohne dafs die beabsichtigte Vollständigkeit jemals erreicht werden wird. Es ist aber mit der Einhaltung dieser letzteren Methode noch die weitere Gefahr verknüpft, dafs der wissenschaftliche Geist im Stande der practischen Juristen, wenn auch nicht erstickt, so doch im Fortschreiten bedeutend gehemmt wird, indem mancher Jurist, lediglich seinem Gesetzbuche vertrauend, einer weiteren Forschung sich entschlagen wird, und dadurch diejenige Selbstständigkeit und Beherrschung des Rechtsstoffes einbüfst, welche die unerläfslichen Bedingungen einer tüchtigen Rechtsanwendung sind. Vollkommen erhalten werden aber diese Bedingungen nur dann, wenn Richter und Advocaten zu ständiger wissenschaftlicher Forschung genöthigt werden, und das geeignetste Mittel dieser Nöthigung ist eine kurze, auf die Angabe der Principien und Eigenthümlichkeiten eines Instituts sich beschränkende Fassung des Gesetzes.

Innerhalb der hier gezogenen Grenzen wird sich nun auch mein Vorschlag bewegen.

Art. 1.

Ein Gericht wird durch freiwillige Unterwerfung der Parthieen und durch die Annahme der Sache von seiner Seite competent.

Die freiwillige Unterwerfung der Parthieen ist deren wissentliche Anerkennung des Gerichts.

Das Gericht ist zur Annahme der Sache nicht verpflichtet; doch wird ihm empfohlen, eine solche Sache ohne gute Gründe nicht abzulehnen.

Art. 2.

Der Vertrag der Parthieen, wodurch sich der Beklagte einem gesetzlich incompetenten Gerichte zu unterwerfen verspricht (Unterwerfungsvertrag), ist gültig.

Motive.

Zu Art. 1.

An diesen Artikel knüpfen sich mehrere Bemerkungen.

Zunächst möchte gefragt werden, warum ich nicht der Ausländer gedacht hätte, da ich doch sie für fähig hielte, inländischen Gerichten sich zu unterwerfen. Der Grund, warum ich dieser Fähigkeit der Ausländer hier nicht ausdrücklich gedacht habe, ist einfach der, dafs nach einem allgemeinen, mitunter nicht begriffenen Bewufstsein vor der richterlichen Gewalt des heutigen Staats kein Unterschied zwischen Inländern und Ausländern besteht. Der Satz, welcher diesen Gedanken aussprechen soll, gehört in denjenigen Theil des Gesetzbuchs, der von den Personen handelt, oder in den allgemeinen Theil der Lehre von den Gerichtsständen, nicht aber zur Lehre vom Gerichtsstande der freiwilligen Unterwerfung.

Es haben einige Procefsordnungen die Bemerkung

aufgenommen, dafs das Gericht, dem sich die Parthieen unterwerfen wollen, nur dann competent werde, wenn es die betreffende Gattung von Gerichtsbarkeit besäfse. Auch diese Bemerkung habe ich unterlassen, weil es, wie mir scheint, sehr klar ist, dafs kein Gericht in einer Sache competent werden kann, wenn es nicht die betreffende Gattung von Gerichtsbarkeit besitzt. Die Lehre von der Competenz und Gerichtsbarkeit gehört aber in den allgemeinen Theil.

Die Einwilligung des gesetzlich competenten Richters in die freiwillige Unterwerfung der Parthieen wird h. z. T. wohl Niemand einer Gesetzgebung als Erfordernifs unseres Gerichtsstandes empfehlen.

Auch den Consens des Richters, dem sich die Parthieen unterwerfen wollen, wird schwerlich Jemand fordern; man wird sich begnügen, dem Richter zwar das Recht einzuräumen, die Annahme einer Sache, zu deren Verhandlung und Entscheidung er gesetzlich nicht competent ist, abzulehnen, ihn aber dann, wenn er die Sache, selbst im entschuldbaren Glauben, gesetzlich competent zu sein, einmal angenommen hat, zur Fortsetzung der Verhandlung für verpflichtet zu erklären.

Hieran schliefst sich nun die von der Hannöver'schen Gesetzgebung angeregte Frage, ob es zweckmäfsiger sei, den gesetzlich incompetenten Gerichten das Ablehnungsrecht einzuräumen, oder sie zur Annahme der durch freiwillige Unterwerfung an sie gebrachten Sachen zu verpflichten?

Von Seiten derjenigen Juristen, welche sich für die letztere Alternative entschieden haben, wurde angeführt, dafs es nicht passend sein dürfte, wenn die richterliche

Thätigkeit nicht durch feste Regeln bestimmt sei, vielmehr nach Willkühr geübt werden dürfe. Zwei Vorwürfe wurden hier gemacht. Was den ersten anlangt, so kann er wohl nicht ernstlich gemeint sein; denn ein Bestimmen der richterlichen Thätigkeit durch feste Regeln heifst ein Verbannen des richterlichen Ermessens aus dem Processe. Ob dieser aber ohne vielfache Zulassung des richterlichen Ermessens ein gesunder sein könne, möchte ich bezweifeln. Die tadelnde Behauptung, dafs es nicht passend sein dürfte, wenn die richterliche Thätigkeit nach Willkühr geübt werde, trifft das Ablehnungsrecht nicht. Denn wenn das Gesetz dem Richter anheimgibt, eine Sache anzunehmen oder abzulehnen, so ist es nicht seine Absicht, die Parthieen der Laune des Richters Preis zu geben, sondern es will, dafs der Richter einen vernünftigen Gebrauch von seinem Rechte mache, und sich durch gute Gründe bei der Benutzung leiten lasse. An dieser wohlmeinenden Absicht des Gesetzes wird Niemand zweifeln. Wenn es aber vom Richter keine Rechenschaft fordert über die Gründe seiner Benutzung, so ist dies nur zu billigen. Denn wenn die Frage, ob ein guter Grund zur Ablehnung im einzelnen Falle vorhanden sei, streitig werden sollte zwischen dem Gerichte und den Parthieen, zu welchen Verzögerungen und unsicheren Resultaten würde eine Verhandlung und Entscheidung dieser Frage vor dem Obergerichte führen? Ist es da nicht zweckmäfsiger, man stellt die Annahme oder Ablehnung der Sache dem richterlichen Gewissen und Pflichtgefühl, denen so manches andere Interesse der Parthieen befohlen ist, anheim?

Man hat (1) zum Beweise der Zweckmäfsigkeit, ja

(1) A. W. S. Franke, in seiner öfter erwähnten Abh. in der Zeitschr. für Civilr. und Proc. N. F. Bd. 2. S. 129.

der Nothwendigkeit der letzteren Alternative noch Folgendes angeführt: Der Staat sorge so viel er könne für eine gleichmäfsige, möglichst gute Rechtspflege durch coordinirte Beamte, dies Ziel sei ihm leitend bei der Anstellung jedes einzelnen Richters. Er könne es aber der Natur der Sache nach nicht vermeiden, dafs der Eine weniger als der Andere seinem Amte gewachsen sei, dafs der Eine sich des öffentlichen Vertrauens würdiger mache, als der Andere. Der Staat weise jedem Richter den Kreis seiner Wirksamkeit an, müsse aber die Bestimmung des Maafses seiner Geschäfte dem zufälligen Umstande überlassen, ob und wieviel der factischen Voraussetzungen, durch welche das Gesetz die amtliche Thätigkeit bedinge, eintreten würden. Was solle ihn bewegen, die Möglichkeit auszuschliefsen, dafs der tüchtigere Richter auch mittelst der Wahl der Parthieen einen gröfseren Wirkungskreis gewönne, als der minder tüchtige? Warum solle das Gesetz die Parthieen verhindern, auf dem Wege freier Uebereinkunft einen gerechten Richterspruch bei dem benachbarten Richter zu suchen, der sich in der Praxis als zuverlässiger, kundiger und prompter bewährt habe, als der eigne Richter?

Es kann allerdings nicht in Abrede gestellt werden, dafs hier ein gewichtiger Grund vorgetragen worden ist, der für die wenigstmögliche Beschränkung der Freiheit der Parthieen in der Wahl des Gerichts spricht. Allein es gibt auch ebenso wichtige Gründe für die Beschränkung dieser Freiheit in einer Beziehung, Gründe, welche die Bestimmung, dafs der Richter zur Annahme einer Sache nicht gezwungen werden könne, rechtfertigen. Diese Gründe sollen nun aufgesucht und gewürdigt werden.

Zunächst ist das Annahme- und Ablehnungsrecht einer

der Regulatoren der Geschäftslast eines Gerichts; durch ihn wird es möglich, eine für die Verwaltung der Justiz höchst nachtheilige Geschäftsüberhäufung entfernt zu halten. Fehlt er, und sind die Gerichte zur Annahme der Sachen verpflichtet, dann kann eine Geschäftsüberhäufung eintreten. Man hat gesagt, sie sei nicht zu befürchten. Wohl spricht, so weit meine Erkundigungen reichen, die Erfahrung dafür, dafs verhältnifsmäfsig nur wenige Sachen vermittelst freiwilliger Unterwerfung an die Gerichte gebracht werden. Damit ist aber die Grundlosigkeit jener Befürchtung noch nicht dargethan, denn es können sich die bisherigen Zeiten und Verhältnisse ändern, es können solche eintreten, in denen ein gewisses Gericht mit dergleichen Sachen überhäuft wird. Und beim Eintritt solcher Zeiten und Verhältnisse hat jener Regulator seine wohlthätigen Wirkungen. Zur Entstehung einer Geschäftsüberhäufung gehört aber auch gar nicht einmal eine Mehrheit von Sachen, die vermittelst freiwilliger Unterwerfung an ein Gericht gelangen. Eine einzige verwickelte und zeitraubende Sache genügt, z. B. einer von jenen Concursprocessen, deren Ende unabsehbar ist, weil die angemeldeten Forderungen, namentlich die der Ehefrau des Cridars bestritten worden sind. Ich kenne die Geschäftslast der Gerichte nur eines Landes, und weifs, dafs es viele Gerichte gibt, an denen das gesammte Personal von Morgens früh bis Abends spät angestrengt arbeitet, und dennoch häufig, insbesondere zu bestimmten Zeiten des Jahres, in welchen der Andrang des rechtssuchenden Publicums sehr bedeutend ist, Rückstände hinterläfst. Ich würde dem gewissenhaften Richter, der seine Rückstände sogar in den zu seiner Ruhe und Erholung bestimmten Stunden zu vertilgen strebt, nicht auch noch die Annahme eines neuen Rechtsstreits zumuthen. Man hat den Vorschlag gemacht, im Falle der Geschäftsüberhäufung die durch freiwillige Unterwerfung an ein Gericht gebrachten Sachen nach allen andern erledigen zu lassen; ein höchst unpractischer und ungerechter Vorschlag, der unter Umständen dahin führen würde, dafs solche Sachen bei vielen Gerichten niemals erledigt würden. Das einzige Mittel zur Beseitigung der Geschäftsüberhäufung ist die Zuführung hinreichender Arbeitskräfte. Wer jedoch die Schwierigkeiten kennt, die zu überwältigen sind, bis eine Aushülfe gewährt wird, der wird dieses Mittel verwerfen und zu dem greifen, das wir empfohlen haben, zum Ablehnungsrechte.

Ein zweiter Grund für unsere Ansicht ist folgender. Jede Obligation mufs für den Gläubiger ein Interesse haben. Bei der Organisation der Gerichtsstände hat das Gesetz stets das Interesse des Staates und der Parthieen im Auge gehabt. Es würde inconsequent sein, und gegen den genannten Rechtsgrundsatz verstofsen, wenn es eine Verpflichtung des Richters zur Annahme einer Sache selbst dann anerkennen würde, wenn die Parthieen durchaus kein rechtliches Interesse an der freiwilligen Unterwerfung haben. Man nehme nur den Fall : Zweien Landstreichern ist das Betreten einer Stadt polizeilich untersagt. Ist es ihnen darum zu thun, in diese Stadt zu kommen, und verbotene Handlungen daselbst zu begehen, so gibt es kein besseres Mittel, als (etwa nach Erlangung des Armenrechts) einen Rechtsstreit zu fingiren, und dem Gericht der Stadt sich freiwillig zu unterwerfen. Jetzt wird man sie nicht hindern können, die Stadt öfter zu betreten. Der Richter mufs berechtigt sein, das Interesse der Parthieen an der freiwilligen Unterwerfung zu prüfen, und im Fall, dafs ein solches mangelt, die Sache abzulehnen.

Es kann vorkommen, dafs sich die Parthieen einem Gerichte unterwerfen, das mit dem besten Willen den Procefs nicht so gut zu führen vermag, wie ein anderes. Man nehme an, es käme ausländisches, dem Richter ganz fremdes Recht zur Anwendung; oder die Parthieen wohnten in einem anderen Gerichtsbezirke, und alle Decrete müfsten vermittelst Requisition der Wohnortsgerichte der Parthieen insinuirt werden; oder sämmtliche Zeugen wohnten, oder die öfter zu beaugenscheinigende Sache läge in einem anderen Bezirke; oder die Parthieen hätten im Inlande kein Vermögen, gegen welches die Execution gerichtet werden könnte; oder das Ausland, dem eine oder die andere Parthie angehört, weigere sich, den Requisitionen Folge zu leisten.

Diese und andere Gründe mehr rechtfertigen die Ablehnung der durch freiwillige Unterwerfung an ein Gericht gebrachten Sachen. Der Richter wird im einzelnen Falle die Gründe, welche für die Annahme und für die Ablehnung reden, prüfen, gegeneinander abwägen, und sich für das eine oder das andere entscheiden.

Die Schlufsbemerkung des zweiten Artikels: „doch wird ihm (dem Gerichte) empfohlen, eine solche Sache ohne gute Gründe nicht abzulehnen," gehört eigentlich in eine Dienstinstruction für das Richterpersonal. Da aber derlei in Instructionen verborgene Ermahnungen allzuleicht dem Vergessenwerden ausgesetzt sind, so halte ich die Aufnahme dieser Ermahnungen in das Gesetzbuch, das der Richter stets vor Augen hat, für zweckmäfsig.

Zu Art. 2

habe ich, nach dem, was ich über diesen Vertrag in der Abhandlung schon gesprochen, keine erläuternde Bemerkung zu machen.

Berichtigungen.

Seite 18 Zeile 11 von unten statt Incompetenzbestimmungen lies Competenzbestimmungen.

Seite 29 Note 23 statt §. 13 lies §. 11.

Seite 32 Zeile 6 von oben statt 3) lies 4).

Seite 71 Zeile 11 von unten statt glauben lies Glauben.

Seite 151 Zeile 4 von unten statt litis lies lis.

Druck von Wilhelm Keller in Giefsen.

FSC
www.fsc.org
MIX
Papier | Fördert
gute Waldnutzung
FSC® C083411

Kolibri 360 GmbH
Ferdinand-Jühlke-Straße 7
99095 Erfurt, Deutschland
produktsicherheit@kolibri360.de